U0361907

2021

ZHONGGUO QIYE DUIWAI ZHIJIE
TOUZI BAOGAO

中国企业对外直接投资报告

冼国明　阎大颖　严　兵◎著

南开大学出版社

天　津

图书在版编目（CIP）数据

中国企业对外直接投资报告. 2021 / 冼国明，阎大颖，严兵著. —天津：南开大学出版社，2023.11
ISBN 978-7-310-06466-3

Ⅰ. ①中… Ⅱ. ①冼… ②阎… ③严… Ⅲ. ①企业－对外投资－直接投资－研究报告－中国－2021 Ⅳ. ①F279.23

中国国家版本馆 CIP 数据核字（2023）第 181464 号

中国企业对外直接投资报告（2021）
ZHONGGUO QIYE DUIWAI ZHIJIE TOUZI BAOGAO (2021)

———————————————————

南开大学出版社出版发行
出版人：刘文华

地址：天津市南开区卫津路 94 号　　邮政编码：300071
营销部电话：(022)23508339　营销部传真：(022)23508542
https://nkup.nankai.edu.cn

———————————————————

天津泰宇印务有限公司印刷　全国各地新华书店经销
2023 年 11 月第 1 版　　2023 年 11 月第 1 次印刷
260×185 毫米　16 开本　22.75 印张　3 插页　378 千字
定价：108.00 元

———————————————————

如遇图书印装质量问题，请与本社营销部联系调换，电话：(022)23508339

说　明

一、数据来源说明

本报告采用的数据主要来源于联合国贸易和发展会议发布的《世界投资报告》、中国商务部发布的《中国对外直接投资统计公报》、英国金融时报旗下的 FDI markets 绿地数据库以及国际知名的 BvD-Zephyr 并购数据库。其中，第一章中国对外资直接投资概况部分所使用的数据来源于《世界投资报告》《中国对外直接投资统计公报》、FDI markets 绿地数据库和 BvD-Zephyr 并购数据库 2003—2020 年的数据；第二章至第六章主要采用的是 FDI markets 绿地数据库和 BvD-Zephyr 并购数据库 2018—2020 年的数据。

二、行业划分说明

由于 FDI markets 绿地数据库和 BvD-Zephyr 并购数据库的行业代码并不统一，绿地投资数据的行业分类与北美产业分类系统 2007 年版（NAICS 2007）保持一致，并购投资数据的行业分类采用了北美产业分类系统 2017 年版（NAICS 2017）。为了与 2017 年中国国民经济行业分类标准（GB/T4754-2017）相统一，本报告首先将上述两个微观数据库行业分类统一到北美产业分类系统 2012 年版（NAIC 2012），然后逐条对比统一转化为 2017 年中国国民经济行业分类标准（GB/T4754-2017）。在本报告分析过程中，行业分类按照 2017 年中国国民经济行业分类标准（GB/T4754-2017）二分位代码对上述微观数据进行整合。部门分类参照经济合作与发展组织（OECD）高技术产业（服务业）分类标准（2018），将上述行业依次划分为农业，采掘业，建筑业，电、煤气、蒸汽和水供应业，一般制造业，高技术制造业，一般服务业，高技术服务业 8 个部门，具体划分标准可参照附表 2.1。

前　言

　　2016 年，伴随着全球经济增速放缓、国际货物贸易流量下降和逆全球化趋势不断加剧，全球对外直接投资经历了进一步下滑，由 1.62 万亿美元下降到 2018 年的 0.87 万亿美元，创近年新低。2019 年全球对外直接投资流量经历短暂复苏后，2020 年突如其来的新冠肺炎（现称"新型冠状病毒感染"）疫情给世界各国经济再次带来重创，全球对外直接投资遭遇"断崖式"下降，由 2019 年的 1.22 万亿美元降至 2020 年的 0.74 万亿美元，降幅高达 39.4%，为 2003 年以来最低值。

　　尽管中国对外直接投资与全球外国直接投资经历了不同比例的下降，但中国对外直接投资流量在全球外国直接投资中所占比重表现依旧十分稳健，2017—2020 年间，中国对外直接投资流量占全球外国直接投资份额保持在 10% 左右，展现出十足的韧劲。2020 年，中国超过日本成为全球外国直接投资流出最多的国家。在存量上，2003—2020 年中国对外直接投资存量持续增加，截至 2020 年末，中国对外直接投资累计存量已经达到 1.72 万亿美元，是 2003 年末存量的 37.7 倍，其全球分国家或地区的对外直接投资存量排名由 21 位上升至第三位。在数量上，截至 2020 年末，共计 1.25 万家中国企业主体进行对外直接投资，较 2003 年末扩大了 85.7 倍。在国际投资环境复杂变化和投资趋势动荡起伏的背景下，为了更全面地考察和分析中国企业对外直接投资的微观特征，南开大学跨国公司研究中心研究团队在《中国企业对外直接投资报告 2018》之后，继续跟踪 BvD-Zephyr 并购数据库和英国金融时报旗下的 FDI markets 绿地投资数据库信息，整合形成 2018—2020 年度中国对外投资企业数据库。本报告通过对该数据库进行系统分析，全面展示了近年来中国对外直接投资的主要行为特征，也为国内现有研究报告提供了有益的信息补充。

本年度报告由以下六章构成：

第一章主要介绍了 2003—2020 年间中国企业对外直接投资的整体状况。第一节对中国企业对外投资的总体趋势、涉及金额、数量、投资行业和目标地进行了细致分析，同时介绍了中国对外直接投资在全球投资中流量和存量的占比以及全球排名的变化趋势；第二节分别就中国对外直接投资中绿地新建和跨国并购两种模式的总体投资趋势、各自投资分布主体、行业和目标地进行详细描述分析。

第二章主要介绍了中国对外直接投资行业层面的情况。第一节概述了中国企业对外直接投资行业总体状况，并从对外直接投资的目的地角度进行分析；第二节的内容从绿地投资行业展开，描述了绿地投资行业的模式及境外创造就业情况；第三节则是针对中国企业对外直接投资并购行业，从总体情况、支付方式和融资类型等方面展开分析；本章最后是与中国企业对外直接投资行业相关的两个专栏分析。

第三章主要从总投资、绿地投资以及并购投资三方面介绍了中国企业对外投资目的地分布情况，并结合投资金额和项目数量分别分析了各大洲、各国（地区）的投资重点区域。针对不同绿地新建模式及就业岗位数量拓展绿地投资的区位分析，并从支付方式和融资渠道两方面分目的地剖析了并购投资。针对"一带一路"区域和 RCEP 区域，结合历史数据考察了中国企业在该区域的投资核心目的地。

第四章主要介绍了 2018—2020 年中国各省份对外直接投资现状。第一节简要概述了中国各省份对外直接投资行业分布、目的地概况；第二节主要从行业分布、绿地投资模式、境外创造就业方面分析了中国各省份对外绿地投资现状；第三节主要描述了中国各省份对外并购投资的行业分布、对外并购投资支付方式以及对外并购投资融资渠道类型。

第五章将企业划分为国有企业和非国有企业，从不同所有制的角度描述和分析企业对外直接投资的不同特征。本章首先总体分析不同所有制企业的对外直接投资，包括交易金额和交易数量、投资企业来源省份分布、投资标的所属行业分布和投资标的所处区位分布；然后分析对外直接投资的绿地投资部分，并描述了不同所有制企业对外绿地投资的模式和境外创造就业；最后分析对外直接投资的并购投资部分，并描述了不同所有制企业对外并购投资的支付方式和融资类型。

第六章主要介绍中国上市企业和非上市企业对外投资现状。第一节简要描述了中国上市企业与非上市企业对外直接投资总体概况；第二节重点分析了中国上市企业与非上市企业对外绿地投资的行业分布和区位分布；第三节重点描述了中国上市企业与非上市企业对外并购投资的行业分布、区位分布、支付方式和融资类型。

　　本报告是南开大学跨国公司研究中心团队共同努力的结果，报告撰写分工如下：第一章至第六章分别由林洋、相昌红、闫佳雯、郗艳萍、李喆、任思雨主笔撰写。冼国明教授、阎大颖副研究员和严兵教授对报告进行总体结构设计，并由冼国明教授、阎大颖副研究员对全文进行校对。在此，感谢南开大学经济学院国际经济研究所李磊教授、国际商务系张峰教授在报告编写过程中给予的大力支持，以及张嘉钰、刘泽寰同学在报告写作过程中所做的工作。

南开大学跨国公司研究中心

2021 年 10 月

目　录

第一章

中国对外直接投资概况

摘　要

本章主要介绍了 2003—2020 年间中国对外直接投资的整体状况。第一节对中国企业对外投资的总体趋势、涉及金额、数量、投资行业和目标地进行了细致分析，同时介绍了中国对外直接投资在全球投资中流量和存量的占比以及全球排名的变化趋势；第二节将中国对外直接投资模式划分为绿地投资和并购投资，分别就两种投资模式的总体投资趋势及各自投资分布主体、行业、目标地和投资类型进行了详细的描述；第三节聚焦近期国际焦点事件，分别考察在中美贸易战和全球新冠肺炎疫情冲击下，中国对外直接投资的变化趋势及投资分布主体、行业、目标地等情况。

第一节　中国对外直接投资总体状况

一、对外直接投资规模和趋势

2008 年全球金融危机发生后，全球对外直接投资一直处于下行发展态势。全球对外直接投资流量由金融危机前（2007 年）的最高值 2 万亿美元，下降到 2014 年的 1.37 万亿美元。尽管在 2015 年，全球对外直接投资流量略有增加（至 1.7 万亿美元），但在 2016 年，伴随着全球经济增速放缓、国际货物贸易流量下降和逆全球化趋势不断加剧，全球对外直接投资经历了进一步下滑，由 1.62 万亿美元下降到 2018 年 0.87 万亿美元，创近年新低。2019 年全球对外直接投资流量经历短暂复苏，2020 年突如其来的全球新冠肺炎疫情，给世界各国经济再次带来重创，全球对外直接投资更是遭遇"断崖式"下降，由 2019 年的 1.22 万亿美元降至 2020 年的 0.74 万亿美元，降幅高达 39.4%，为 2003 年以来最低值。

在国际资本流动起伏动荡的环境下，中国自实施"走出去"战略以来，对外直接投资（OFDI）一度令人瞩目地快速增长。2003—2016 年，中国 OFDI 流量从 156.1 亿美元增长至历史最高的 2783 亿美元，年均增长率为 41%。2017—2019 年，全球各经济体不同程度地遭遇经济增速放缓、贸易流量下降和国际投资减少的情况，中国对外直接投资受此影响首次呈现下降趋势，OFDI 流量由 1535.8 亿美元降至 1030.3 亿美元，年均降幅 25.3%。2020 年，全球各经济体不同程度地受到新冠肺炎疫情冲击，中国 OFDI 流量进一步下降至 863.1 亿美元，同比降幅 16.2%，为 2012 年以来新低。尽管中国 OFDI 与全球外国直接投资经历了不同比例的下降，但中国 OFDI 流量在全球对外直接投资中所占的比重表现依旧十分稳健，2017—2020 年间，中国 OFDI 流量占全球外国直接投资份额保持在 10% 左右，展现出十足的韧劲。2020 年，中国超过日本成为全球外国直接投资流出最多的国家。

在存量上，2003—2020 年中国 OFDI 存量持续增加，截至 2020 年末，中国 OFDI 累计存量已经达到 1.72 万亿美元，是 2003 年末存量的 37.7 倍，其全球分国家或地区的对外直接投资存量排名由第 21 位上升至第三位。在数量上，截至 2020 年末，共计 1.25 万家中国企业主体进行对外直接投资，较 2003 年末增加了 85.7 倍。其中，金融类 OFDI 企业主体共计 1.13 万家，相比 2003 年末增加了 92.3 倍，非金融类 OFDI 企业主体共计 1 千家，较 2003 年增加了 976 家。2018—2020 年间，中国对外直接投资的企业主体数量首次出现下降趋势，由 1295 家减少到 690 家。其中，金融类 OFDI 企业主体由 68 家减少到 32 家，非金融类 OFDI 企业主体由 1226 家减少至

658 家。①图 1.1 具体展示了 2003—2020 年中国对外直接投资流量和存量变化趋势。

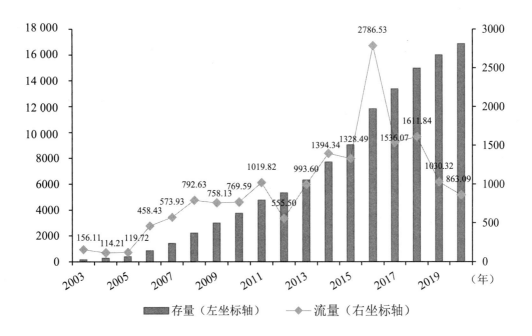

图 1.1　2003—2020 年中国对外直接投资流量和存量趋势（单位：亿美元）

资料来源：FDI markets 绿地数据库和 BvD-Zephyr 并购数据库。

二、对外直接投资行业类别

2003—2020 年，中国对外直接投资涵盖的国民经济行业由 2003 年的 11 个行业大类，增加到 2019 年的 18 个行业大类，2020 年略有减少，为 15 个行业大类。其中，近九成 OFDI 累计流向制造业，采矿业，电力、热力、燃气及水生产和供应业，金融业，信息传输软件和信息技术服务业，交通运输、仓储和邮政业，房地产业，租赁和商务服务业，建筑业。截至 2020 年末，制造业累计投资 5261.4 亿美元，居于首位，占比 31.2%，共涉及 5072 个项目；采矿业 2655.1 亿美元，位居其次，占比 15.7%，共涉及 775 个项目；电力、热力、燃气及水生产和供应业 2025.8 亿美元，

---

① FDI markets 绿地数据库和 Bvd-Zephyr 并购数据库加总结果显示：2018—2020 年中国对外绿地投资规模分别为 924.86 亿美元、615.54 亿美元和 462.38 亿美元，并购投资规模分别为 686.98 亿美元、414.78 亿美元和 400.71 美元，总计分别为 1611.84 亿美元、1030.32 亿美元和 863.09 亿美元，分别占 2018—2020 年商务部《中国对外直接投资统计公报》报告对外直接投资总流量的 113%、75.3%和 64.9%。

居于第三，占比 12%，共涉及 395 个项目。分阶段来看，2003—2017 年间，中国对外直接投资主要流向制造业，采矿业，电力、热力、燃气及水生产和供应业，金融业和房地产业，累计投资 0.94 万亿美元，占比 73.7%，共涉及 5926 个项目。2018—2020 年间，中国对外直接投资行业有所调整，主要流向制造业，电力、热力、燃气及水生产和供应业，信息传输、软件和信息技术服务业，交通运输、仓储和邮政业，建筑业，累计投资 0.28 万亿美元，占比 79.2%，共涉及 2054 个项目。其中，2020 年中国对外直接投资的前三位行业为制造业，电力、热力、燃气及水生产和供应业，信息传输、软件和信息技术服务业，累计投资 717.1 亿美元，占比约为 83.1%。表 1.1 列出了 2018—2020 年中国对外直接投资流量行业分布及比重。整体上，制造业，电力、热力、燃气及水生产和供应业，信息传输、软件和信息技术服务业仍然是中国对外直接投资最主要的行业。

表 1.1　2018—2020 年中国对外直接投资流量行业分布及比重　单位：亿美元，%

行业	2018 年		2019 年		2020 年	
	流量	比重	流量	比重	流量	比重
制造业	545.01	0.34	467.35	0.46	430.28	0.50
电力、热力、燃气及水生产和供应业	373.86	0.23	35.39	0.04	181.67	0.21
信息传输、软件和信息技术服务业	126.09	0.08	98.25	0.10	105.11	0.12
采矿业	92.90	0.06	16.56	0.02	24.21	0.03
交通运输、仓储和邮政业	41.84	0.03	198.08	0.20	23.79	0.03
批发和零售业	14.39	0.01	19.32	0.02	23.35	0.03
科学研究和技术服务业	61.72	0.04	14.43	0.01	21.19	0.02
卫生和社会工作	11.52	0.01	0.60	0.00	20.67	0.02
金融业	76.21	0.05	46.00	0.05	11.88	0.01
建筑业	111.08	0.07	32.19	0.03	7.38	0.01
文化、体育和娱乐业	18.39	0.01	1.22	0.00	5.17	0.01
租赁和商务服务业	99.56	0.06	25.68	0.03	3.76	0.004
房地产业	14.22	0.01	33.96	0.03	1.77	0.002
住宿和餐饮业	24.52	0.02	7.63	0.01	1.69	0.002
教育	0.44	0.0003	10.37	0.01	1.17	0.001
居民服务、修理和其他服务业	0.10	0.0001	0.32	0.00	—	—
水利、环境和公共设施管理业	—	—	20.34	0.02	—	—
农、林、牧、渔业	—	—	2.64	0.003	—	—
合　计	1611.85	1	1030.33	1	863.09	1

资料来源：FDI markets 绿地数据库和 BvD-Zephyr 并购数据库。表格中部分数据因四舍五入存在百分比偏离 100%的情况。

三、对外直接投资区位分布

2003—2020 年，中国对外直接投资共涵盖全球 176 个国家或地区。其中，美国、中国香港、开曼群岛、印度尼西亚、澳大利亚、俄罗斯、巴西、百慕大、英国和印度的 OFDI 存量位居前十，OFDI 累计投资 0.84 万亿美元，占比 48.4%，共涉及 5762 个项目，主要国家及地区对外直接投资存量如图 1.2 所示。发展中经济体是中国 OFDI 最主要的地区，2003—2020 年间累计存量为 1.04 万亿美元，占比 60.4%，共涉及 6081 个项目。OFDI 流向发达经济体累计存量为 0.68 万亿美元，占比 39.6%，共涉及 6170 个项目。2014—2020 年，中国企业主体对共建"一带一路"65 个国家累计投资 0.3 万亿美元，占比 28.5%，累计投资项目达 1979 个。其中，印度尼西亚、俄罗斯、印度、马来西亚、以色列、巴基斯坦、文莱、哈萨克斯坦、新加坡和菲律宾位列前十，累计吸引中国企业投资 0.23 万亿美元，占比 76.6%，累计涉及 1220 个项目。2018—2020 年间，发展中经济体依然是中国企业更倾向于投资的国家或地区，OFDI 累计金额为 2275.5 亿美元，占比 64.9%，累计投资项目共 1462 个。流向发达经济体累计存量为 1229.7 亿美元，占比 35.1%，共涉及 1534 个项目。在这一时期，印度尼西亚、百慕大、开曼群岛、美国、中国香港、俄罗斯、文莱、法国、印度、德国是中国企业 OFDI 最多的国家和地区。而 OFDI 项目数最多的国家和地区有美国、印度、中国香港、英国和新加坡。2020 年，中国 OFDI 则主要集中于文莱、百慕大、开曼群岛、美国和印度尼西亚等国家和地区。表 1.2 详细列出了 2018—2020 年中国企业对外直接投资主要国家/地区投资金额（流量）及排名。

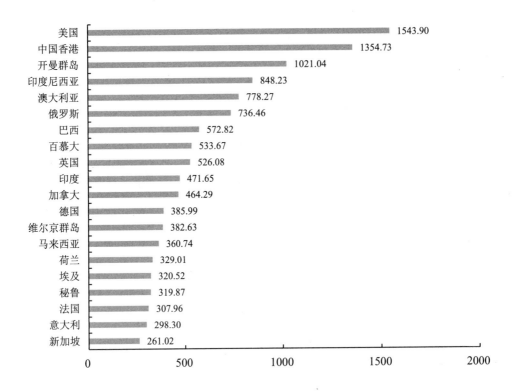

图 1.2   2003—2020 年全球主要国家及地区对外直接投资存量（单位：亿美元）

资料来源：FDI markets 绿地数据库和 BvD-Zephyr 并购数据库。

表 1.2   2018—2020 年前 20 位国家/地区投资金额（流量）及排名   单位：亿美元，%

序号	2018 年		2019 年		2020 年	
	国家/地区	流量	国家/地区	流量	国家/地区	流量
1	印度尼西亚	220.41	俄罗斯	128.60	文莱	136.50
2	中国香港	138.76	百慕大	99.18	百慕大	95.08
3	美国	124.35	美国	59.95	开曼群岛	93.97
4	开曼群岛	116.32	秘鲁	53.61	美国	58.13
5	菲律宾	93.69	维尔京群岛（英国）	51.70	印度尼西亚	53.04
6	百慕大	74.74	印度	46.17	秘鲁	35.91
7	法国	66.95	开曼群岛	42.56	缅甸	34.46
8	哈萨克斯坦	51.28	中国香港	39.21	德国	26.06
9	印度	42.78	越南	36.22	法国	23.66
10	智利	41.13	德国	33.41	智利	23.60
11	德国	38.02	巴西	28.25	加拿大	19.69
12	卢森堡	34.09	尼日利亚	24.45	维尔京群岛（英国）	18.96

序号	2018 年		2019 年		2020 年	
	国家/地区	流量	国家/地区	流量	国家/地区	流量
13	尼日利亚	32.63	埃及	24.07	中国香港	16.47
14	瑞典	32.43	玻利维亚	23.94	印度	15.60
15	英国	31.54	肯尼亚	23.03	墨西哥	15.04
16	几内亚	30.42	英国	20.07	英国	14.52
17	澳大利亚	30.14	利比里亚	20.03	乌克兰	11.28
18	塞尔维亚	22.29	法国	18.71	西班牙	11.01
19	新加坡	21.12	墨西哥	17.52	爱尔兰	10.32
20	俄罗斯	19.83	荷兰	13.67	尼日利亚	10.23

资料来源：FDI markets 绿地数据库和 BvD-Zephyr 并购数据库。

四、中国在全球国际直接投资中的地位

自 2003 年以来，中国对外直接投资进入快速增长阶段，在全球对外直接投资中的地位逐渐提升。2003—2008 年，中国对外直接投资流量由 28.5 亿美元增加至 559.1 亿美元，扩大了 19.6 倍，占全球对外投资流量比重由 0.45%上升至 2.9%，全球排名由第 21 位跃升至第 12 位。2008 年以后，中国对外直接投资流量持续增加，2012 年增长至 878 亿美元，并在 2013 年突破 1000 亿美元，全球排名上升至第三位。2016—2020 年，中国对外投资在全球外国直接投资中的影响力不断扩大，流量占全球比重连续 4 年超过一成，全球排名保持在前三位。2020 年，中国对外直接投资流量超过日本，首次居于全球第一位。

2003—2020 年，中国对外直接投资存量和在全球外国直接投资存量中的排名均实现跨越式发展。2003 年，中国对外直接投资存量首次突破 300 亿美元，全球排名第 25 位。随后，2007 年中国对外直接投资存量突破 1000 亿美元，全球排名上升至第 22 位。随着中国对外开放程度的不断加深和企业"走出去"热潮的持续推进，中国对外直接投资存量迅速增加。2015 年，中国对外直接投资存量突破 1 万亿美元，短短 8 年间中国对外直接投资存量扩大了近 10 倍，全球排名上升 14 位，居于第八位。2017 年，中国对外直接投资存量增加至 1.81 万亿美元，占全球对外直接投资流出存量份额的 5.9%，全球排名首次居于第二位。2018—2020 年间，中国对外直接投

资存量持续扩大，由 1.98 万亿美元上升至 2.35 万亿美元，占全球对外直接投资流出存量份额的 6%左右，全球排名第三位。但中国与排名第一的美国（8.13 万亿美元）差距依然明显，2020 年中国对外直接投资存量仅占美国的 28.9%。表 1.3 具体列出了 2003—2020 年中国对外直接投资流量、存量及全球排名情况。

与商务部等部门发布的《中国对外直接投资统计公报》相一致，本节对中国在全球外国投资中地位变化趋势描述所使用的数据来自历年《中国对外直接投资统计公报》和《世界投资报告》。

表 1.3　2003—2020 年中国对外直接投资状况　　单位：亿美元，%，位

年份	流量			存量	
	金额	同比	全球排名	金额	全球排名
2003	28.5	0.06	21	332	25
2004	55	0.93	20	448	27
2005	122.6	1.23	17	572	24
2006	211.6	0.73	13	906.3	23
2007	265.1	0.25	17	1179.1	22
2008	559.1	1.11	12	1839.7	18
2009	565.3	0.01	5	2457.5	16
2010	688.1	0.22	5	3172.1	17
2011	746.5	0.08	6	4247.8	13
2012	878	0.18	3	5319.4	13
2013	1078.4	0.23	3	6604.8	11
2014	1231.2	0.14	3	8826.4	8
2015	1456.7	0.18	2	10 978.6	8
2016	1961.5	0.35	2	13 573.9	6
2017	1582.9	−0.19	3	18 090.4	2
2018	1430.4	−0.10	2	19 822.7	3
2019	1369.1	−0.04	2	21 988.8	3
2020	1329.4	−0.03	1	23 518	3

资料来源：根据历年《中国对外直接投资统计公报》和《世界投资报告》整理。

第二节　中国对外直接投资分类状况

历年《中国对外直接投资统计公报》没有提供绿地投资和对外并购投资的详细微观分类数据，本报告利用 FDI markets 绿地数据库和 BvD-Zephyr 并购数据库中的

微观数据，对中国企业对外绿地投资和并购投资的情况进行了细致整理、测算和分析，较为准确和客观地描述了中国企业对外直接投资的行为特征（详见本报告说明）。

一、对外绿地投资

FDI markets 绿地投资数据库的数据显示，2003—2016 年中国对外绿地投资金额由 131.6 亿美元增加到 1097 亿美元，年均增长率为 33.1%，中国对外绿地投资项目数由 94 个上升至 551 个，增加了近 6 倍。但中国对外绿地投资占中国对外直接投资总额的比重逐年下降，2003—2016 年间由 84.3% 下降到 39.4%。2017 年，中国对外绿地投资金额大幅降低，降至 443 亿美元，占中国对外直接投资总额的 28.8%，为历年最低。2018 年，中国对外绿地投资金额上升至 924.9 亿美元，占比提升至 57.4%，项目数增加到 842 个。随后，受国际经济环境影响，2019—2020 年中国对外绿地投资金额持续下降，由 615.5 亿美元降至 462 亿美元，年均降幅为 29.2%，参与项目数由 668 个减少到 335 个。但中国对外绿地投资占中国对外直接投资的比重较为稳定，一直维持在 57% 左右。

整体上，2003—2020 年中国对外绿地投资金额最多的国家主要为印度尼西亚、美国、俄罗斯、印度、埃及、马来西亚、英国、巴西、澳大利亚和菲律宾。投资项目数最多的国家和地区主要为美国、德国、印度、英国、中国香港、新加坡、法国、巴西和澳大利亚。其中，发展中经济体是主要绿地投资地区，累计投资 5518.7 亿美元，累计项目数为 3330 个；对发达经济体累计绿地投资 1634.2 亿美元，累计项目数为 3320 个。共建"一带一路"国家累计绿地投资 2295.6 亿美元，累计项目数为 1419 个。对金砖国家累计绿地投资 1054.7 亿美元，累计项目数为 860 个。

2018—2020 年，中国对外绿地投资金额最多的地区依然集中于发展中经济体，但投资金额整体呈下降趋势。其中，流向发达经济体绿地投资金额由 210.1 亿美元降至 122.9 亿美元，项目数由 403 个减少到 215 个，占绿地投资的比重略有上升，由 22.7% 上升至 26.6%。流向发展中经济体绿地投资金额由 714.8 亿美元降至 339.5 亿美元，投资项目数由 439 个减少至 170 个，占比由 77.3% 降至 73.4%。流向共建"一带一路"国家绿地投资金额由 335 亿美元降至 274.4 亿美元，项目数由 321 个减少至 95 个，占比由 36.2% 上升至 59.3%。流向金砖国家绿地投资金额由 68.6 亿美元降至 14.2 亿美元，项目数从 108 个减少到 25 个，占对外直接投资比重由 7.4% 降至

3.1%。2018—2020 年，中国对外绿地投资主要流向印度尼西亚、俄罗斯、文莱、美国、菲律宾、印度、尼日利亚、德国、哈萨克斯坦和越南等国家，项目数最多的国家是美国、印度和英国。其中，2020 年中国对外绿地投资主要流向文莱、印度尼西亚、缅甸、德国、美国、墨西哥、法国、乌克兰、爱尔兰、尼日利亚。图 1.3 展示了2014 年以来中国在不同经济体绿地投资的规模。

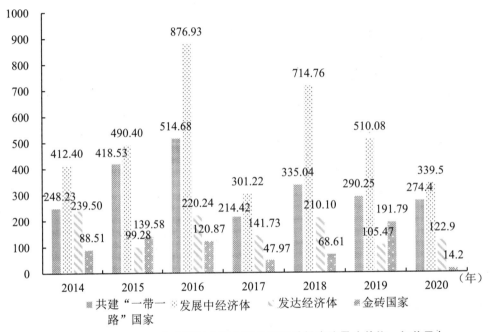

图 1.3　2014—2020 年中国对全球主要地区绿地投资流量（单位：亿美元）

资料来源：FDI markets 绿地数据库。

　　2003—2020 年，中国对外绿地投资主要集中于制造业，电力、热力、燃气及水生产和供应业，建筑业，采矿业和房地产业等行业。其中，制造业绿地投资金额为3052.5 亿美元，占比 42.7%，项目数累计 3368 个，居于首位。电力、热力、燃气及水生产和供应业绿地投资金额为 1112 亿美元，占比 15.5%，共有 271 个投资项目，居于第二位。建筑业绿地投资金额为 682.7 亿美元，占比 9.5%，项目数累计 159 个，居于第三位。2018—2020 年，制造业，电力、热力、燃气及水生产和供应业，交通运输、仓储和邮政业，建筑业，信息传输、软件和信息技术服务业是中国对外绿地投资的主要行业。其中，制造业居于首位，绿地投资金额为 929.4 亿美元，占比

46.4%，项目数累计 924 个；居于第二位的是电力、热力、燃气及水生产和供应业，投资金额为 400 亿美元，占比 20%，共投资 86 个项目。2020 年，制造业，电力、热力、燃气及水生产和供应业，信息传输、软件和信息技术服务业位列中国对外绿地投资主要行业的前三位，总投资金额约 425.2 亿美元，占比 92%，涉及 241 个项目。其中，信息传输、软件和信息技术服务业绿地投资金额增幅较大，由 2018 年的 26.5 亿美元增加至 2020 年的 59.1 亿美元，年均增长率为 65.3%。2020 年中国对外绿地投资主要行业分布见图 1.4。

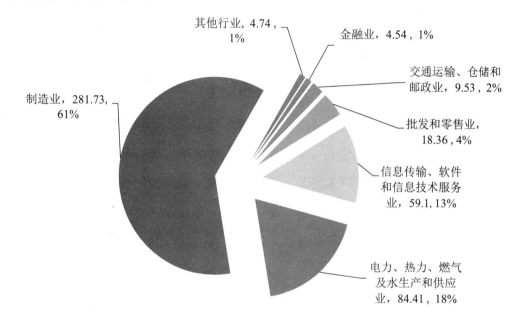

图 1.4　2020 年中国对外绿地投资主要行业分布（单位：亿美元）

资料来源：FDI markets 绿地数据库。

2003—2020 年，国有企业是中国对外绿地投资的主力，累计对外绿地投资金额为 3558.4 亿美元，占比 49.7%，共 2188 个项目。民营企业累计对外绿地投资金额为 3196.8 亿美元，占比 44.7%，投资项目数为 3676 个。外资企业累计对外绿地投资金额 397.7 亿美元，占比 5.6%，项目数累计 786 个。2018—2020 年，国有企业对外绿地投资金额迅速下降，由 451.8 亿美元降至 122.2 亿美元，年均降幅为 43.3%，占比由 48.9%降至 26.4%，投资项目由 220 个减少至 83 个。2018—2020 年，中国民营企业对外绿地投资金额同样呈下降趋势，由 449.7 亿美元减少至 296.7 亿美元。值得注意的是，2019 年民营企业对外绿地投资金额所占比重首度超过国有企业，占比由48.6%上升至69.5%，并在 2020 年继续维持超过 60% 的比重，为64.2%。2018—2020年，外资企业对外绿地投资金额出现逆向递增趋势，由 23.3 亿美元上升至 43.5 亿美元，年均增幅为 36.6%，投资项目由 31 个增加到 85 个，占比由 2.5% 上升到 9.4%。图 1.5 展示了 2014—2020 年中国对外绿地投资主要企业类别占比情况。

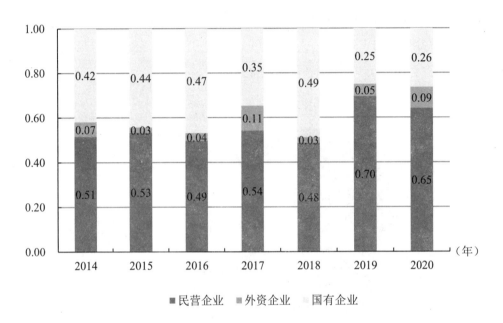

图 1.5　2014—2020 年中国对外绿地投资主要企业类别占比情况（单位：%）

资料来源：FDI markets 绿地数据库。

　　分投资类型来看，2018—2020 年中国对外绿地投资主要划分为新建、扩张和托管三种类型，其中新建类对外绿地投资累计投资金额为 1689.15 亿美元，项目数为1673 个，居于首位；扩张类对外绿地投资累计投资金额为 305.99 亿美元，共 209 个项目，居于次位；托管类对外绿地投资累计投资金额为 7.64 亿美元，项目数为 13 个，居于第三位。2018—2020 年中国新建类对外绿地投资金额呈下降趋势，由 848.73 亿美元降至 297.39 亿美元，年均降幅为 40.6%，项目数由 748 个减少到 336 个。扩张类对外绿地投资金额呈现逆势上扬，由 76.12 亿美元升至 164.68 亿美元，年均增幅为 69.1%，项目数略有减少，由 96 个减少至 46 个。与前两类对外绿地投资不同，托管类对外绿地投资趋势表现出巨大波动，2018 年中国企业没有进行托管类对外绿地投资，2019 年则出现快速增长，投资金额为 7.33 亿美元，共参与 10 个项目，而 2020 年急剧降至 0.31 亿美元，共涉及 3 个项目。

2018—2020 年发展中经济体是中国新建类和扩张类对外绿地投资的最主要地区。其中，中国对发展中经济体新建类绿地投资金额呈下降趋势，由 670.23 亿美元减少至 188.8 亿美元，年均降幅为 44.2%，项目数由 412 个减少到 152 个。中国对发展中经济体扩张类绿地投资金额则呈现大幅上升趋势，由 44.52 亿美元增加至 150.65 亿美元，涨幅近 3.38 倍，项目数略有减少，由 27 个减少至 17 个。在对发达经济体绿地投资中，新建类和扩张类投资金额均表现出下降趋势。其中新建类绿地投资金额由 178.5 亿美元降至 108.59 亿美元，减少近 4 成，项目数由 334 个减少到 184 个；扩张类绿地投资金额由 31.6 亿美元减少至 14.03 亿美元，年均降幅为 9.14%，项目数由 67 个减少至 29 个。与前两类绿地投资类型主要投资地区不同，托管类对外绿地投资主要集中于发达经济体，投资金额呈大幅下滑趋势，由 2019 年的 4.25 亿美元降至 2020 年的 0.27 亿美元，项目数由 8 个减少到 2 个。同样，托管类对发展中经济体绿地投资也表现出大幅下滑趋势，投资金额由 2019 年的 3.09 亿美元减少至 2020 年的 0.04 亿美元，项目数由 2 个减少到 1 个。表 1.4 给出了 2018—2020 年中国各类绿地投资对全球主要经济体投资流量。

表 1.4　2018—2020 年中国各类绿地投资对全球主要经济体投资流量　　单位：亿美元

年份	新建类		扩张类		托管类	
	发达经济体	发展中经济体	发达经济体	发展中经济体	发达经济体	发展中经济体
2018	178.50	670.23	31.60	44.52	—	—
2019	52.99	490.03	48.22	16.96	4.25	3.09
2020	108.59	188.80	14.03	150.65	0.27	0.04

资料来源：FDI markets 绿地数据库。

2018—2020 年，中国企业对共建"一带一路"国家绿地投资类型主要集中于新建类和扩张类。其中，新建类绿地投资金额呈下降趋势，由 322.33 亿美元降至 135.61 亿美元，项目数从 301 个减少到 90 个；扩张类绿地投资金额表现出大幅增长趋势，由 12.71 亿美元增加至 138.8 亿美元，项目数由 20 个减少到 5 个。在对金砖国家绿地投资中，新建类投资金额由 62.8 亿美元减少至 10.8 亿美元，项目数由 101 个减少到 19 个；扩张类投资金额由 5.81 亿美元降至 3.41 亿美元，项目数由 7 个减少到 6

个；仅 2019 年参与托管类对外绿地投资，投资金额为 3.07 亿美元，共涉及 1 个项目。2018—2020 年，中国新建类对外绿地投资主要流向印度尼西亚、俄罗斯、菲律宾、美国、印度、哈萨克斯坦、越南、缅甸、埃及和中国香港。扩张类对外绿地投资主要流向文莱、美国、尼日利亚、德国、加拿大、墨西哥、印度、澳大利亚、塞尔维亚和新加坡。托管类对外绿地投资流向的国家较少，涉及巴西、爱尔兰、德国、荷兰、英国、芬兰、法国、意大利、西班牙、俄国、哥斯达黎加。

2018—2020 年中国新建类对外绿地投资主要集中于制造业，电力、热力、燃气及水生产和供应业，交通运输、仓储和邮政业，建筑业，信息传输、软件和信息技术服务业。其中，制造业居于首位，投资金额为 685.19 亿美元，占比 41%，共涉及 769 个项目；电力、热力、燃气及水生产和供应业位居第二，涉及 395.97 亿美元投资，占比 23%，项目数为 82 个；交通运输、仓储和邮政业居于第三位，共投资 199.43 亿美元，占比 12%，共 82 个项目，详细分布如图 1.6 所示。扩张类对外绿地投资主要集中于制造业，采矿业，信息传输、软件和信息技术服务业，交通运输、仓储和邮政业，电力、热力、燃气及水生产和供应业。其中，制造业，采矿业，信息传输、软件和信息技术服务业居于前三位，分别投资 236.87 亿美元、33.03 亿美元和 19.15 亿美元，所占比重依次为 77.4%、10.8%和 6.3%，共涉及 172 个项目。托管类对外绿地投资所涉及行业较少，集中于制造业，电力、热力、燃气及水生产和供应业，信息传输、软件和信息技术服务业，租赁和商务服务业 4 个行业，其中制造业是托管类对外绿地投资的最主要行业，3 年累计投资 7.35 亿美元，占比 96.3%，共 10 个项目。

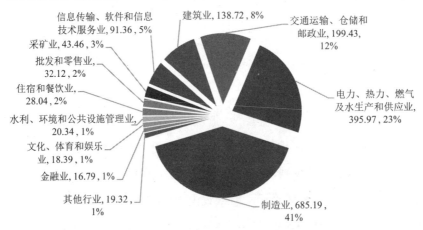

图 1.6　2018—2020 年中国新建类对外绿地投资主要行业投资金额和占比（单位：亿美元，%）

资料来源：FDI markets 绿地数据库。

2018—2020 年，中国民营企业是新建类对外绿地投资的主力军，整体投资金额呈下降趋势，由 415.06 亿美元下降到 144.81 亿美元，占新建类对外绿地投资的比重由 49.2%降为 48.9%，项目数由 518 个减少到 186 个。国有企业新建类对外绿地投资金额同样呈下降趋势，由 407.68 亿美元降至 110.25 亿美元，年均降幅为 43.9%，投资项目由 189 个减少到 71 个。与前两种企业类型不同，外资企业新建类对外绿地投资金额呈现逆势上扬趋势，由 21.38 亿美元上升至 41.26 亿美元，占新建类对外绿地投资的比重由 2.5%增加到 13.9%，项目数由 27 个增加至 77 个。2018—2020 年，民营企业逐步成为中国扩张类对外绿地投资最重要的组成部分，投资金额呈现快速增长态势，由 29.41 亿美元增加至 150.71 亿美元，增加了近 5.12 倍，占扩张类对外绿地投资的比重由 40%上升至 91.5%，项目数有所减少，由 56 个减少到 27 个。国有企业扩张类对外绿地投资金额则呈现出下降趋势，由 44.13 亿美元减少至 11.77 亿美元，年均降幅为 36.2%，项目数由 31 个减少到 11 个。外资企业扩张类对外绿地投资表现较为平稳，投资金额由 1.96 亿美元增加至 2.19 亿美元，项目数由 4 个增加到 8 个。2018—2020 年不同企业类型托管类对外绿地投资差异较大。其中，国有企业仅 2020 年参与托管类对外绿地投资，涉及金额 0.22 亿美元，共 1 个项目；民营企业在 2019—2020 年参与托管类对外绿地投资，投资金额有所下降，由 1.12 亿美元减少到 0.09 亿美元，项目数由 3 个减少至 2 个；外资企业则在 2019 年参与了托管类对外绿地投资，投资金额为 6.21 亿美元，共 7 个项目。表 1.5 列出了 2018—2020 年中国各类企业对外绿地投资流量。

表 1.5 2018—2020 年中国各类企业对外绿地投资流量　　单位：亿美元

年份	新建类			扩张类			托管类		
	国有	民营	外资	国有	民营	外资	国有	民营	外资
2018	407.68	415.06	21.38	44.13	29.41	1.96	—	—	—
2019	142.70	340.89	23.25	11.64	49.56	3.72	—	1.12	6.21
2020	110.25	144.81	41.26	11.77	150.71	2.19	0.22	0.09	—

资料来源：FDI markets 绿地数据库。

二、对外并购投资

根据 BvD-Zephyr 并购数据库数据显示，2003—2016 年中国企业对外并购投资增长迅速，并购金额由 24.5 亿美元增长至 1689.4 亿美元，年均增长率为 80.7%，投资项目数由 49 个增加到 652 个。与此同时，中国对外并购投资占中国对外直接投资总额的比重也在持续扩大，2003—2016 年，这一比重由 15.7%上升至 60.7%。2017 年以后，在全球经济增长持续放缓、逆全球化趋势有所抬头的背景下，中国对外并购投资开始出现大幅下降。2017—2020 年，中国企业对外并购金额由 1093.1 亿美元降至 400.7 亿美元，年均降幅为 26.7%，并购项目数由 707 个减少到 305 个。2017—2020 年，中国对外并购投资占中国对外直接投资总额的比重同样出现下滑，占比由 71.2%降至 46.4%。

综合来看，2003—2020 年，中国对外并购投资主要集中于中国香港、美国、开曼群岛、澳大利亚、百慕大、加拿大、维尔京群岛（英国）、巴西、俄罗斯和英国。其中，中国香港、开曼群岛、美国、澳大利亚、百慕大、维尔京群岛（英国）、新加坡、加拿大、英国和德国是中国对外并购投资项目数最多的国家和地区。分地区来看，2003—2020 年，中国对发达经济体累计并购投资 5046.1 亿美元，投资项目数为 2850 个，对发展中经济体累计并购投资 4663.3 亿美元，累计项目数为 2750 个。共建"一带一路"国家累计并购投资 713.6 亿美元，投资项目数为 559 个。金砖国家累计并购投资 885.3 亿美元，投资项目数为 215 个。

2018—2019 年，中国对外并购投资金额最多的地区依然集中于发达经济体，但整体投资金额有所下降，由 363.2 亿美元下降到 239.5 亿美元，项目数由 265 个减少到 198 个，占中国对外直接投资总额的比重由 52.9%上升至 57.7%。流向发展中经济体的并购金额同样呈下降趋势，由 323.7 亿美元下降到 175.3 亿美元，项目数由 187 个减少到 146 个，占比由 47.1 降至 42.3%。2020 年，中国对发展中经济体并购投资止跌回升，总投资金额首次超过对发达经济体并购金额，达到 212.2 亿美元，同比增长 21%，占比 53%，项目数略有减少，为 136 个。2020 年，中国对发达经济体并购投资 188.5 亿美元，同比降低 21.3%，占比 47%，项目数为 169 个。2018—2020 年，中国企业对共建"一带一路"国家并购投资金额由 45 亿美元下降到 24.7 亿美元，项目数由 98 个减少到 64 个，占比由 6.5%降为 6.2%。2018—2020 年流向金砖国家并购投资金额则呈上升趋势，由 3.9 亿美元上升到 11.1 亿美元，占比由 0.6%上升到 2.8%，但投资项目数有所减少，由 25 个减少到 14 个。图 1.7 对比了 2014—2020 年中国在不同经济体的并购投资流量。

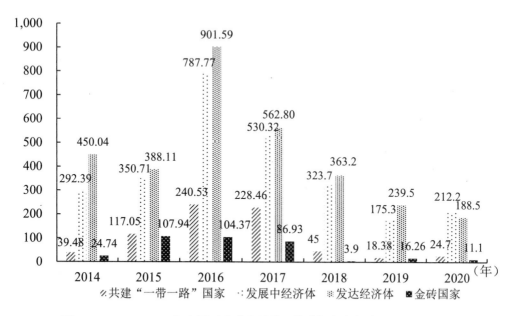

图 1.7　2014—2020 年中国对全球主要地区并购投资流量（单位：亿美元）

资料来源：BvD-Zephyrs 并购数据库。

2018—2020 年，中国对外并购投资主要流向百慕大、开曼群岛、中国香港、美国、法国、维尔京群岛（英国）、智利、秘鲁、德国和卢森堡等国家或地区。项目数最多的国家或地区为美国、开曼群岛、中国香港、新加坡、英国、印度、以色列、维尔京群岛（英国）、百慕大和德国。其中，2020 年中国企业对外并购投资主要流向百慕大、开曼群岛、美国、秘鲁、智利、维尔京群岛（英国）、中国香港、加拿大、印度和法国，详细流量数据及排名如表 1.6 所示。

表 1.6　2020 年中国对外并购投资流量前 15 位国家和地区　　单位：亿美元，%，个

国家（地区）	流量	比重	项目数量
百慕大	94.91	0.24	11
开曼群岛	93.97	0.23	35
美国	41.77	0.10	59
秘鲁	35.90	0.09	1
智利	22.30	0.06	1
维尔京群岛（英国）	18.96	0.05	14
中国香港	15.96	0.04	31
加拿大	12.76	0.03	7

续表

国家（地区）	流量	比重	项目数量
印度	11.00	0.03	13
法国	10.02	0.03	6
新加坡	6.48	0.02	15
英国	6.02	0.02	26
刚果（金）	5.50	0.01	1
以色列	4.10	0.01	12
韩国	3.83	0.01	3

资料来源：BvD-Zephyr 并购数据库。

2003—2020 年，中国对外并购投资主要集中于制造业，采矿业，金融业，电力、热力、燃气及水生产和供应业，租赁和商务服务业等行业。其中，制造业并购投资金额为 2206.9 亿美元，占比 22.7%，累计项目数为 1704 个，居于首位。采矿业并购投资金额为 1991 亿美元，占比 20.5%，累计项目数为 636 个，居于第二位。金融业并购投资金额为 1346.7 亿美元，占比 13.9%，累计项目数为 549 个，居于第三位。2018—2020 年，制造业，信息传输、软件和信息技术服务业，电力、热力、燃气及水生产和供应业，租赁和商务服务业，金融业是中国对外并购投资的主要行业。其中，制造业居于首位，并购金额为 513.2 亿美元，占比 34.2%，累计项目数为 291 个。第二位是信息传输、软件和信息技术服务业，并购投资金额为 218.9 亿美元，占比 14.6%，累计项目数为 331 个。2020 年，制造业，电力、热力、燃气及水生产和供应业，信息传输、软件和信息技术服务业是中国对外并购投资排名前三位的行业，投资金额共计 291.9 亿美元，占比 72.8%，共 172 个投资项目。2018—2020 年中国对外并购投资主要行业分布如表 1.7 所示。

表 1.7　2018—2020 年中国对外并购投资主要行业　　单位：亿美元，%

行业	2018 年		2019 年		2020 年	
	流量	比重	流量	比重	流量	比重
制造业	234.14	0.34	130.52	0.31	148.55	0.37
电力、热力、燃气及水生产和供应业	72.14	0.11	21.62	0.05	97.26	0.24
信息传输、软件和信息技术服务业	99.62	0.15	73.24	0.18	46.05	0.11
采矿业	16.73	0.02	16.24	0.04	24.21	0.06
卫生和社会工作	11.52	0.02	0.60	0.00	20.67	0.05
科学研究和技术服务业	61.72	0.09	11.89	0.03	17.53	0.04
交通运输、仓储和邮政业	3.83	0.01	37.17	0.09	14.26	0.04
建筑业	2.83	0.004	0.26	0.001	7.38	0.02

续表

行业	2018 年		2019 年		2020 年	
	流量	比重	流量	比重	流量	比重
金融业	65.92	0.10	43.34	0.10	7.34	0.02
文化、体育和娱乐业	0.13	0.00	1.22	0.003	5.04	0.01
批发和零售业	4.23	0.01	14.62	0.04	4.99	0.01
租赁和商务服务业	96.36	0.14	20.18	0.05	3.32	0.01
住宿和餐饮业	3.05	0.004	1.05	0.003	1.69	0.004
房地产业	14.22	0.02	33.96	0.08	1.57	0.004
教育	0.44	0.001	7.88	0.02	0.86	0.002
居民服务、修理和其他服务业	0.10	0.0001	—	—	—	—
农、林、牧、渔业	—	—	1.00	0.002	—	—

资料来源：BvD-Zephyr 并购数据库。

2003—2020 年，非国有企业是中国对外并购投资的最主要企业，累计对外并购投资金额为 8054.3 亿美元，占比 83%，共 5247 个项目。国有企业对外并购投资金额为 1655.1 亿美元，占比 17%，投资项目数为 353 个。2018—2020 年，非国有企业对外并购投资金额略有下降，由 354.7 亿美元降至 276.6 亿美元，项目数由 378 个减少到 261 个，占比由 51.6%上升到 69%。国有企业对外并购投资金额降幅较大，由 332.2 亿美元降至 124.1 亿美元，并购项目数由 74 个减少到 44 个，占比由 48.4%下降到 31%。图 1.8 对比了 2012—2020 年非国有企业和国有企业对外并购投资流量及变化趋势。

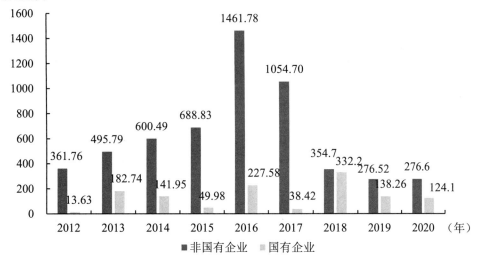

图 1.8 2012—2020 年中国对外并购投资企业类别流量及变化（单位：亿美元）

资料来源：BvD-Zephyr 并购数据库。

2018—2020 年中国对外并购投资主要分为少数股权交易（minority stake）、控股收购（acquisition）和追加投资（additional investment）三种投资类型。其中，少数股权交易累计对外并购投资 680.61 亿美元，共 706 个项目，居于首位；控股收购累计对外并购投资 572.59 亿美元，涉及 245 个项目，居于次位；追加投资累计对外并购投资 249.27 亿美元，项目数为 150 个，排名第三。2018—2020 年中国少数股权交易类对外并购投资金额呈现下降趋势，由 347.59 亿美元降至 174.66 亿美元，年均降幅为 22.1%，项目数由 296 个减少到 206 个。控股收购类对外并购投资金额同样呈下降趋势，由 317.87 亿美元下降到 94.63 亿美元，年均降幅为 45.3%，涉及项目数由 112 个减少到 51 个。与前两类并购投资变化趋势不同，追加投资类对外并购投资金额呈现快速增长态势，由 21.51 亿美元增加至 131.42 亿美元，增加了近 6.1 倍，项目数由 44 个增加到 48 个。2018—2020 年中国各类对外并购投资流量趋势如图 1.9 所示。

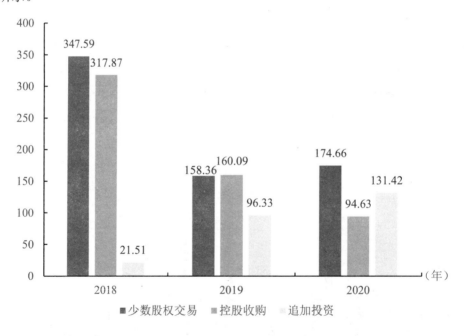

图 1.9　2018—2020 年中国各类对外并购投资流量趋势（单位：亿美元）

资料来源：BvD-Zephyr 并购数据库。

2018—2020 年，发展中经济体是中国少数股权交易类对外并购投资的主要地区，整体投资金额呈下降趋势，由 195.85 亿美元降至 106.46 亿美元，年均降幅为

18.4%，项目数由 97 个减少到 70 个。中国企业对发达经济体少数股权交易类并购投资金额同样呈下降趋势，由 151.74 亿美元减少到 68.2 亿美元，缩水一半有余，项目数由 199 个减少为 136 个。2018—2019 年，发达经济体是中国控股收购类对外并购投资的主要地区，但投资金额整体呈下降趋势，由 201.3 亿美元减少至 89.06 亿美元，项目数由 51 个减少到 42 个；流向发展中经济体控股收购类并购投资金额由 116.57 亿美元降至 71.03 亿美元，降幅为 39.1%，项目数由 61 个减少到 40 个。2020 年，流向发展中经济体和发达经济体控股类并购投资金额虽然依旧表现出下滑趋势，但流向发展中经济体投资金额首次超过发达经济体，发展中经济体成为中国控股收购类对外并购投资的主要地区。2020 年，中国对发展中经济体和发达经济体控股收购类并购投资金额分别为 55.38 亿美元（占比 58.5%）和 39.24 亿美元（占比 41.5%），项目数分别为 31 个和 20 个。2018—2020 年，发达经济体逐步成为中国企业追加投资类对外并购投资的主要地区，投资金额由 10.2 亿美元上升至 81.08 亿美元，占比由 47.4% 上升至 61.7%，项目数由 15 个减少至 13 个。中国企业对发展中经济体追加投资类并购投资金额同样表现出上升趋势，由 11.32 亿美元增加至 50.35 亿美元，增加了近 4.4 倍，投资项目数由 29 个增加至 35 个，占比由 52.6% 降至 38.3%。

2018—2020 年，中国对共建"一带一路"国家少数股权交易类并购投资金额略有下降，由 18.02 亿美元下降为 17.16 亿美元，项目数由 67 个减少到 43 个。控股收购类对外并购投资金额则呈现大幅下滑趋势，由 24.71 亿美元降至 3.64 亿美元，缩水八成多，投资项目数由 26 个减少到 10 个。与前两种投资类型不同，中国对共建"一带一路"国家追加投资类并购投资呈现先大幅下降、后急剧上升趋势，三年投资金额分别为 2.24 亿美元、0.87 亿美元和 3.89 亿美元，项目数分别为 5 个、11 个和 11 个。2018—2020 年在对金砖国家并购投资中，少数股权交易类投资依然是中国企业最主要的投资类型，投资金额由 3.08 亿美元增长至 10.54 亿美元，项目数略有减少，由 21 个减少到 13 个。控股收购类和追加投资类对外并购投资出现间断投资现象，其中控股收购类投资发生于 2018—2019 年，投资金额由 0.85 亿美元增加至 7.52 亿美元，项目数分别为 3 个和 2 个。追加投资类对外并购投资分别发生于 2018 年和 2020 年，投资金额分别为 0.02 亿美元和 0.5 亿美元，项目数均为 1 个。2018—2020 年，中国少数股权交易类对外并购投资主要流向开曼群岛、美国、中国香港、智利、瑞典、德国、维尔京群岛（英国）、印度、法国和印度尼西亚。控股收购类对外并购投资主要流向百慕大、法国、维尔京群岛（英国）、中国香港、开曼群岛、卢森堡、智利、美国、秘鲁和荷兰。追加投资类对外并购投资主要流向的国家或地区有百慕大、秘鲁、中国香港、开曼群岛、美国、西班牙、德国、维尔京群岛（英国）、瑞士和新加坡。表1.8列出了2018—2020年中国各类对外并购投资累计流量前20位国家。

表1.8 2018—2020年中国各类对外并购投资累计流量前20位国家和地区　　单位：亿美元

排名	少数股权交易类		控股收购类		追加投资类	
	国家或地区	金额	国家或地区	金额	国家或地区	金额
1	开曼群岛	192.11	百慕大	102.77	百慕大	151.92
2	美国	111.25	法国	68.06	秘鲁	35.90
3	中国香港	77.62	维尔京群岛（英国）	62.01	中国香港	20.84
4	智利	40.91	中国香港	51.03	开曼群岛	9.99
5	瑞典	33.02	开曼群岛	50.75	美国	5.83
6	德国	31.96	卢森堡	34.08	西班牙	3.72
7	维尔京群岛（英国）	23.67	智利	22.30	德国	2.66
8	印度	22.24	美国	18.23	维尔京群岛（英国）	2.55
9	法国	20.43	秘鲁	16.35	瑞士	2.40
10	印度尼西亚	18.42	荷兰	14.16	新加坡	2.36
11	英国	15.37	加拿大	12.54	英国	1.54
12	百慕大	14.14	哈萨克斯坦	11.00	匈牙利	1.35
13	西班牙	13.60	德国	10.15	中国台湾	1.20
14	以色列	10.09	瑞士	9.99	澳大利亚	0.91
15	新加坡	8.03	英国	9.97	越南	0.91
16	韩国	6.44	爱尔兰	9.55	马来西亚	0.71
17	比利时	6.10	意大利	9.31	印度尼西亚	0.60
18	约旦	5.02	巴西	8.30	印度	0.53
19	澳大利亚	4.66	新加坡	7.94	以色列	0.53
20	加拿大	3.28	澳大利亚	7.35	萨摩亚	0.52

资料来源：BvD-Zephyr并购数据库。

　　2018—2020年中国少数股权交易类对外并购投资主要集中于信息传输、软件和信息技术服务业，制造业，科学研究和技术服务业，电力、热力、燃气及水生产和供应业，金融业。其中，信息传输、软件和信息技术服务业居于首位，累计投资金额为209.63亿美元，占比30.8%，项目数为311个；制造业累计投资金额为186.26

亿美元，占比 27.4%，共 142 个项目，排名第二；科学研究和技术服务业居于第三位，累计投资金额为 78.34 亿美元，占比 11.5%，共涉及 90 个项目。控股收购类对外并购投资主要集中于制造业，租赁和商务服务业，电力、热力、燃气及水生产和供应业，金融业，采矿业。其中，制造业，租赁和商务服务业，电力、热力、燃气及水生产和供应业居于前三位，累计投资金额分别为 153.62 亿美元、103.16 亿美元和 101.67 亿美元，涉及项目数为 91 个、27 个和 8 个。追加投资类对外并购投资主要集中于制造业，电力、热力、燃气及水生产和供应业，采矿业，金融业，交通运输、仓储和邮政业。其中制造业居于首位，累计投资金额为 173.33 亿美元，占比 69.5%，共 58 个项目；电力、热力、燃气及水生产和供应业，采矿业分别居于第二、第三位，累计投资金额分别为 37.56 亿美元和 7.09 亿美元，占比分别为 15.1% 和 2.8%，项目数分别为 3 个和 5 个。

2018—2020 年，中国少数股权交易类对外并购投资企业以非国有企业为主，投资金额呈先下降后上升趋势，分别为 230.22 亿美元、112.62 亿美元和 156.92 亿美元，占少数股权类对外并购投资比重逐步升高，依次为 66.2%、71.1% 和 89.8%，投资项目数分别为 257 个、184 个和 184 个。国有企业少数股权交易类对外并购投资金额整体下降趋势较为明显，由 2018 年 117.37 亿美元下降到 2020 年的 17.74 亿美元，年均降幅为 61.1%，项目数由 39 个减少到 22 个。2018—2020 年，国有企业和非国有企业控股收购类对外并购投资金额均呈现下降趋势，其中国有企业投资金额由 208.05 亿美元下降到 60.32 亿美元，非国有企业投资金额由 109.82 亿美元下降到 34.30 亿美元。三年间，国有企业是控股收购类对外并购投资的主力，所占比重略降低（由 65.5% 下降到 63.7%），项目数由 31 个减少到 13 个。非国有企业参与控股收购类并购投资项目数由 81 个减少到 38 个。与前两类并购投资变化趋势不同，在追加投资类对外并购投资中，国有企业和非国有企业金额均呈现逆势增长趋势，其中国有企业增长较快，投资金额由 2018 年的 6.83 亿美元增加到 2020 年的 46.00 亿美元，增加了近 6.7 倍，投资项目数由 4 个增加到 9 个。非国有企业投资金额由 14.69 亿美元增加到 85.42 亿美元，年均增幅为 231%，投资项目数由 40 个减为 39 个。三年间，非国有企业承担了追加投资类并购投资大部分份额，但占比有所下降，由 68.3% 下降为 65%。2018—2020 年中国各类企业对外并购投资流量情况如表 1.9 所示。

表 1.9　2018—2020 年中国各类企业对外并购投资流量　　　单位：亿美元

年份	少数股权交易类		控股收购类		追加投资类	
	国有	非国有	国有	非国有	国有	非国有
2018	117.37	230.22	208.05	109.82	6.83	14.69
2019	45.73	112.62	78.13	81.96	14.39	81.94
2020	17.74	156.92	60.32	34.30	46.00	85.42

资料来源：BvD-Zephyr 并购数据库。

第三节　中国对外直接投资面临的挑战与趋势

近年来，由于全球经济增速放缓、贸易争端不断加剧、逆全球化趋势有所抬头，加之受到 2020 年突如其来的全球新冠肺炎大流行等不确定性因素影响，中国企业对外直接投资面临新的严峻挑战。本节聚焦于近期全球焦点事件，利用 FDI markets 绿地数据库和 BvD-Zephyr 并购数据库具体考察中美贸易争端对于中国对美国直接投资的影响，以及全球新冠肺炎疫情对中国对外直接投资的影响。

一、中美贸易战与中国对美国直接投资

自美国特朗普政府执政以来，美国政府打着"贸易保护主义""美国优先""制造业回流"等旗号，对中美经贸往来和双向投资做出诸多限制。2018 年 3 月 2 日，美国政府单方面提出，对从中国进口的所有钢铁和铝产品分别开征 25% 和 10% 的全球性关税。作为反制，4 月 2 日中国国务院关税税则委员会决定对从美国进口的水果、猪肉及其相关制品等 7 类商品分别加征 15% 和 25% 关税，至此中美经贸摩擦全面爆发。美国对中国发动贸易战，一方面对中国输美商品加征高额关税，限制中国商品进入美国市场；另一方面对中国对美投资做出诸多限制，制裁中国企业、限制在美企业业务范围和经营资格等。不可否认的是，美国政府贸易政策的不确定性和对投资的诸多限制对于中国对美国直接投资产生重大影响。

具体来看，2016 年之后，中国对美国直接投资金额呈大幅下滑态势，由 2016 年的 495.82 亿美元下降到 2017 年的 268.70 亿美元，降幅达 45.8%，投资项目数由 161 个减少到 147 个。2018 年中美经贸摩擦全面爆发后，中国对美国投资遭遇"断崖式"

下降，投资金额持续降至 2019 年的 59.95 亿美元，两年间累计降幅达 105.5%，项目数减少到 117 个。2020 年，中国对美国外商直接投资金额保持基本稳定，为 58.13 亿美元，投资项目数为 120 个。图 1.10 显示了 2010—2020 年以来，中国对美国直接投资流量趋势情况。

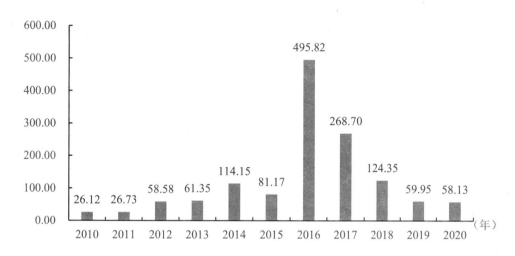

图 1.10　2010—2020 年中国对美国直接投资流量趋势（单位：亿美元）

资料来源：FDI markets 绿地数据库和 BvD-Zephyr 并购数据库。

从中国对美国直接投资的行业类别看，2018 年中美经贸摩擦全面爆发后，中国对美投资涵盖的国民经济行业由 2018 年的 14 个行业大类，减少到 2020 年的 9 个行业大类。其中，2018—2019 年间，制造业，信息传输、软件和信息技术服务业，科学研究和技术服务业以及建筑业是中国对美投资的主要行业。2020 年受全球新冠肺炎疫情影响，中国对美投资的主要行业依次为卫生和社会工作行业，制造业，科学研究和技术服务业，信息传输、软件和信息技术服务业，以及批发和零售业。从投资金额看，2018—2020 年，除卫生和社会工作等少数行业，中国对美各行业投资金额均呈现不同程度的下降，其中制造业降幅最大，由 50.80 亿美元降至 13.36 亿美元，年均降幅为 48.6%，投资项目数由 95 个减少到 44 个；信息传输、软件和信息技术服务业居于其次，由 20.83 亿美元降至 7.49 亿美元，降幅为 64%，投资项目数由 58 个减少到 33 个；科学研究和技术服务业呈现先下降后上升趋势，投资金额先由 2018 年的 15.63 亿美元降至 2019 年的 5.37 亿美元，然后增长至 2020 年的 11.83 亿美元，项目数由 29 个减少到 22 个。2018—2020 年，卫生和社会工作行业成为中国对美投资增长最快的行业，其主要投资在 2020 年，共 19.24 亿美元，涉及 1 个项目（2018 年为 0.11 亿美元，2019 年未投资）。表 1.10 显示了中美贸易战后中国对美国投资的全部行业及投资金额。

表 1.10　中美贸易战后中国对美国直接投资流量行业分布　　单位：亿美元，%

行业	2018 年		2019 年		2020 年	
	金额	占比	金额	占比	金额	占比
卫生和社会工作	0.11	0.001	—	—	19.24	0.33
制造业	50.80	0.41	24.59	0.41	13.36	0.23
科学研究和技术服务业	15.63	0.13	5.37	0.09	11.83	0.20
信息传输、软件和信息技术服务业	20.83	0.17	20.91	0.35	7.49	0.13
批发和零售业	2.96	0.02	0.04	0.001	3.19	0.05
电力、热力、燃气及水生产和供应业	2.09	0.02			2.15	0.04
金融业	1.58	0.01	2.64	0.04	0.41	0.01
房地产业	—	—	—	—	0.33	0.01
租赁和商务服务业	0.88	0.01	0.79	0.01	0.14	0.002
教育业	0.32	0.003	2.75	0.05	—	—
住宿和餐饮业	2.18	0.02	1.05	0.02	—	—
农、林、牧、渔业	—	—	1.00	0.02		
建筑业	25.38	0.20	0.74	0.01	—	—
交通运输、仓储和邮政业	1.48	0.01	0.07	0.001	—	—
居民服务、修理和其他服务业	0.10	0.001	—	—		
采矿业	0.02	0.0001				

资料来源：FDI markets 绿地数据库和 BvD-Zephyr 并购数据库。

从中国对美国绿地投资来看，中美经贸摩擦全面爆发后，中国对美国绿地投资出现大幅下降。2018—2020 年投资金额由 63 亿美元下降到 16.36 亿美元，年均降幅为 48.5%，投资项目数由 109 个减少到 61 个，所涵盖的国民经济行业由 10 个减少到 7 个。其中，制造业，建筑业，信息传输、软件和信息技术服务业，以及批发和零售业是中国对美国绿地投资的主要行业，共涉及金额 93.68 亿美元，占比 87.4%。具体来看，2018—2020 年，制造业绿地投资金额由 20.77 亿美元下降到 7.4 亿美元，年均降幅为 28.1%，投资项目数由 66 个减少到 28 个。建筑业仅 2018—2019 年参与绿地投资，投资金额变动较大，由 25.38 亿美元降至 0.74 亿美元，项目数由 8 个减少到 1 个。信息传输、软件和信息技术服务业绿地投资金额同样呈下滑趋势，由 8.6

亿美元降至 1.83 亿美元，涉及项目数由 15 个减少为 13 个。与上述行业不同，批发和零售业绿地投资金额呈现逆势上升，由 2.17 亿美元增长至 3.19 亿美元，项目数由 5 个增加到 11 个。2020 年，中国对美国绿地投资的全部行业依次为制造业，批发和零售业，电力、热力、燃气及水生产和供应业，信息传输、软件和信息技术服务业，科学研究和技术服务业，金融业，租赁和商务服务业。

2018 年中美贸易战发生后，民营企业成为中国对美国绿地投资的主力，2018—2020 年累计投资 82.28 亿美元，占比 76.8%，共 159 个项目；外资企业居于次位，涉及投资 13.53 亿美元，占比 13%，共 39 个项目；国有企业绿地投资金额最少，为 11.33 亿美元，占比 11%，涉及 27 个项目。2018—2020 年中国民营企业对美国绿地投资金额呈快速下滑态势，由 49.98 亿美元减少到 8.72 亿美元，年均降幅为 57.9%，投资项目数由 84 个减少到 38 个。国有企业对美国绿地投资金额同样呈大幅减少趋势，由 10.55 亿美元减少到 0.34 亿美元，年均降幅为 58.6%，项目数由 21 个减少到 3 个。与前两类企业不同，中国外资企业对美国绿地投资金额呈现逆势上升趋势，由 2.47 亿美元增长至 7.30 亿美元，增加了近 3 倍，如图 1.11 所示。

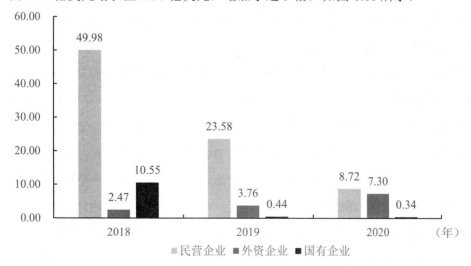

图 1.11　中美贸易战后中国对美国绿地投资主要企业类别（单位：亿美元）

资料来源：FDI markets 绿地数据库。

2018 年中美贸易战发生后，中国对美国绿地投资主要包括新建类和扩张类两种类型。其中新建类绿地投资金额最多，共 75.77 亿美元，占比 70.7%，涉及 171 个项目；扩张类绿地投资共 31.35 亿美元，占比 29.3%，项目数为 54 个。具体来看，2018—

2020年，中国对美国新建类绿地投资金额呈先大幅下降、后小幅上升趋势，由51.16亿美元大幅下降到11.89亿美元，而后上升到12.72亿美元，项目数由81个减少到46个。中国对美国扩张类绿地投资金额呈现先小幅上升后大幅下降趋势，先由2018年的11.83亿美元上升到2019年的15.87亿美元，而后大幅削减到2020年的3.64亿美元，项目数由28个减少到15个。

2018年中美贸易战发生后，中国对美国新建类绿地投资主要集中在制造业，建筑业，信息传输、软件和信息技术服务业，批发和零售业，电力、热力、燃气及水生产和供应业。其中，制造业投资金额最多，共26.1亿美元，占比34.5%，涉及97个项目，居于第一位；建筑业投资26.06亿美元，占比34.4%，共8个项目，居于次位；信息传输、软件和信息技术服务业投资金额为6.38亿美元，占比8.3%，共19个项目，排名第三位。中国对美国扩张类绿地投资主要集中在制造业，信息传输、软件和信息技术服务业，交通运输、仓储和邮政业，批发和零售业，租赁和商务服务业，建筑业。其中，制造业居第一位，共投资25.34亿美元，占比80.8%，项目数为33个；信息传输、软件和信息技术服务业居第二位，投资金额为4.45亿美元，占比14.2%，项目数为12个；排名第三位的是交通运输、仓储和邮政业，共投资0.69亿美元，占比2.2%，共两个项目。

2018年中美贸易战发生后，民营企业是中国对美国新建类绿地投资的主力，投资金额整体呈大幅下降趋势，由2018年的41.77亿美元降至2020年的6.80亿美元，年均降幅为47.9%，项目数由65个减少到28个；国有企业投资金额同样呈大幅下降趋势，由2018年的8.79亿美元下降到2020年的0.19亿美元，年均降幅为76%，项目数由15个减少到两个；外资企业投资金额则出现逆势上升趋势，由2018年的0.60亿美元增加到2020年的5.74亿美元，增加了近8.6倍，项目数由1个增加到16个。与新建类绿地投资相似，民营企业同样是中国对美国扩张类绿地投资的最主要企业类别，投资金额波动较大，2018—2019年由8.21亿美元增加到15.58亿美元，增加了近0.9倍，2020年缩水至1.93亿美元，降幅达87.6%，项目数由19个减少到9个。国有企业仅2018年和2020年参与扩张类绿地投资，2018年投资金额为1.76亿美元，涉及6个项目，2020年投资金额为0.16亿美元，涉及1个项目。外资企业扩张类绿地投资金额呈现先大幅下降后迅速上升趋势，由2018年的1.87亿美元大幅降至2019年的0.30亿美元，而后迅速上升至2020年的1.56亿美元，项目数由 3 个增加到 4 个。表 1.11 详细列出了中美贸易战后中国各类企业对美国绿地投资流量。

表 1.11　中美贸易战后中国各类企业对美国绿地投资流量　　　单位：亿美元

年份	新建类			扩张类		
	国有	民营	外资	国有	民营	外资
2018	8.79	41.77	0.60	1.76	8.21	1.87
2019	0.44	8.00	3.46	0.00	15.58	0.30
2020	0.19	6.80	5.74	0.16	1.93	1.56

资料来源：FDI markets 绿地数据库。

从中国对美国并购投资来看，中美经贸摩擦全面爆发后，中国对美国并购投资金额出现先下降后上升趋势，由 2018 年的 61.35 亿美元减少到 2019 年的 32.18 亿美元，2020 年上升至 41.77 亿美元，三年间项目数由 118 个减少到 59 个。在行业类别中，中国对美国并购投资所涵盖的国民经济行业由 10 个减少到 7 个，其中信息传输、软件和信息技术服务业，制造业，科学研究和技术服务业，卫生和社会工作行业，金融业是中国对美国并购投资的主要行业，共投资 130.36 亿美元，占比 96.3%，涉及 219 个项目，如图 1.12 所示。具体来看，2018—2019 年，信息传输、软件和信息技术服务业并购投资金额由 12.22 亿美元增长到 20.61 亿美元，增长了近 69%，项目数由 43 个减少到 33 个；2020 年，信息传输、软件和信息技术服务业并购投资金额出现大幅下滑，降至 5.67 亿美元，降幅高达 72.5%，项目数减少至 20 个；制造业并购投资呈现"U"形趋势，投资金额先由 2018 年的 30.03 亿美元降至 2019 年的 1.32 亿美元，而后增加到 2020 年的 5.97 亿美元，项目数由 29 个减少到 16 个；科学研究和技术服务业并购投资同样呈"U"形趋势，投资金额由 2018 年的 15.63 亿美元降至 2019 年的 4.98 亿美元，随后上升为 2020 年的 10.44 亿美元，涉及项目数由 29 个减少到 18 个。与上述行业不同，卫生和社会工作业仅 2018 年和 2020 年涉及并购投资，金额分别为 0.11 亿美元和 19.24 亿美元，项目数均为 1 个。2020 年，中国对美国并购投资涉及的行业主要为卫生和社会工作，科学研究和技术服务业，制造业，信息传输、软件和信息技术服务业，房地产业，租赁和商务服务业，金融业。

2018 年中美贸易战发生后，非国有企业是中国对美国并购投资的主要企业类型，2018—2020 年累计投资金额为 124.47 亿美元，占比 92%，共 221 个项目；国有企业并购投资金额为 10.84 亿美元，占比 8%，涉及 18 个项目。2018—2020 年，中国非国有企业并购投资金额有所减少，但呈先下降后上升趋势，先由 2018 年的 53.08 亿美元降至 2019 年的 29.72 亿美元，而后增加到 2020 年的 41.66 亿美元，项目数由 104 个减少为 58 个；国有企业并购投资金额呈现出快速下滑态势，投资金额由 2018 年的 8.27 亿美元降为 2020 年的 0.11 亿美元，年均降幅为 82.9%，项目数由 14 个减少到 1 个。

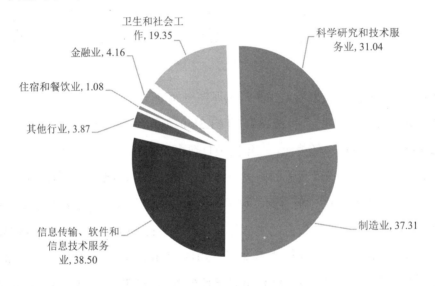

图 1.12　中美贸易战后中国对美国并购投资的主要行业投资金额情况（单位：亿美元）

资料来源：BvD-Zephyr 并购数据库。

　　2018 年中美贸易战发生后，中国对美国并购投资类型主要包括少数股权交易类、控股收购类和追加投资类。其中，少数股权交易类并购投资金额为 111.25 亿美元，占比 82.2%，共 213 个项目，居第一位；控股收购类并购投资金额为 18.23 亿美元，占比 13.5%，项目数为 14 个，居第二位；追加投资类并购投资金额为 5.83 亿美元，占比 4.3%，共 12 个项目，排名第三位。具体来看，2018—2020 年中国对美国少数股权交易类并购投资金额呈现先下降后上升趋势，但整体有所增加，由 38.33 亿美元增加到 41.29 亿美元，项目数由 103 个减少到 54 个；控股收购类并购投资金额呈现大幅下滑趋势，由 17.41 亿美元降至 0.36 亿美元，年均降幅为 59.7%，项目数由 8 个减少到 2 个；追加投资类并购投资金额同样出现大幅下滑，由 5.61 亿美元降至 0.13 亿美元，累计降幅为 62.5%，项目数由 7 个减少到 3 个。图 1.13 显示了中美贸易战后中国对美国并购投资主要投资类型流行趋势。

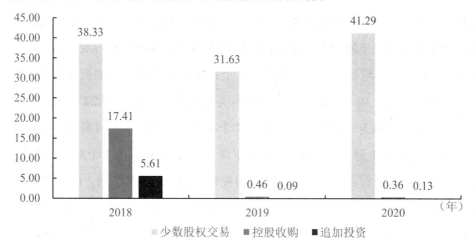

图 1.13 中美贸易战后中国对美国并购投资主要投资类型流量趋势（单位：亿美元）

资料来源：BvD-Zephyr 并购数据库。

2018 年中美贸易战发生后，中国对美国少数股权交易类并购投资主要集中在信息传输、软件和信息技术服务业，科学研究和技术服务业，卫生和社会工作，制造业，金融业。其中，信息传输、软件和信息技术服务业投资金额为 36.9 亿美元，占比 33.2%，项目数为 93 个，排名第一；科学研究和技术服务业投资金额为 30.59 亿美元，占比 27.5%，项目数为 59 个，排名第二；卫生和社会工作业共投资 19.35 亿美元，占比 17.4%，项目数为 2 个，排名第三。中国对美国控股收购类并购投资主要集中在制造业，科学研究和技术服务业，金融业，批发和零售业，信息传输、软件和信息技术服务业，租赁和商务服务业。其中，制造业投资金额最多，共 17.58 亿美元，占比 96.5%，共 6 个项目；科学研究和技术服务业、金融业分别位居第二、三，投资金额分别为 0.45 亿美元和 0.17 亿美元，占比分别为 2.5% 和 0.9%，项目数分别为 3 个和 1 个。中国对美国追加投资类并购投资所涉及的行业较少，依次为制造业，信息传输、软件和信息技术服务业，批发和零售业，租赁和商务服务业。其中制造业投资金额为 4.17 亿美元，占比 71.5%，共 8 个项目；信息传输、软件和信息技术服务业投资金额为 1.59 亿美元，占比 27.3%，共 2 个项目；批发和零售业、租赁和商务服务业投资金额分别为 0.05 亿美元和 0.02 亿美元，占比分别为 0.9% 和

0.3%，项目数均为 1 个。

2018 年中美贸易战发生后，非国有企业是中国对美国少数股权类、控股收购类和追加投资类并购投资的主要企业类型。其中，2018—2020 年非国有企业少数股权类并购投资金额呈现先下降后上升趋势，先由 30.23 亿美元降至 29.17 亿美元，而后增长到 41.18 亿美元，项目数由 90 减少到 53 个；控股收购类和追加投资类非国有企业并购投资金额均大幅下滑，其中控股收购类并购投资金额由 17.24 亿美元降至 0.36 亿美元，年均降幅为-59.6%，项目数由 7 个减少到 2 个；追加投资类并购投资金额由 5.61 亿美元减少到 0.13 亿美元，年均下降 31.2%，项目数由 7 个减少到 3 个。中美贸易战发生后，国有企业少数股权类并购投资金额出现大幅下滑，由 8.10 亿美元下降到 0.11 亿美元，年均降幅为 82.6%，项目数由 13 个减少为 1 个。对于控股收购类，国有企业仅 2018 年参与了并购投资，涉及金额 0.17 亿美元，项目数为 1 个，其余年份均未参与控股收购类和追加投资类并购投资。表 1.12 具体列出了中美贸易战后中国各类企业对美国并购投资流量情况。

表 1.12　中美贸易战后中国各类企业对美国并购投资流量　　单位：亿美元

年份	少数股权类		控股收购类		追加投资类	
	国有	非国有	国有	非国有	国有	非国有
2018	8.10	30.23	0.17	17.24	—	5.61
2019	2.46	29.17	—	0.46	—	0.09
2020	0.11	41.18	—	0.36	—	0.13

资料来源：BvD-Zephyr 并购数据库。

二、全球新冠肺炎疫情与中国对外直接投资

2020 年 1 月，新型冠状病毒肺炎开始在全球蔓延，并呈大规模扩散趋势。突如其来的疫情对全球各国造成严重冲击，医疗系统崩溃、经济停摆、失业率激增、生产停滞、双向投资骤减正成为各国政府急需解决的问题。就中国而言，早在 2020 年初，中国政府就意识到疫情的危害性并采取了有效措施，在短时间内基本控制住了国内疫情。目前国内经济正在逐步恢复，企业对外直接投资活力正在上升。但随着国际疫情加剧，疫情对经济造成的冲击始终存在，各国经济发展的不确定性会给我国经济发展和对外直接投资带来另一波冲击。本部分利用 2020 年季度数据，重点分

析全球新冠肺炎疫情对中国对外直接投资的影响。

新冠肺炎疫情发生后，中国政府一方面采取严格管控措施，控制疫情的进一步传播，另一方面实行积极的财政政策和货币政策，刺激骤停的经济逐步恢复活力。在党中央领导下，中国经济逐步恢复发展，企业对外直接投资井然有序。具体来看，2020年第一季度，中国企业对外直接投资金额151.22亿美元，同比下降46.3%，环比增长2.9%，投资项目数为187个，较2019年第四季度减少67个。2020年第二季度，中国企业对外直接投资金额逐渐增多，达到171.47亿美元，同比下降37.8%，环比上升13.4%，投资项目数为181个。2020年第三、四季度，中国企业对外直接投资继续保持增长态势，投资金额分别达到256.15亿美元和284.25亿美元，其中第三季度同比下降21.5%，环比增长49.4%，项目数为177个；第四季度同比增长93.5%，环比增长11%，项目数为145个。图1.14显示了全球新冠肺炎疫情前后中国各季度对外直接投资流量趋势。

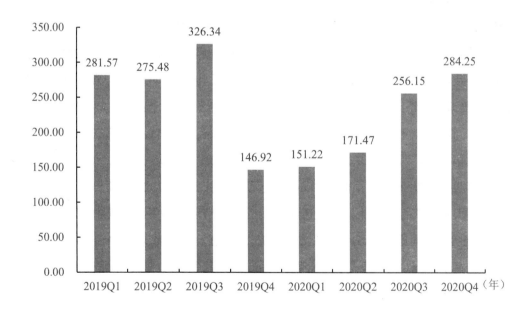

图1.14　全球新冠肺炎疫情前后中国对外直接投资流量趋势（单位：亿美元）

资料来源：FDI markets 绿地数据库和 BvD-Zephyr 并购数据库。

全球新冠肺炎疫情发生后，2020年第一季度中国企业对外直接投资主要流向缅甸、美国、加拿大、墨西哥和维尔京群岛等国家或地区；第二季度主要流向的国家或地区为秘鲁、智利、开曼群岛、美国和尼日利亚；第三季度主要集中在文莱、开曼群岛、美国、法国和维尔京群岛等国家或地区；第四季度主要集中在百慕大、印度尼西亚、开曼群岛、德国和乌克兰等国家或地区。分地区来看，2020年前三个季度，发展中经济体是中国企业对外直接投资的主要地区。其中，第一季度中国企业对发展中经济体投资87.57亿美元，同比降低55.5%，环比下降19.1%，共参与80个项目。第二季度开始，中国企业对发展中经济体投资金额呈现显著增长，并在第三季度达到最高值，投资金额分别为128.8亿美元和213.2亿美元，平均增长56.3%，投资项目数分别为89个和77个。第四季度，中国企业对发展中经济体投资金额出现急剧下滑，为122.03亿美元，降幅为42.8%，项目数为60个，低于同期对发达经济体投资金额。疫情发生后，中国企业对发达经济体直接投资金额呈现先下降后上升趋势，其中第一季度投资63.65亿美元，同比下降25%，环比增长64.8%，项目数为107个；第二、三季度投资金额出现下滑，分别为42.58亿美元和42.96亿美元，同比分别下降73.3%和30.8%，项目数分别为92个和100个；第四季度投资金额显著增加，为162.22亿美元，同比增加320%，环比增长277.6%，项目数为85个。

全球新冠肺炎疫情发生后，中国对共建"一带一路"国家投资趋势与2019年基本保持一致，但前三季度同比略有下降，第四季度同比上升。其中，第一季度投资52.38亿美元，同比下降8.2%，环比增加12.7%，项目数为50个；第二季度投资21.61亿美元，同比减少46.4%，环比下降58.8%，投资项目数为44个；第三季度投资金额出现大幅增加，为145.29亿美元，同比下降11.8%，环比增长572.3%，项目数为33个；第四季度投资金额虽降至79.84亿美元，但同比上升71.2%，项目数为32个。全球疫情大规模流行后，中国对金砖国家投资金额出现大幅下滑，其中第一季度投资7.48亿美元，同比下降51%，环比下降75.2%，投资项目数为15个；第二、三季度继续保持了下降趋势，投资金额分别为4.60亿美元和2.81亿美元，同比降幅分别为81.3%和98%，项目数分别为11个和9个；第四季度投资金额虽有所上升，但依然显著低于2019年同期水平，投资金额为10.38亿美元，同比下降65.6%，环比上升269.4%，项目数为4个。图1.15显示了2019—2020年各季度中国对全球主要地区直接投资流量。

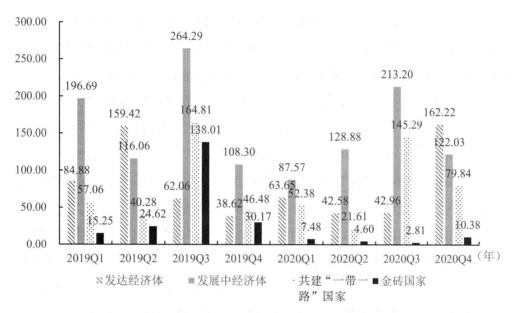

图 1.15 全球新冠肺炎疫情前后中国对全球主要地区直接投资流量（单位：亿美元）

资料来源：FDI markets 绿地数据库和 BvD-Zephyr 并购数据库。

全球新冠肺炎疫情发生后，中国对外直接投资依然集中在制造业，电力、热力、燃气及水生产和供应业，信息传输、软件和信息技术服务业，采矿业，交通运输、仓储和邮政业等行业。其中，制造业是中国对外直接投资最主要行业，2020 年第一季度投资 41.66 亿美元，同比下降 58.6%，环比减少 53.2%，投资项目数为 71 个；第二季度投资减少到 26.59 亿美元，同比降低 84.4%，环比下降 36.2%，项目数为 43 个；第三季度投资金额出现快速增长，达到 180.42 亿美元，同比增长 68.8%，环比增长 578.5%，项目数为 58 个；第四季度继续保持了第三季度的增长趋势，投资金额达到 181.6 亿美元，同比增加 104.1%，环比增长 0.6%，项目数为 41 个。电力、热力、燃气及水生产和供应业居中国对外直接投资第二位，2020 年全年投资同比出现快速增长，但第三、四季度出现显著下降。其中第一季度投资 43.33 亿美元，同比增加近 40 亿美元，项目数为 10 个；第二季度继续保持增长态势，投资金额达到 76.52 亿美元，同比增幅为 182%，环比上升 77%，项目数为 11 个；第三季度投资金额出现大幅下降，为 38.28 亿美元，降幅为 50%，但同比增加 33.43 亿美元，项目数为两个；第四季度投资金额继续保持下降趋势，为 23.55 亿美元，降幅为 38.5%，同比增加 23.2 亿美元，共涉及 7 个项目。中国企业对外直接投资排名第三位的是信息传输、软件和信息技术服务业，2020 年全年投资同比略有增加，但各季度变动幅度较大。其中，第一季度投资 12.6 亿美元，同比下降 69.4%，环比上升 55.1%，项目数为 32 个；第二季度投资大幅增加，达到 43.33 亿美元，同比增加 33.78 亿美元，环比增幅达 244%，项目数共 64 个；第三季度投资急剧下滑至 10.96 亿美元，同比降幅为 72.2%，环比下降 74.7%，共参与 37 个项目；第四季投资又快速增长至 38.23 亿美元，同比增加 30.11 亿美元，环比增加了近 3.5 倍，涉及 37 个项目。

从中国对外绿地投资情况来看。全球新冠肺炎疫情发生后，中国对外绿地投资同比出现小幅下滑趋势。其中，2020 年第一季度绿地投资 93.61 亿美元，同比下降 41%，环比降低 0.7%，投资项目数为 119 个；第二季度绿地投资进一步降至 71.52 亿美元，同比降低 45.2%，环比下降 23.6%，投资项目数为 93 个；第三季度绿地投资金额出现快速增长，为 172.63 亿美元，增幅达 141.4%，但同比依然下降 25.6%，投资项目数为 98 个；第四季度绿地投资金额出现下滑，降至 124.61 亿美元，同比增幅为 32.2%，环比下降 27.8%，投资项目数为 75 个。疫情发生后，中国在 2020 年第一季度对外绿地投资主要国家或地区为缅甸、墨西哥、澳大利亚、爱尔兰和印度；第二季度主要向尼日利亚、赞比亚、美国、澳大利亚和意大利等国家或地区进行绿地投资；第三季度主要绿地投资国家或地区为文莱、法国、爱尔兰、美国和阿联酋等；第四季度是印度尼西亚、德国、乌克兰、加拿大和美国等国家或地区，详细投资金额如表 1.13 所示。

表 1.13　全球新冠肺炎疫情后中国对外绿地投资前 15 位国家或地区　　单位：亿美元

序号	2020 年第一季度		2020 年第二季度		2020 年第三季度		2020 年第四季度	
	国家或地区	金额	国家或地区	金额	国家或地区	金额	国家或地区	金额
1	缅甸	34.46	尼日利亚	8.99	文莱	136.50	印度尼西亚	51.00
2	墨西哥	10.05	赞比亚	5.48	法国	6.00	德国	23.01
3	澳大利亚	4.86	美国	4.57	爱尔兰	4.97	乌克兰	10.51
4	爱尔兰	4.38	澳大利亚	4.20	美国	2.80	加拿大	6.27
5	印度	4.01	意大利	3.90	阿联酋	2.21	美国	5.41
6	俄国	3.93	西班牙	3.73	墨西哥	1.90	英国	5.30
7	美国	3.58	葡萄牙	3.56	英国	1.90	巴西	3.73
8	巴西	3.21	黑山	2.88	德国	1.71	日本	3.42
9	西班牙	2.88	俄罗斯	2.85	瑞典	1.47	匈牙利	2.88

序号	2020年第一季度		2020年第二季度		2020年第三季度		2020年第四季度	
	国家或地区	金额	国家或地区	金额	国家或地区	金额	国家或地区	金额
10	法国	2.61	哈萨克斯坦	2.69	巴西	1.23	法国	2.85
11	马来西亚	2.24	法国	2.19	印度尼西亚	1.21	墨西哥	2.57
12	埃及	2.09	新加坡	1.54	新加坡	1.17	巴林	1.66
13	塞内加尔	1.98	斯里兰卡	1.47	加纳	1.05	越南	1.29
14	沙特阿拉伯	1.64	加纳	1.41	尼日利亚	1.03	智利	1.06
15	阿联酋	1.31	沙特阿拉伯	1.21	哥伦比亚	0.97	爱尔兰	0.96

资料来源：FDI markets 绿地数据库。

全球新冠肺炎疫情发生后，发展中经济体是中国对外绿地投资的主要地区，整体投资金额同比有所降低。具体来看，2020年第一季度，中国对发展中经济体绿地投资71.79亿美元，同比下降48.7%，环比降幅为7.5%，项目数为57个；第二季度绿地投资金额继续降至45.3亿美元，同比降幅为46.3%，环比下降36.9%，投资46个项目；第三季度绿地投资金额出现显著反弹，投资金额增长到149.97亿美元，增幅达231%，同比下降28%，项目数为43个；第四季度投资金额降至72.42亿美元，同比降幅为6.7%，环比下降51.7%，共涉及24个项目。疫情发生后，前三个季度，中国对发达经济体绿地投资基本保持稳定，在第四季度出现大幅增加。具体来看，第一季度中国对发达经济体绿地投资金额为21.83亿美元，同比增长15.2%，环比涨幅为31.3%，项目数为62个；第二季度绿地投资26.21亿美元，同比下降43.3%，环比增加20.1%，项目数为47个；第三季度绿地投资略有下降，投资金额为22.65亿美元，同比下降4.2%，环比降幅为13.6%，项目数为55个；第四季度绿地投资金额显著增加至52.19亿美元，同比增加近35.56亿美元，增幅达130.4%，项目数为51个。

全球新冠肺炎疫情发生后，中国对共建"一带一路"国家绿地投资金额有所下降。其中，第一季度绿地投资金额为47.96亿美元，同比下降7%，环比增幅为12.9%，投资项目数为35个；第二季度投资金额降至14.74亿美元，同比降幅为58.5%，环比下降69.3%；第三季度绿地投资金额出现大幅增加，投资金额增至143.56亿美元，环比增长近9.74倍，项目数为24个，但同比下降10.6%，低于2019年同期绿地投资水平；第四季度绿地投资金额重新回落至68.15亿美元，降幅为52.5%，同比增加

60.4%，涉及 16 个项目。疫情发生后，中国对金砖国家绿地投资金额同样出现大幅下滑。其中，第一季度投资金额为 7.22 亿美元，同比下降 31.5%，环比降幅为 75.4%，投资项目数为 11 个；第二季度投资金额继续降至 1.52 亿美元，同比降幅为 91.1%，环比下降 79%，投资项目数为 6 个；第三季度绿地投资金额略有回升，为 1.75 亿美元，增幅为 15.2%，涉及 6 个项目，但远低于 2019 年同期水平，同比下降 98.7%；第四季度投资金额继续回升至 3.73 亿美元，增幅达 113.1%，同比下降 87.3%，项目数为两个。

全球新冠肺炎疫情发生后，中国对外绿地投资主要集中在制造业，电力、热力、燃气及水生产和供应业，信息传输、软件和信息技术服务业，批发和零售业，交通运输、仓储和邮政业等行业。其中，2020 年第一季度中国对外绿地投资的主要行业是电力、热力、燃气及水生产和供应业，投资金额为 41.71 亿美元，占比为 45%，项目数为 9 个，居于第一位；制造业绿地投资金额为 36.49 亿美元，占比为 39%，项目数为 49 个，排名第二位；信息传输、软件和信息技术服务业绿地投资金额为 5.57 亿美元，占比为 6%，涉及 12 个项目，居第三位，具体投资行业及占比情况如图 1.16 所示。第二季度绿地投资最多的行业是信息传输、软件和信息技术服务业，投资金额为 34.72 亿美元，占比为 48.5%，涉及 40 个项目；排名第二的是电力、热力、燃气及水生产和供应业，投资金额为 18.32 亿美元，占比为 25.6%，共 9 个项目；制造业绿地投资金额居第三位，为 9.85 亿美元，占比为 13.8%，共 20 个项目。在第三季度绿地投资中，制造业，批发和零售业，信息传输、软件和信息技术服务业居前三位，投资金额依次为 153.82 亿美元、7.7 亿美元和 7.19 亿美元，项目数分别为 41 个、29 个和 16 个。制造业，电力、热力、燃气及水生产和供应业，信息传输、软件和信息技术服务业是第四季度对外绿地投资的主要行业，投资金额分别达到 81.57 美元、23.55 亿美元和 11.59 亿美元，涉及项目数依次为 22 个、7 个和 15 个。

全球新冠肺炎疫情发生后，国有企业是中国对外绿地投资的主要企业类型，2020 年第一、二季度投资金额分别为 51.25 亿美元和 52.06 亿美元，同比分别增长 2.5% 和 48.7%，环比涨幅分别为 23% 和 1.6%，项目数分别为 23 个和 40 个。相比 2019 年同期，2020 年前两个季度，民营企业投资金额出现大幅下滑，分别为 34.45 亿美元和 10.29 亿美元，同比降幅分别为 66.1% 和 88.1%，环比分别下降 18.6% 和 70.1%，投资项目数分别为 73 个和 33 个。2020 年第三、四季度，民营企业绿地投资趋势逐渐回暖，超过国有企业成为中国对外绿地投资的主力，投资金额分别达到157.73亿美元和94.2亿美元，同比变化分别为-20.1%和122.5%，项目数分别为58个和53个；国有企业绿地投资金额出现明显下滑，分别达到4.51亿美元和14.43亿美元，同比降幅分别为83.7%和65.4%，投资项目数分别为15个和5个。疫情发生后，外资企业绿地投资金额出现明显增长，高于2019年同期水平，其中2020年第一至四季度，投资金额由7.92亿美元增加至15.99亿美元，平均同比增幅为30.5%、环比增长15.1%，共85个项目。

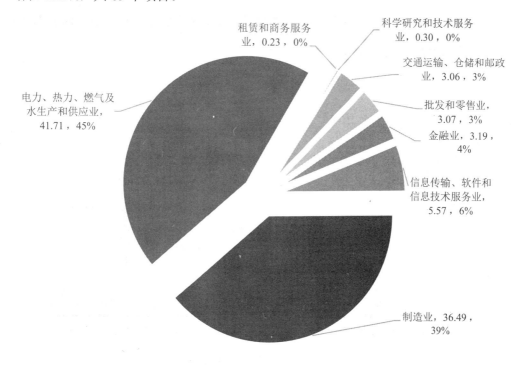

图 1.16　2020 年第一季度中国对外绿地投资主要行业（单位：亿美元）

资料来源：FDI markets 绿地数据库。

2020年全球新冠肺炎疫情发生后，中国对外绿地投资主要包括新建类、扩张类和托管类三种投资类型。其中，新建类绿地投资金额最多，但前三季度处于下滑态势，投资金额由84.12亿美元降至32.54亿美元，同比平均降幅为51.9%，低于2019年同期水平，共涉及270个项目；在第四季度，新建类绿地投资金额出现明显回升，达到113.21亿美元，同比增长29.6%，环比增加247.9%，涉及66个项目。疫情发生后，扩张类绿地投资变动较大，其中第一季度投资 9.28 亿美元，同比增加 97.8%，环比增长 127.1%，涉及 15 个项目；第二季度投资金额降至 3.98 亿美元，同比降幅为 88.7%，环比下降 57.1%，共 9 个项目；第三季度急剧增加至 140.05 亿美元，同比增加 561.9%，环比增加 341.9%，参与 14 个项目；第四季度骤减至 11.36 亿美元，但同比增长 178%，高于 2019 年同期水平，共 8 个项目。疫情发生后，仅在第一、三、四季度进行托管类绿地投资，整体投资金额呈下降趋势。其中，第一季度投资 0.22 亿美元，环比下降 92.1%，共 1 个项目；第三、四季度分别降至 0.04 亿美元和 0.05 亿美元，均涉及 1 个项目。图 1.17 显示了全球新冠肺炎疫情前后（四个季度）中国各类对外绿地投资流量。

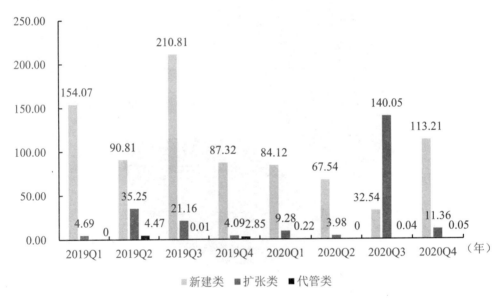

图 1.17　全球新冠肺炎疫情前后中国不同类型对外绿地投资流量（单位：亿美元）

资料来源：FDI markets 绿地数据库。

全球新冠肺炎疫情发生后，2020 年第一季度中国新建类对外绿地投资主要流向缅甸、澳大利亚、爱尔兰、印度和俄罗斯等国家；第二季度主要流向尼日利亚、赞比亚、澳大利亚、美国和意大利等国家；第三季度集中于法国、爱尔兰、阿联酋、墨西哥和德国等国家；第四季度主要在印度尼西亚、德国、乌克兰、美国和英国等国家投资。扩张类对外绿地投资在第一季度主要流向墨西哥、美国、巴西、比利时和英国等国家；第二季度主要流向新加坡、俄罗斯、乌克兰、美国和中国香港等国家或地区；第三季度主要集中于文莱、美国、巴西、英国和俄罗斯；第四季度主要集中在加拿大、墨西哥、巴西、爱尔兰和英国等国家。疫情发生后，中国托管类对外绿地投资较少，第一季度仅对法国进行投资，第二季度未进行投资，第三、四季度分别向俄罗斯、西班牙进行投资。

2020年全球新冠肺炎疫情暴发以来，中国新建类对外绿地投资主要流向发展中经济体，整体低于2019年同期水平，呈先下降后上升趋势。其中第一季度投资64.98亿美元，同比降幅为52.9%，环比下降13.2%，投资项目数为53个；第二、三季度持续下跌至12.1亿美元，环比平均降幅为52.7%，同比平均下降69.4%，项目数依次为42个和36个；第四季度上升至68.51亿美元，同比下降8.5%，环比增幅为466.2%，投资项目数为21个。2020年中国对发达经济体新建类绿地投资金额呈持续上升趋势，远高于2019年同期水平。其中，第一季度投资金额为19.14亿美元，同比增幅为19.2%，环比上升53.3%，投资项目数为50个；第二季度小幅上升至24.32亿美元，环比增幅为96.6%，同比上升27.1%，项目数为42个；第三季度经历了小幅下跌，至20.44亿美元，第四季度又上升至44.7亿美元，三、四季度同比平均增幅为163.6%，环比平均增幅为51.4%，项目数分别为47个和45个。疫情发生后，发展中经济体同样为中国对外扩张类绿地投资的主要投资地区，整体投资金额变化较大。具体来看，第一季度投资6.81亿美元，同比增幅达277.3%，环比上升144%，涉及4个项目；第二季度出现大幅下降，投资金额为2.09亿美元，同比下降24.7%，环比降幅为69.3%，涉及4个项目；第三季度投资金额大幅增加，达到137.84亿美元，同比增加128.24亿美元，较上一季度增加了近66.1倍，投资项目数为6个；第四季度回落至3.92亿美元，同比增幅为40.3%，涉及3个项目。疫情发生后，2020年前三个季度，中国对发达经济体扩张类绿地投资金额出现不同程度下降。其中第一季度投资2.47亿美元，同比下降14.4%，环比增加90.7%，涉及11个项目；第二季度降至1.90亿美元，同比降幅为94.2%，环比降幅为23.1%，共5个项目；第三季度小幅上升至2.21亿美元，同比下降80.8%，环比上升16.3%，共5个项目；第四季度，相比2019年同期，中国对发达经济体扩展类绿地投资转跌回升，投资金额达到7.44亿美元，同比增幅为474.8%，较上一季度增加了近3.4倍，共5个项目。疫情发生后，中国托管类对外绿地投资主要流向发达经济体，整体投资金额较少，其中仅第一、四季度投资，金额分别为0.22亿美元和0.05亿美元，均涉及1个项目；

仅第三季度对发展中经济体进行托管类绿地投资，投资金额为 0.04 亿美元，仅 1 个项目。表 1.14 列出了全球新冠肺炎疫情后中国各类绿地投资对全球主要经济体投资流量情况。

表 1.14　2020 年中国各类绿地投资对全球主要经济体投资流量　单位：亿美元

2020 年	新建类		扩张类		托管类	
	发达经济体	发展中经济体	发达经济体	发展中经济体	发达经济体	发展中经济体
第一季度	19.14	64.98	2.47	6.81	0.22	—
第二季度	24.32	43.22	1.90	2.09	—	—
第三季度	20.44	12.10	2.21	137.84	—	0.04
第四季度	44.70	68.51	7.44	3.92	0.05	—

资料来源：FDI markets 绿地数据库。

2020 年前三个季度中国对共建"一带一路"国家新建类绿地投资金额出现不同程度下滑，由 47.96 亿美元降至 6.79 亿美元，环比平均降幅为 32.9%，同比平均下降 54.3%，共 74 个项目；第四季度投资金额迅速回升，达到 68.15 亿美元，同比增幅为 72.6%，较上一季度增加了 61.36 亿美元，项目数为 16 个。疫情发生后，中国扩张类绿地投资仅第二、三季度涉及对共建"一带一路"国家投资，整体投资金额出现明显增加。其中，第二季度投资 2.03 亿美元，同比增长 14.7%，涉及 2 个项目；第三季度增加至 136.77 亿美元，同比增加 129.64 亿美元，共 2 个项目。疫情发生后，中国未对共建"一带一路"国家进行托管类绿地投资。全球疫情大规模扩散后，中国对金砖国家新建类绿地投资金额出现大幅下滑，由第一季度的 6.82 亿美元降至第三季度的 0.59 亿美元，同比平均降幅为 72.3%，环比平均下降 71.2%，共涉及 18 个项目；第四季度尽管小幅上升至 1.86 亿美元，但同比下降 93.1%，远低于 2019 年同期水平。疫情发生后，中国对金砖国家扩张类绿地投资金额呈小幅上升趋势，但低于 2019 年同期水平，其中，仅第一、三、四季度参与投资，金额由 0.39 亿美元上升至 1.86 亿美元，同比平均下降 28.3%，项目数为 6 个。疫情发生后，中国未对金砖国家进行托管类绿地投资。

全球新冠肺炎疫情发生后，中国新建类对外绿地投资在 2020 年第一季度主要集中在电力、热力、燃气及水生产和供应业（41.49 亿美元），制造业（28.52 亿美元），信息传输、软件和信息技术服务业（5.13 亿美元），金融业（3.19 亿美元），交通运输、仓储和邮政业（2.68 亿美元）；第二季度主要集中在信息传输、软件和信息技术服务业（32.82 亿美元），电力、热力、燃气及水生产和供应业（17.31 亿美元），制造业（8.98 亿美元），批发和零售业（4.36 亿美元），交通运输、仓储和邮政业（1.99 亿美元）；第三季度投资的主要行业包括制造业（14.62 亿美元），批发和零售业（7.7 亿美元），信息传输、软件和信息技术服务业（7.13 亿美元），交通运输、仓储和邮政业（1.06 亿美元），科学研究和技术服务业（0.93 亿美元）；第四季度主要面向制造业（79.39 亿美元），电力、热力、燃气及水生产和供应业（21.68 亿美元），信息传输、软件和信息技术服务业（4.23 亿美元），交通运输、仓储和邮政业（3.42 亿美元），批发和零售业（3.24 亿美元）等行业投资。2020 年中国扩张类对外绿地投资第一季度主要流向制造业（7.97 亿美元），批发和零售业（0.45 亿美元），信息传输、软件和信息技术服务业（0.44 亿美元），交通运输、仓储和邮政业（0.39 亿美元），科学研究和技术服务业（0.04 亿美元）；第二季度主要流向信息传输、软件和信息技术服务业（1.89 亿美元），电力、热力、燃气及水生产和供应业（1.01 亿美元），制造业（0.87 亿美元），房地产业（0.21 亿美元），租赁和商务服务业（0.003 亿美元）；第三季度流向的行业数量有所减少，仅向制造业（139.17 亿美元），电力、热力、燃气及水生产和供应业（0.83 亿美元），信息传输、软件和信息技术服务业（0.06 亿美元）进行投资；第四季度投资的行业依然仅包含三类，分别是信息传输、软件和信息技术服务业（7.31 亿美元），制造业（2.19 亿美元），电力、热力、燃气及水生产和供应业（1.86 亿美元）。疫情发生后，中国托管类对外绿地投资较少，且存在间断性。其中，第一季度仅向电力、热力、燃气及水生产和供应业投资（0.22 亿美元），第二季度未进行投资，第三季度投资的行业为制造业（0.04 亿美元），第四季度向信息传输、软件和信息技术服务业进行投资（0.05 亿美元）。

全球新冠肺炎疫情发生后，民营企业是中国新建类对外绿地投资的主要企业类型，投资金额在 2020 年第一、二季度出现大幅下滑，由 32.71 亿美元降至 8.4 亿美元，同比平均降幅为 75.4%，环比平均降幅为 45.6%，共涉及 92 个项目；第三季度投资金额略有回升，达到 20.12 亿美元，项目数为 51 个，同比降幅高达 89.2%，低于 2019 年同期水平；第四季度投资金额出现显著回升，增加至 84.66 亿美元，同比增长 115.1%，环比增幅达 320.8%，项目数为 45 个。疫情发生后，中国国有企业新建类对外绿地投资金额出现大幅下滑，其中第一季度投资 44.18 亿美元，同比下降 9.6%，环比增长 7.4%，项目数为 18 个；第二季度投资小幅增长至 50.3 亿美元，同比增长 52.6%，环比增幅为 13.8%，共 38 个项目；但第三季度出现大幅下跌，投资金额为 3.21 亿美元，同比下降 83.8%，环比降幅为 93.6%，涉及 11 个项目；第四季度投资金额虽然略有上升，达到 12.56 亿美元，项目数为 4 个，但同比下降 69.5%，低于 2019 年同期水平。疫情发生后，中国外资企业新建类对外绿地投资金额呈现增长态势，由第一季度的 7.23 亿美元增加至第四季度的 15.99 亿美元，同比平均增幅为 80.1%，共涉及 77 个项目。疫情发生后，民营企业为中国扩张类对外绿地投资的主力，但前两个季度投资较少，分别为 1.74 亿美元和 1.90 亿美元，同比分别下降 43.7% 和 94.3%，项目数分别为 9 个和 5 个；第三季度投资金额急剧上升，达到 137.57 亿美元，比 2019 年同期增加 126.95 亿美元，项目数为 6 个；第四季度投资金额降至 9.5 亿美元，同比增幅为 219.1%，项目数为 7 个。国有企业扩张类对外绿地投资金额呈现先下降后上升趋势，其中第一季度投资 6.84 亿美元，同比增幅为 500.8%，项目数为 4 个；第二、三季度开始出现连续下跌，投资金额降至 1.31 亿美元，平均降幅为 50.1%，项目数为 6 个；第四季度投资金额出现小幅上升，达到 1.86 亿美元，同比增长 255.7%，环比提升 42%，涉及 1 个项目。外资企业仅在 2020 年前三季度参与扩张类对外绿地投资，整体投资金额与 2019 年同期变化不大，其中第一季度投资 0.69 亿美元，项目数为 2 个；第二季度投资 0.33 亿美元，共 2 个项目；第三季度投资增加到 1.17 亿美元，项目数为 4 个。疫情发生后，国有企业仅在 2020 年第一季度参与了托管类对外绿地投资，投资金额达到 0.22 亿美元，涉及 1 个项目；民营企业在 2020 年第三、四季度参与了托管类对外绿地投资，投资金额分别为 0.04 亿美元和 0.05 亿美元，项目数均为 1 个；外资企业在疫情发生后并未参与托管类对外绿地投资。表 1.15 具体列出了全球新冠肺炎疫情后中国不同类型企业各类绿地投资流量。

表 1.15　2020 年中国不同类型企业各类绿地投资流量　　　单位：亿美元

2020 年	新建类			扩张类			托管类		
	国有	民营	外资	国有	民营	外资	国有	民营	外资
第一季度	44.18	32.71	7.23	6.84	1.74	0.69	0.22	—	—
第二季度	50.30	8.40	8.84	1.76	1.90	0.33	—	—	—
第三季度	3.21	20.12	9.21	1.31	137.57	1.17	—	0.04	—
第四季度	12.56	84.66	15.99	1.86	9.50	—	—	0.05	—

资料来源：FDI markets 绿地数据库。

从中国对外并购投资情况来看，全球新冠肺炎疫情发生后，中国对外并购投资金额整体呈现快速增长态势。其中，2020 年第一季度投资 57.6 亿美元，同比下降 53.1%，环比增加 9.4%，项目数为 68 个；第二季度投资升至 99.95 亿美元，同比降幅为 31%，环比增长 73.5%，涉及 88 个项目；第三季度出现小幅下降，投资金额为 83.53 亿美元，同比降幅为 11.5%，环比下降 16.4%，投资项目数为 79 个；第四季度投资金额快速上升至 159.64 亿美元，同比增幅高达 203.1%，环比增长 91.1%，项目数为 70 个。疫情发生后，中国在 2020 年第一季度对外并购投资主要流向美国、加拿大、维尔京群岛、开曼群岛和中国香港等国家或地区；第二季度主要投资的国家或地区为秘鲁、智利、开曼群岛、美国和西班牙；第三季度主要向开曼群岛、美国、维尔京群岛、法国和中国香港等国家或地区进行投资；第四季度主要投资于百慕大、开曼群岛、中国香港、印度和刚果（金）等国家或地区。

全球新冠肺炎疫情发生以来，发展中经济体是中国对外并购投资的主要投资地区，投资金额整体呈先上升后下降趋势。其中，2020 年第一季度投资 15.78 亿美元，同比下降 72.3%，环比降低 48.6%，项目数为 23 个；第二季度迅速增长至 83.58 亿美元，同比上升 163.1%，环比增长近 5.3 倍，共 43 个项目；第三、四季度投资金额出现持续下降，由 63.22 亿美元降至 49.61 亿美元，同比平均增长 37.4%，环比平均下降 22.9%，项目数为 70 个。疫情发生后，中国对发达经济体并购投资金额呈现先下降后上升趋势，其中第一季度投资 41.82 亿美元，同比下降 36.6%，环比上升 90.1%，项目数为 45 个；第二季度下滑至 16.37 亿美元，同比降幅为 85.5%，环比下降 60.9%，共 45 个项目；第三、四季度投资金额出现明显上升，由 20.3 亿美元上升至 110.03 亿美元，同比平均增幅为 176.5%，项目数为 79 个。

全球新冠肺炎疫情发生后，中国对共建"一带一路"国家并购投资变动较大。其中，2020 年第一季度投资 4.42 亿美元，同比下降 19.5%，环比上升 10.9%，共 15 个项目；第二季度投资金额出现小幅上升，为 6.87 亿美元，同比增长 44.6%，环比上升 55.4%，项目数为 24 个；第三季度投资出现大幅下降，投资金额降至 1.73 亿美元，同比下降 58.4%，环比降幅为 74.8%，项目数为 9 个；第四季度投资金额显著增加到 11.68 亿美元，同比增幅为 193.5%，环比增加了近 6.8 倍，项目数为 16 个。疫情发生后，中国对金砖国家并购投资金额有所减少，但呈上升趋势。其中，第一季度投资 0.25 亿美元，同比下降 94.7%，环比降幅为 70.4%，项目数为 4 个；第二季度投资金额小幅上涨至 3.09 亿美元，环比增长了近 12.4 倍，但同比下降 58.7%，低于 2019 年同期水平，共 5 个项目；第三季度投资金额出现下滑，降至 1.06 亿美元，同比降幅为 67.2%，环比下降 65.7%，项目数为 3 个；第四季度投资金额大幅增长，达到 6.65 亿美元，同比上升 682.4%，环比增幅近 527.4%，涉及两个项目。具体投资流量情况如图 1.18 所示。

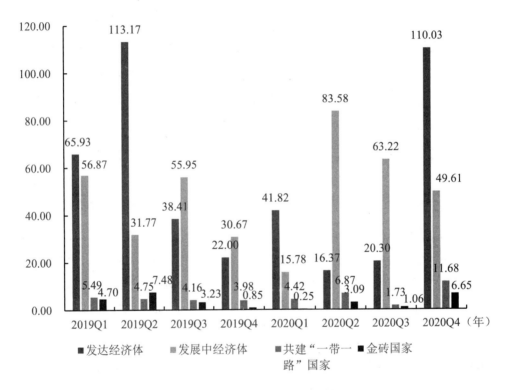

图 1.18　全球新冠肺炎疫情前后中国并购投资对全球主要经济体投资流量（单位：亿美元）

资料来源：BvD-Zephyr 并购数据库。

全球新冠肺炎疫情发生后，中国对外并购投资主要集中在制造业，电力、热力、燃气及水生产和供应业，信息传输、软件和信息技术服务业，采矿业，卫生和社会工作等行业。其中，2020 年第一季度，中国对外并购投资的主要行业是卫生和社会工作行业，投资金额为 19.24 亿美元，占比 33.4%，项目数为 1 个；采矿业投资 10.73 亿美元，占比 18.6%，项目数为 2 个，排名第二位；交通运输、仓储和邮政业投资 8.06 亿美元，占比 14%，共 2 个项目，居第三位。第二季度并购投资最多的行业是

电力、热力、燃气及水生产和供应业，投资金额为 58.2 亿美元，占比 58.2%，项目
数为 2 个；排名第二位的是制造业，投资金额为 16.75 亿美元，占比 16.8%，项目数
为 23 个；排在第三位的是信息传输、软件和信息技术服务业，投资金额为 8.61 亿
美元，占比 8.6%，共 24 个项目。在第三季度对外并购投资中，电力、热力、燃气及
水生产和供应业，制造业，科学研究和技术服务业排在前三位，投资金额分别为
37.45 亿美元、26.6 亿美元和 6.84 亿美元，占比依次为 44.8%、31.8% 和 8.2%，共涉
及 31 个项目。制造业，信息传输、软件和信息技术服务业，采矿业是第四季度对外
并购投资的前三位行业，投资金额依次为 100.03 亿美元、26.64 亿美元和 13.38 亿美
元，占比分别达到 62.7%、16.7% 和 8.4%，共涉及 44 个项目。

　　全球新冠肺炎疫情发生后，非国有企业是中国对外并购投资的主体，整体投资
金额略高于 2019 年全年水平，并呈上升趋势。其中，第一季度投资 31.05 亿美元，
同比下降 49.6%，环比降幅为 3.9%，共涉及 54 个项目；第二季度投资金额略有上
涨，为 33.19 亿美元，同比降幅为 69.2%，环比上升 6.9%，项目数为 77 个；第三、
四季度投资金额出现大幅上涨，由 76.1 亿美元上升至 136.3 亿美元，同比平均增幅
为 161.2%，环比平均增长 104.2%，共 130 个项目。疫情发生后，国有企业对外并购
投资形势较为低迷，整体不及 2019 年全年水平。其中，第一季度投资 26.55 亿美元，
同比下降 56.7%，环比上升 30.5%，项目数为 14 个；第二季度投资 66.76 亿美元，
同比上涨 80.4%，环比增长 151.5%，项目数为 11 个；第三季度投资金额出现明显下
滑，降至 7.42 亿美元，同比下降 62.2%，环比降幅为 88.9%，共 6 个项目；第四季
度投资回升至 23.34 亿美元，同比涨幅为 14.7%，环比增加近 3.1 倍，项目数为 13 个。

　　全球新冠肺炎疫情发生后，中国对外并购投资主要包括少数股权交易类、追加
投资类和控股收购类三种投资类别。其中，少数股权交易类对外并购投资最多，整
体高于 2019 年同期投资水平。具体来看，第一季度投资金额为 29.33 亿美元，同比
下降 60%，环比上升 173.9%，项目数为 45 个；第二、三季度投资持续增加，投资
金额由 30.43 亿美元增加至 68.83 亿美元，同比平均增幅为 35.7%，环比平均上升
65%，项目数共 118 个；第四季度出现小幅下滑，投资金额为 46.08 亿美元，降幅为
33.1%，同比上升 330.2%，项目数为 43 个。疫情发生后，追加投资类对外并购投资
整体高于 2019 年同期水平，但变动较大。其中第一季度投资 2.64 亿美元，同比降
幅为 69.2%，环比下降 78.6%，项目数为 8 个；第二季度迅速上升至 43.74 亿美元，

同比下降 38.9%，环比增加 41.1 亿美元，项目数为 18 个；第三季度投资金额跌至
4.06 亿美元，同比增加 6.3%，环比下降 90.7%，项目数为 7 个；第四季度投资金额
又迅速增加至 80.98 亿美元，同比增幅为 557%，环比增加近 20 倍，涉及 15 个项目。
疫情发生后，2020 年前三个季度，控股收购类对外并购投资金额呈下降趋势，低于
2019 年同期水平，投资金额由第一季度的 25.62 亿美元跌至第三季度的 10.64 亿美
元，同比平均降幅为 53.1%，环比平均下降 23.9%，涉及 39 个项目；第四季度控股
收购类对外并购投资金额出现小幅增长，为 32.58 亿美元，同比增长 10%，环比增
幅达 206.2%，项目数为 12 个。图 1.19 展示了全球新冠肺炎疫情前后中国各季度不
同类型对外并购投资流量。

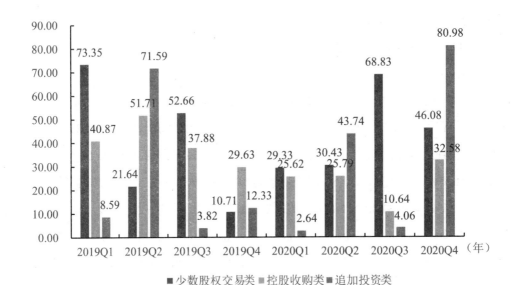

图 1.19　全球新冠肺炎疫情前后中国各季度不同类型对外并购投资流量（单位：亿美元）

资料来源：BvD-Zephyr 并购数据库。

　　全球新冠肺炎疫情发生以来，2020 年第一季度少数股权交易类对外并购投资
主要流向美国、英国、意大利、以色列和阿联酋等国家或地区；第二季度主要投资
的国家或地区为开曼群岛、美国、印度、以色列和印度尼西亚；第三季度主要向开
曼群岛、美国、法国、百慕大和英国等国家或地区投资；第四季度主要流向开曼群
岛、印度、中国香港、韩国和美国等国家或地区。疫情发生后，控股收购类对外并

购投资在第一季度主要流向维尔京群岛（英国）、开曼群岛、中国香港、美国和瑞士等国家或地区；第二季度主要向智利、维尔京群岛（英国）、新加坡、中国台湾和越南等国家或地区投资；第三季度主要投资的国家或地区为维尔京群岛（英国）、百慕大、日本和智利、中国香港；第四季度百慕大、刚果（金）、法国、新加坡和加拿大是主要投资国家或地区。疫情发生后，追加投资类对外并购投资在第一季度主要流向新加坡、以色列、越南、美国、中国香港等国家或地区；第二季度主要向秘鲁、西班牙、开曼群岛、印度和越南等国家或地区投资；第三季度主要投资的国家或地区为开曼群岛、百慕大、越南、中国台湾、中国香港；第四季度百慕大、维尔京群岛（英国）、柬埔寨、中国香港和中国台湾是主要投资国家或地区。

全球新冠肺炎疫情发生以来，发展中经济体是中国少数股权交易类对外并购投资的主要地区，整体投资金额呈上升趋势，高于2019年同期水平。其中第一季度投资2.2亿美元，同比下降94.8%，环比上升60.8%，项目数为12个；第二、三季度投资金额迅速增长，由18.22亿美元增加到49.18亿美元，同比平均增幅为202.8%，项目数为37个；第四季度小幅回落至36.86亿美元，同比增幅达554.9%，环比下降25%，涉及21个项目。疫情发生后，中国对发达经济体少数股权交易类并购投资金额略高于2019年同期水平。其中第一季度投资27.13亿美元，同比下降12.9%，环比增长433.8%，项目数为33个；第二季度投资下滑至12.21亿美元，同比下降31.6%，环比降幅为55%，涉及39个项目；第三季度投资金额出现小幅上涨，为19.65亿美元，同比增长52.4%，环比增幅为60.9%，项目数为42个；第四季度投资金额出现明显下滑，降至9.21亿美元，同比增长81.3%，环比下降53.1%，项目数为22个。全球疫情暴发后，发展中经济体是中国控股收购类对外并购投资的主要地区，整体投资金额低于2019年同期水平，呈先上升后下降趋势。其中，第一、二季度投资金额逐步增加，由13.2亿美元上升到25.34亿美元，同比平均增加32.6%，环比平均增长24.8%，项目数为15个；第三、四季度投资金额出现明显下滑，分别降至10亿美元和6.84亿美元，同比平均下降47.7%，环比平均降幅为46.1%，共涉及16个项目。疫情发生后，中国对发达经济体控股收购类并购投资金额呈先下降后上升趋势，但整体不及2019年同期水平。其中第一、二季度投资金额由12.42亿美元降至0.45亿美元，降幅为96.4%，同比平均降幅为80.4%，共11个项目；第三、四季度投资金额出现明显上升，分别达到0.63亿美元和25.75亿美元，第三季度投资同比下降 97.4%，第四季度投资同比增长 279.6%，第三、四季度涉及项目分别为两个和 7 个。疫情发生后，发达经济体是中国追加投资类对外并购投资的主要地区，整体投资金额略低于 2019 年同期水平。其中第一、二季度投资由 2.27 亿美元上升到 3.71 亿美元，增幅为 63.4%，同比平均下降 26.9%，共涉及 7 个项目；第三季度投资金额出现明显回落，降至 0.03 亿美元，同比降幅为 97.6%，环比下降 99.2%，项目数为 1 个；第四季度投资金额迅速增长至 75.07 亿美元，同比增幅达 640.8%，涉及 5 个项目。疫情发生后，中国对发展中经济体追加投资类并购投资明显增加。其中，仅第一季度有所降低，投资金额为 0.37 亿美元，同比下降 94.7%，共 4 个项目；第二、三、四季度投资均高于 2019 年同期水平，投资金额分别为 40.02 亿美元、4.04 亿美元和 5.91 亿美元，同比平均增长近 8.5 倍，项目数共计 31 个。全球新冠肺炎疫情发生后中国各类并购投资对全球主要经济体投资流量如表 1.16 所示。

表 1.16　2020 年中国各类并购投资对全球主要经济体投资流量　　单位：亿美元

2020 年	少数股权交易类		控股收购类		追加投资类	
	发达经济体	发展中经济体	发达经济体	发展中经济体	发达经济体	发展中经济体
第一季度	27.13	2.20	12.42	13.20	2.27	0.37
第二季度	12.21	18.22	0.45	25.34	3.71	40.02
第三季度	19.65	49.18	0.63	10.00	0.03	4.04
第四季度	9.21	36.86	25.75	6.84	75.07	5.91

资料来源：BvD-Zephyr 并购数据库。

全球新冠肺炎疫情发生后，中国对共建"一带一路"国家少数股权交易类并购投资变化较大，整体投资水平高于 2019 年同期。其中 2020 年第一季度投资 1.88 亿美元，同比下降 63.7%，环比降幅为 23.9%，涉及 9 个项目；第二季度投资增加到 5.33 亿美元，同比上升 74.6%，环比增幅达 183.5%，项目数为 14 个；第三季度投资降至 1.35 亿美元，同比下降 66.5%，环比降幅为 74.7%，涉及 8 个项目；第四季度投资再度增加至 8.61 亿美元，同比增幅为 249.1%，环比增加近 6.4 倍，项目数为 12 个。疫情发生后，中国追加投资类对外并购投资整体高于 2019 年同期水平，呈逐渐下降趋势，其中第一季度投资 2.22 亿美元，同比增加 2.11 亿美元，环比增长 277.7%；第二季度到第四季度期间，投资金额由 1.01 亿美元下降到 0.28 亿美元，三个季度同比增加 0.91 亿美元，环比平均降幅为 47.7%，共 7 个项目。2020 年中国控股收购类对外并购投资仅第一、二、四季度参与投资，投资金额呈上升趋势。具体来看，第一、三、四季度投资金额分别为 0.32 亿美元、0.53 亿美元和 2.8 亿美元，同比平均增幅为 61.9%，共 10 个项目。全球新冠肺炎疫情暴发后，中国对金砖国家少数股权类并购投资高于 2019 年同期水平，整体呈上升趋势。其中 2020 年第一季度投资 0.25 亿美元，同比下降 94.6%，环比降低 70.4%，涉及 4 个项目；第二至第四季度投资金额由 2.58 亿美元上升到 6.65 亿美元，较 2019 年同期增加 6.2 亿美元，共 9 个项目。在追加投资类方面，中国仅在 2020 年第二季度参与这类并购投资，投资金额为 0.51 亿美元，项目数为 1 个。2020 年，中国并未参与对金砖国家控股收购类并购投资。

疫情全面扩散后，从各类并购类型投资的行业来看，中国少数股权交易类对外并购投资在 2020 年第一季度主要流向卫生和社会工作（19.24 亿美元），信息传输、软件和信息技术服务业（3.57 亿美元），制造业（2.81 亿美元），科学研究和技术服务业（2.52 亿美元），住宿和餐饮业（0.6 亿美元）等行业；第二季度主要向制造业（13.12 亿美元），信息传输、软件和信息技术服务业（6.24 亿美元），科学研究和技术服务业（5.02 亿美元），卫生和社会工作业（1.43 亿美元），住宿和餐饮业（1.09 亿美元）等行业投资；第三季度主要集中于电力、热力、燃气及水生产和供应业（37.45 亿美元），制造业（18.68 亿美元），科学研究和技术服务业（6.81 亿美元），信息传输、软件和信息技术服务业（3.74 亿美元），金融业（0.73 亿美元）等行业；第四季度主要投资的行业包括信息传输、软件和信息技术服务业（26.57 亿美元），制造业（7.34 亿美元），交通运输、仓储和邮政业（5.15 亿美元），文化、体育和娱乐业（4.52 亿美元），建筑业（2.3 亿美元）。疫情发生后，2020 年第一季度，中国控股收购类对外并购投资的行业主要集中在交通运输、仓储和邮政业（8.05 亿美元），信息传输、软件和信息技术服务业（3.46 亿美元），建筑业（1.47 亿美元），制造业（1.38 亿美元），批发和零售业（0.32 亿美元）；第二季度主要投资于电力、热力、燃气及水生产和供应业（22.3 亿美元），制造业（2.71 亿美元），科学研究和技术服务业（0.4 亿美元），交通运输、仓储和邮政业（0.32 亿美元），房地产业（0.05 亿美元）等行业；第三季度主要流向制造业（5.33 亿美元），批发和零售业（2.67 亿美元），金融业（1.3 亿美元），租赁和商务服务业（1.07 亿美元），房地产业（0.25 亿美元）等行业；第四季度，制造业（17.52 亿美元），采矿业（11 亿美元），科学研究和技术服务业（2.73 亿美元），金融业（1.27 亿美元），信息传输、软件和信息技术服务业（0.07 亿美元）

是控股收购类对外并购投资主要投资的行业。新冠肺炎疫情暴发后，2020年第一季度，中国追加投资类对外并购投资主要投资的行业包括电力、热力、燃气及水生产和供应业（1.61亿美元），制造业（0.98亿美元），批发和零售业（0.03亿美元），交通运输、仓储和邮政业（0.02亿美元），文化、体育和娱乐业（0.004亿美元）；第二季度主要向电力、热力、燃气及水生产和供应业（35.9亿美元），建筑业（3.42亿美元），信息传输、软件和信息技术服务业（2.36亿美元），制造业（0.91亿美元），租赁和商务服务业（0.69亿美元）等行业投资；第三季度投资的行业主要包括制造业（2.59亿美元），批发和零售业（1.05亿美元），租赁和商务服务业（0.38亿美元），信息传输、软件和信息技术服务业（0.03亿美元），科学研究和技术服务业（0.02亿美元）；第四季度主要流向制造业（75.17亿美元），金融业（2.4亿美元），采矿业（2.38亿美元），交通运输、仓储和邮政业（0.71亿美元），房地产业（0.24亿美元）等行业。

全球新冠肺炎疫情暴发后，非国有企业是中国少数股权交易类对外并购投资的主要企业类型，整体投资金额高于2019年同期水平。其中2020年第一季度投资26.95亿美元，同比下降43.9%，环比上升166%，项目数为39个；第二季度投资略有下降，为25.89亿美元，同比增长55.4%，环比下降3.9%，项目数为54个；第三季度投资金额显著增加，达到61.75亿美元，同比增长63.2%，环比增幅达138.5%，共54个项目；第四季度投资金额回落至42.33亿美元，同比增幅为317.8%，环比减少31.4%，项目数为37个。国有企业少数股权类对外并购投资整体低于2019年同期水平，其中2020年第一至三季度投资金额呈上升趋势，由2.38亿美元增加至7.07亿美元，同比平均下降50.6%，涉及16个项目；第四季度投资金额下滑至3.75亿美元，同比增幅达548%，环比下降47%，共6个项目。疫情发生后，国有企业是中国控股收购类对外并购投资的主力，整体投资金额不及2019年同期水平。其中2020年第一季度投资22.54亿美元，同比下降27.5%，环比增加89.8%，涉及6个项目；第二季度投资金额小幅增长，为22.63亿美元，同比下降28.7%，环比增幅为0.4%，共3个项目；第三季度投资金额骤减至0.35亿美元，同比减少89.8%，环比下降98.5%，项目数为1个；第四季度投资金额回升至14.81亿美元，同比增长24.7%，环比增加14.46亿美元，共3个项目。与国有企业投资水平相同，非国有企业控股收购类对外并购投资同样低于2019年同期水平，但呈上升趋势。其中，2020年第一至四季度投资金额由 3.08 亿美元增长至 17.78 亿美元，同比平均下降 55.7%，较 2019 年减少 47.8 亿美元投资，项目数为 38 个。2020 年，中国追加投资类对外并购投资的主要企业类型是非国有企业，整体投资金额呈上升趋势，高于 2019 年同期水平。其中第一至四季度投资金额由 1.01 亿美元增加至 76.19 亿美元，同比平均增幅达 379.7%，较 2019 年增加了 3.48 亿美元，涉及 39 个项目。2020 年国有企业追加投资类对外并购投资金额同样高于 2019 年同期水平，其中仅第一、二、四季度参与投资，投资金额分别为 1.63 亿美元、39.59 亿美元和 4.78 亿美元，涉及项目分别为 2 个、3 个和 4 个，较 2019 年增加 31.63 亿美元投资。表 1.17 列出了全球新冠肺炎疫情发生后中国不同类型企业各类并购投资流量。

表 1.17　2020 年中国不同类型企业各类并购投资流量　　单位：亿美元

2020 年	少数股权交易类		控股收购类		追加投资类	
	国有	非国有	国有	非国有	国有	非国有
第一季度	2.38	26.95	22.54	3.08	1.63	1.01
第二季度	4.54	25.89	22.63	3.16	39.59	4.14
第三季度	7.07	61.75	0.35	10.29	—	4.06
第四季度	3.75	42.33	14.81	17.78	4.78	76.19

资料来源：BvD-Zephyr 并购数据库。

第二章

2018—2020 年中国企业对外

直接投资行业分析

摘　要

本章主要介绍中国对外直接投资行业层面的情况。第一节概述了中国企业对外直接投资行业总体状况，并从对外直接投资的目的地角度进行分析；第二节的内容从绿地投资行业展开，描述了绿地投资行业的模式及境外创造就业状况；第三节则是针对中国企业对外直接投资并购行业，从总体情况、支付方式和融资类型等方面展开分析。本章最后是中国企业对外直接投资行业相关的两个专栏分析，分别是中国企业对外绿地投资产业链和中国企业数字经济对外直接投资两个主题。

第一节 中国企业对外直接投资行业分析

一、中国企业对外直接投资总体行业分布概况

（一）2018 年中国企业分行业对外直接投资

2018 年中国企业在 67 个行业完成了超过 1400 起对外直接投资交易，其中投资额超过 70 亿美元的行业包括电力、热力生产和供应业（317.04 亿美元），水的生产和供应业（174.07 亿美元），软件与信息技术服务业（114.10 亿美元），汽车制造业（113.15 亿美元），房屋建筑业（101.09 亿美元），以及化学原料和化学制品制造业（83.80 亿美元）（见图 2.1）。此外，超过 50 亿美元不足 70 亿美元的行业包括金属制品业（62.70 亿美元）和黑色金属冶炼和压延加工业（54.86 亿美元）。从上述投资最为活跃的行业来看，2018 年中国企业对外直接投资表现出如下特点：其一，在一般服务业和高技术制造业部门投资活跃，一般服务业中没有投资额占比突出的行业，在高技术制造业部门，计算机、通信和其他电子设备制造业及汽车制造业两个行业的投资额超过 180 亿美元，并且这两个行业的投资项目数也比较多，分别达到了 117 起和 75 起（见图 2.2）；其二，高技术服务业部门中，软件与信息技术服务业占比接近 3/4；一般制造业部门中金属制造业的占比最大，接近 1/5。从总体上看，2018 年中国对外直接投资主要分布在一般服务业、高技术制造业、一般制造业、高技术服务业及电、煤气、蒸汽和水供应业，在制造业和服务业部门的投资相对均衡，对一般服务业和高技术制造业的投资在中国对外直接投资中占有重要地位（见图 2.3）。

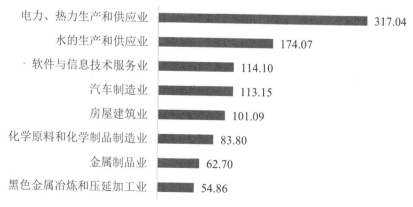

图 2.1 2018 年中国企业对外直接投资额前八位的行业（单位：亿美元）

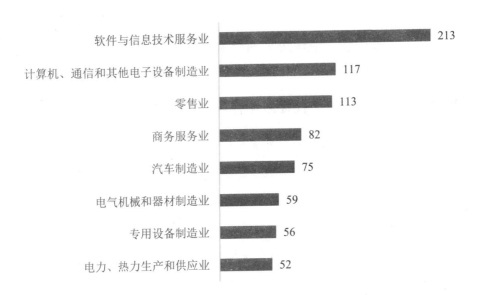

图2.2　2018年中国企业对外直接投资项目数前八位的行业（单位：起）

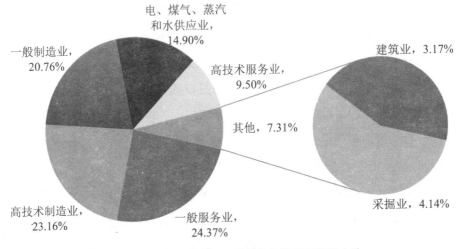

图2.3　2018年中国企业对外直接投资额部门占比

（二）2019年中国企业分行业对外直接投资

2019年，中国企业完成了1100起对外直接投资交易，涉及69个行业，其中投资额超过70亿美元的行业包括管道运输业（111亿美元）、电气机械和器材制造业（107.85亿美元）、水的生产和供应业（80.98亿美元）、软件与信息技术服务业（79.72亿美元）（见图2.4）。此外，超过50亿美元不足70亿美元的行业包括汽车制造业（68.02亿美元）及计算机、通信和其他电子设备制造业（57.55亿美元）（见图2.4）。2019年中国企业对外直接投资呈现以下特点：在高技术制造业和一般服务业的投资最为活跃，投资额占比均达到30%以上；其中，高技术制造业部门的电气机械和器材制造业投资额占比达 1/3 以上，一般服务业中的管道运输业投资额占该部门的 1/3 以上。高技术制造业中软件与信息技术服务业的投资额占比高达 4/5，投资项目数高达 165 起（见图 2.5）；一般制造业中投资占比最大的行业是黑色金属冶炼和压延加工业，占 1/5。总体上看，2019 年中国对外直接投资主要分布在高技术制造业、一般服务业、一般制造业、高技术服务业，以及电、煤气、蒸汽和水供应业，对一般服务业和高技术制造业的投资占中国对外直接投资总额的一半以上，可见其重要性（见图 2.6）。

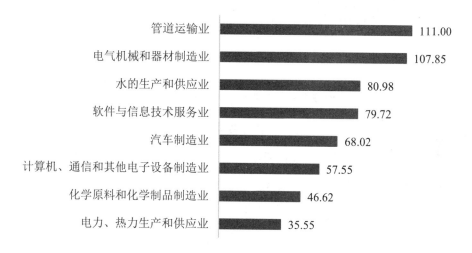

图 2.4　2019 年中国企业对外直接投资额前八位的行业（单位：亿美元）

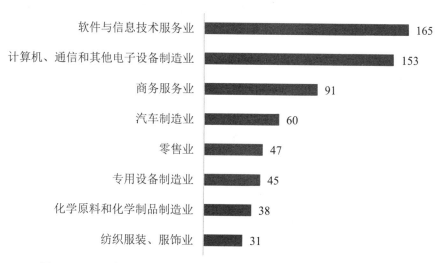

图 2.5　2019 年中国企业对外直接投资项目数前八位的行业（单位：起）

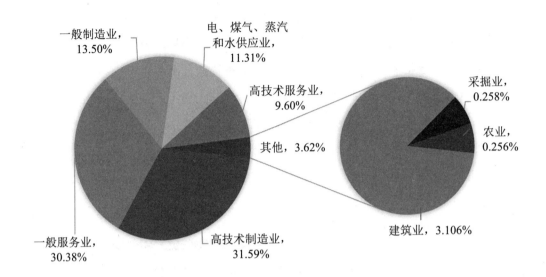

图 2.6   2019 年中国企业对外直接投资额部门占比

（三）2020 年中国企业分行业对外直接投资

2020 年，中国企业的对外直接投资势头出现明显下降，完成了 751 起对外直接投资交易，涉及 63 个行业，投资额超过 70 亿的行业有 3 个：电气机械和器材制造业（165.92 亿美元），电力、热力生产和供应业（142.39 亿美元），石油、煤炭及其他燃料加工业（138.26 亿美元），超过 50 亿美元不足 70 亿美元的行业有软件与信息技术服务业（见图 2.7）。从投资活跃度来看，2019 年中国企业对外直接投资呈现以下特点：投资项目最多的三个部门是高技术服务业、高技术制造业和一般服务业，分别发生了 215 起、144 起和 250 起（见图 2.8）。其中，软件与信息技术服务业在高技术服务业中投资额占比接近 3/5，电气机械和器材制造业在高技术制造业部门的投资额占 3/5 以上，电信、广播电视和卫星传输服务在一般服务业部门的投资额占 1/4。与 2018 年和 2019 年类似，2020 年中国企业对外直接投资主要分布在高技术制造业、一般服务业、高技术服务业、一般制造业，以及电、煤气、蒸汽和水供应业，建筑业、采掘业和农业占比一直很小（见图 2.9）。

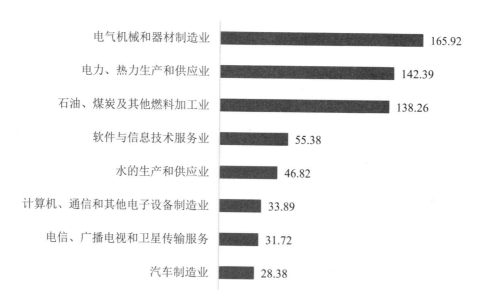

图 2.7　2020 年中国企业对外直接投资额前八位的行业（单位：亿美元）

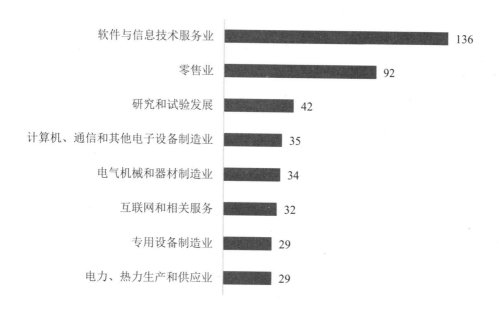

图 2.8　2020 年中国企业对外直接投资项目数前八位的行业（单位：起）

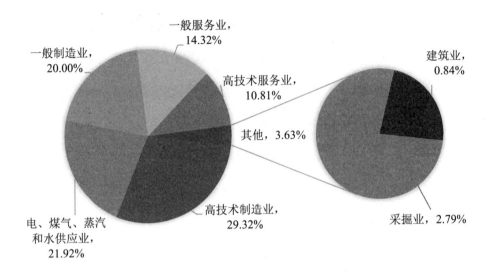

图 2.9　2020 年中国企业对外直接投资额部门占比

二、中国企业对外直接投资主要目的地行业情况

（一）2018 年中国企业主要目的地分行业对外直接投资

2018 年中国企业对外直接投资金额排名前三位的行业分别是一般服务业、高技术制造业和一般制造业。一般服务业的投资金额为 392.74 亿美元，高技术服务业和一般制造业的投资金额分别为 373.23 亿美元和 334.65 亿美元。中国企业对外直接投资金额最少的行业是采掘业、建筑业和农业，三个行业仅占总投资额的 7%。具体来看，中国在 76 个国家（地区）的一般服务业、72 个国家（地区）的高技术制造业和 50 个国家（地区）的一般制造业进行了投资，对农业的投资最少，仅在荷兰和美国发生了两起投资。此外，在中国对外直接投资额排名前十位的国家（地区）中，中国在美国投资的行业种类为 8 种，在开曼群岛和印度的投资行业有 7 种，在中国香港和印度尼西亚的投资行业种类为 6 种（见图 2.10）。其中，在美国和印度高技术制造业投资金额最多，分别高达 41.94 亿美元和 25.45 亿美元；在印度尼西亚投资金额最多的是电、煤气、蒸汽和水供应业行业，高达 193.66 亿美元；在开曼群岛和中国香港投资金额最多的行业是高技术服务业，为 58.36 亿美元和 42.98 亿美元。对约旦、牙买加、坦桑尼亚等 31 国家和地区的投资仅涉及 1 个行业。

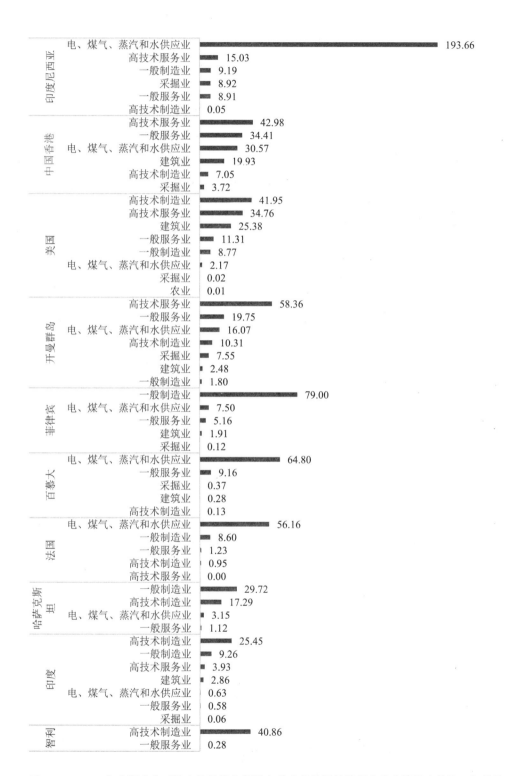

图 2.10　2018 年中国企业对外直接投资金额排名前十位的目的地行业分布情况（单位：亿美元）

（二）2019 年中国企业主要目的地分行业对外直接投资

2019 年中国企业对外直接投资金额排名前三位的行业分别是高技术制造业、一般服务业和一般制造业。高技术制造业的投资金额为 325.45 亿美元，一般服务业和一般制造业的投资金额分别为 313.01 亿美元和 139.12 亿美元。中国企业对外直接投资金额最少的行业是采掘业、建筑业和农业，3 个行业占比不到总投资额的 4%。具体来看，2019 年中国在 75 个国家（地区）的高技术制造业、60 个国家（地区）的一般服务业和 56 个国家（地区）的一般制造业进行了投资，对采掘业和农业的投资最少，投资目的地分别只有 7 个和 6 个。此外，在中国对外直接投资额排名前十位的国家（地区）中，中国在美国投资的行业种类为 7 种，在开曼群岛和印度的投资行业有 6 种，在百慕大、维尔京群岛（英国）、德国和巴西的投资行业种类为 5 种。其中，在美国高技术服务业投资金额最多，高达 26.19 亿美元；在百慕大、印度、德国和巴西投资金额最多的高技术制造业，分别为 76.07 亿美元、34.97 亿美元、29.16 亿美元和 13.17 亿美元；在俄罗斯、秘鲁投资金额最多的行业是一般服务业，分别为 112.42 亿美元和 30.09 亿美元。在越南投资金额最多的行业是一般制造业，为 30.80 亿美元。在开曼群岛投资金额最多的行业是电、煤气、蒸汽和水供应业，为 26.80 亿美元（见图 2.11）。

（三）2020 年中国企业主要目的地分行业对外直接投资

2020 年中国企业对外直接投资金额排名前三位的行业分别是高技术制造业，电、煤气、蒸汽和水供应业以及一般制造业。高技术制造业的投资金额为 253.08 亿美元，电、煤气、蒸汽和水供应业的投资金额为 189.21 亿美元，一般制造业的投资金额为 172.58 亿美元。采掘业、建筑业和农业三个行业投资金额占比不到总投资额的 4%。具体来看，中国企业对外直接投资项目数最多的行业是一般服务业、高技术服务业和高技术制造业，分别为 250 起、215 起和 144 起。在采掘业、建筑业和农业领域的投资最少，投资目的地分别只有 6 个、5 个和 1 个。在中国企业对外直接投资额排名前 10 位的国家（地区）中，中国在开曼群岛投资的行业种类为 6 种，在百慕大、美国、印度尼西亚的投资行业有 5 种。其中，在文莱一般制造业投资金额最多，高达 136.50 亿美元；在百慕大、印度尼西亚、德国和法国投资金额最多的高技术制造业，分别为 87.94 亿美元、51.00 亿美元、23.11 亿美元和 12.84 亿美元；在开曼群岛、秘鲁和缅甸投资金额最多的行业是电、煤气、蒸汽和水供应业，分别为 37.75 亿美元、35.90 亿美元和 34.46 亿美元（见图 2.12）。

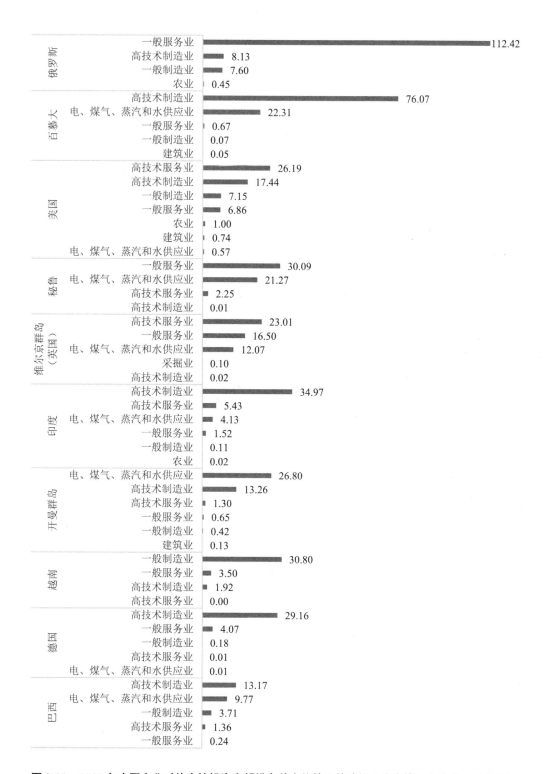

图2.11　2019年中国企业对外直接投资金额排名前十位的目的地行业分布情况（单位：亿美元）

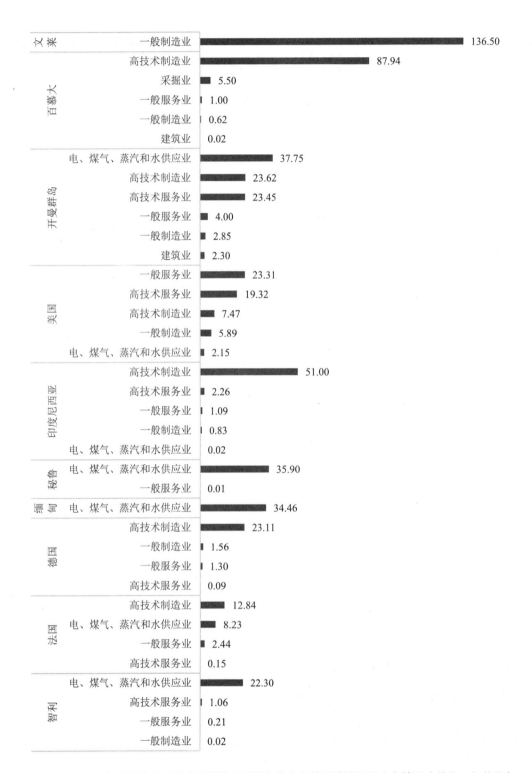

图2.12 2020年中国企业对外直接投资金额排名前十位的目的地行业分布情况（单位：亿美元）

三、中国企业对外直接投资各行业机遇与挑战

从行业构成来看，2018—2020 年中国对美投资的行业领域依然保持多元化，但三年以来投资额明显减少，制造业和服务业仍是中国企业投资的主要领域，高技术制造业比一般制造业更加热门，但三年间高技术制造业投资额萎缩最为明显，服务业在 2020 年成为中国对美国直接投资金额最大的部门（见图 2.13 和图 2.14）。

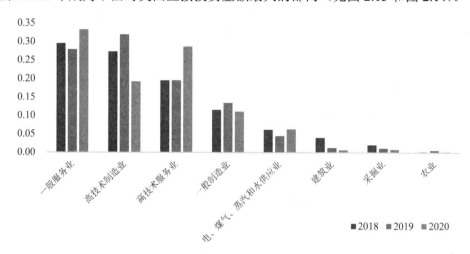

图 2.13 2018—2020 年中国对美国投资额部门占比（单位：%）

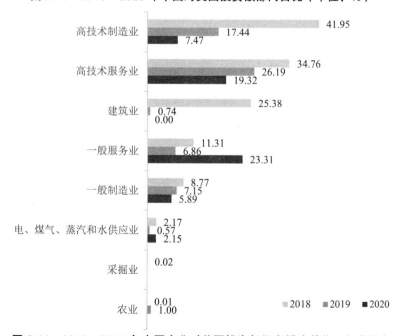

图 2.14 2018—2020 年中国企业对美国投资部门金额（单位：亿美元）

2018 中国对共建"一带一路"国家对外直接投资总额达 6.22 亿美元，2019 年达 3.35 亿美元。尽管面临新冠肺炎疫情冲击，但共建"一带一路"合作仍然展现出强大的韧性与活力，各方面工作取得积极进展。2020 年中国对共建"一带一路"国家对外直接投资总额达 3.11 亿美元，中国与共建"一带一路"国家加强经济合作是应对全球贸易保护主义和单边主义的重要手段。截至 2020 年 11 月，中国与 138 个国家、31 个国际组织签署了 201 份共建"一带一路"合作文件。其中，中国企业对东盟的对外直接投资无论是金额还是项目数量来看都存在明显的侧重，东盟已经成为中国对外经济板块中至关重要的一员。

2018 年 3 月，时任美国总统特朗普指示美国贸易代表对从中国进口的商品征收关税，并限制中国企业投资并购美国企业，贸易争端由此开始。从行业影响来看，技术密集型行业受其影响最为严重，国内包含机电、通信、信息技术在内的高新技术行业面临冲击。

自 2020 年新冠肺炎疫情暴发以来，以美国为代表的发达国家加强了对外国投资者的安全审查，通过扩大审查范围、降低审查门槛、调整审查框架等方式收紧外资政策，针对中国资本的意图愈发明显，迫使中国企业对其海外投资计划及目的地进行重新考虑和抉择。贸易摩擦、地缘政治冲突等诸多不稳定、不确定的逆全球化因素极大地阻碍了中国企业"走出去"的步伐。

2018—2002 年中国对共建"一带一路"国家的对外直接投资中，制造业一直是热门领域，其投资金额和项目数量一直处于领先地位，且其投资额在 2020 年出现了回升。信息传输、软件和信息技术服务业的对外直接投资在所有行业中的占比也比较可观和稳定。尽管受 2020 年新冠肺炎疫情冲击，但投资额并没有出现下降。科学研究和技术服务行业的投资额呈现逐年增长的趋势，而房地产业、卫生和社会工作、教育、采矿业、农业等行业的对外直接投资较少且不稳定，某些年份的对外直接投资出现中断（见图 2.15 至图 2.20）。

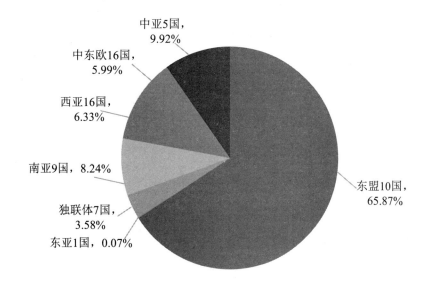

图 2.15　2018 年中国对共建"一带一路"国家对外直接投资额占比（单位：%）

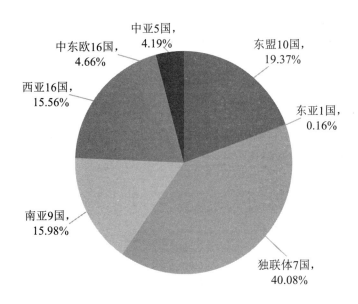

图 2.16　2019 年中国对共建"一带一路"国家对外直接投资额占比（单位：%）

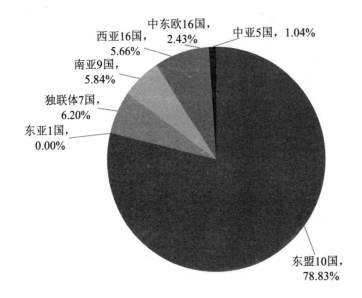

图 2.17　2020 年中国对共建"一带一路"国家对外直接投资额占比（单位：%）

图 2.18　2018 年中国对共建"一带一路"国家各行业对外直接投资额（单位：亿美元）

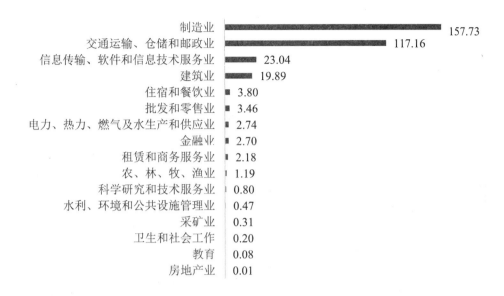

图 2.19 2019 年中国对共建"一带一路"国家各行业对外直接投资额（单位：亿美元）

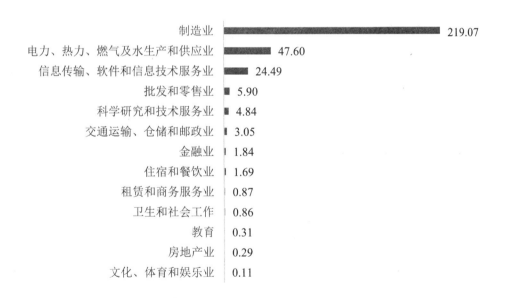

图 2.20 2020 年中国对共建"一带一路"国家各行业对外直接投资额（单位：亿美元）

第二节　中国企业对外绿地投资行业分析

一、中国企业对外绿地投资行业分布情况

（一）2018 年中国企业分行业对外绿地投资

2018 年中国企业在 41 个行业进行 3842 起对外绿地投资，投资总额超过 920 亿美元，创造了 21.35 万个境外工作岗位。从行业投资额来看，中国企业在 5 个行业的对外绿地投资额接近或者超过 40 亿美元，这 5 个行业分别为电力、热力生产和供应业（301.72 亿美元），房屋建筑业（100.49 亿美元），金属制品业（59.94 亿美元），黑色金属冶炼和压延加工业（53.89 亿美元），石油和天然气开采业（42.92 亿美元）。在汽车制造业、纺织业、有色金属矿采选业 3 个行业的绿地投资额超过 30 亿美元，其中汽车制造业的投资额为 36.47 亿美元，纺织业的投资额为 33.85 亿美元，有色金属矿采选业的投资额为 33.24 亿美元（见图 2.21）。整体来看，制造业部门对外绿地投资占中国 2018 年对外绿地投资总额的比重接近 36%（见图 2.22）。在一般制造业部门，金属制品业、黑色金属冶炼和压延加工业、纺织业，以及橡胶和塑料制品业等行业的对外绿地投资额均较大。在高技术制造业部门，汽车制造业，计算机、通信和其他电子设备制造业和电气机械以及器材制造业投资比较活跃。

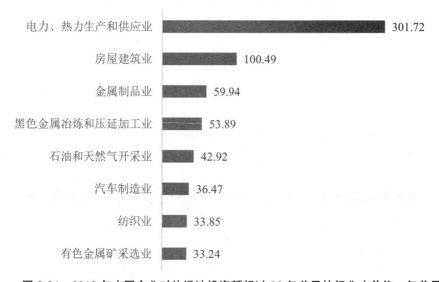

图 2.21　2018 年中国企业对外绿地投资额超过 30 亿美元的行业（单位：亿美元）

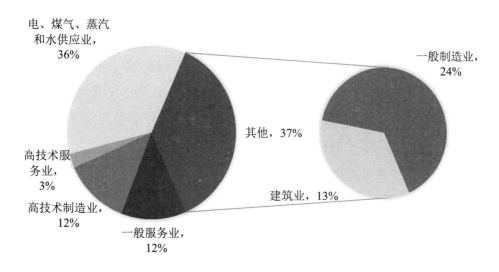

图 2.22 2018 年中国企业对外绿地投资额部门占比

在服务业部门中，投资额排名靠前的行业是多式联运和运输代理业（27.29 亿美元）、住宿业（21.47 亿美元）、娱乐业（18.26 亿美元）及软件与信息技术服务业（15.16 亿美元）。

从投资项目数量看，有 4 个行业的绿地投资项目数量超过了 50 起（见图 2.23）：零售业（107 起），计算机、通信和其他电子设备制造业（92 起），汽车制造业（61 起），以及商务服务业（52 起）。

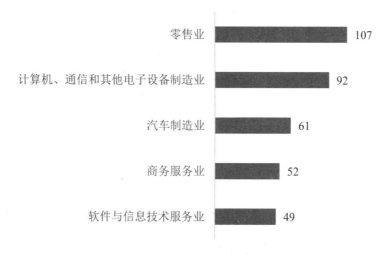

图 2.23 2018 年中国企业对外绿地投资项目数量前五位的行业（单位：起）

整体上，电、煤气、蒸汽和水供应业及制造业投资额均占整个绿地投资项目数的 1/3 左右。但是，投资项目数排在前列的行业与投资额排在前列的行业差别较大，说明不同行业的项目平均交易金额存在较大差异。项目平均交易金额高的部门包括电、煤气、蒸汽和水供应业（6.42 亿美元）、采掘业（5.08 亿美元）、建筑业（2.35 亿美元）；而项目平均交易金额最低的行业是一般服务业（0.37 亿美元），相对于制造业和采掘业，服务业轻资产的特征较为明显。

（二）2019 年中国企业分行业对外绿地投资

2019 年中国企业在 46 个行业进行了 668 起对外绿地投资，投资总额超过 610 亿美元，创造了 19.96 万个境外工作岗位。从行业投资额来看，中国企业在 4 个行业的对外绿地投资额接近或者超过 40 亿美元，这 4 个行业分别为管道运输业（111 亿美元），汽车制造业（66.16 亿美元），计算机、通信和其他电子设备制造业（41.64 亿美元），化学原料和化学制品制造业（41.33 亿美元）。在水上运输业、土木工程建筑业、黑色金属冶炼和压延加工业 3 个行业的绿地投资额超过 30 亿美元，其中水上运输业的投资额为 31.88 亿美元，土木工程建筑业的投资额为 30.82 亿美元，黑色金属冶炼和压延加工业的投资额为 30.48 亿美元（见图 2.24）。整体来看，制造业部门对外绿地投资占中国 2019 年对外绿地投资总额的比重接近 2/3（见图 2.25）。在一般制造业部门，黑色金属冶炼和压延加工业、家具制造业，以及纺织服装、服饰业等行业的对外绿地投资额均较大。在高技术制造业部门，汽车制造业，计算机、通信和其他电子设备制造业以及化学原料和化学制品制造业投资比较活跃。

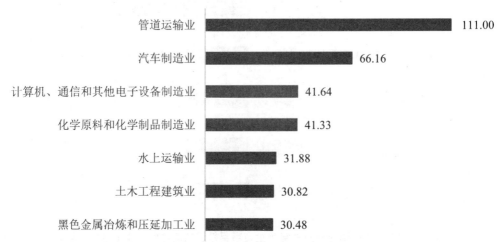

图 2.24　2019 年中国企业对外绿地投资额超过 30 亿美元的行业（单位：亿美元）

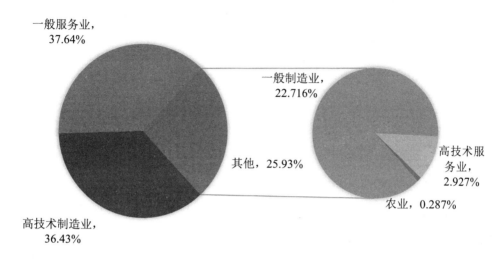

图 2.25　2019 年中国企业对外绿地投资额部门占比

一般服务业部门中，投资额排名居前的行业是管道运输业（111 亿美元）、水上运输业（31.88 亿美元），以及生态保护和环境治理业（20.34 亿美元）。高技术服务业中，投资额最高的是软件与信息技术服务业（9.33 亿美元）。

从投资项目数量看，有 4 个行业的对外绿地投资项目数量超过了 40 起（见图2.26）：计算机、通信和其他电子设备制造业（137 起），商务服务业（71 起），汽车制造业（56 起），以及零售业（42 起）。

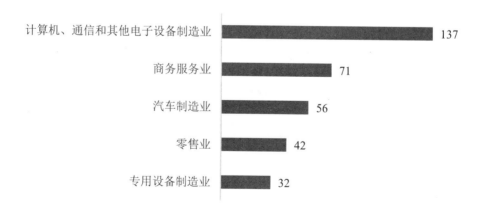

图 2.26　2019 年中国企业对外绿地投资项目数量前五位的行业（单位：起）

整体上，高技术制造业（283 起）和一般服务业（197 起）投资项目数最多。但是，投资项目数排在前列的行业与投资额排在前列的行业差别较大，说明不同行业的项目平均交易金额存在较大差异。项目平均交易金额排名靠前的行业包括建筑业（3.18 亿美元）、一般制造业（1.1 亿美元）、一般服务业（1.09 亿美元），而项目平均交易金额最低的行业是采掘业（0.07 亿美元）。

（三）2020 年中国企业分行业对外绿地投资

2020 年中国企业在 40 个行业进行了 385 起对外绿地投资，投资总额超过 460 亿美元，创造了 6.35 万个境外工作岗位。从行业投资额来看，中国企业在 4 个行业的对外绿地投资接近或者超过 30 亿美元，这 4 个行业分别为石油、煤炭及其他燃料加工业（138.26 亿美元），电气机械和器材制造业（84.65 亿美元），电力、热力生产和供应业（84.19 亿美元），电信、广播电视和卫星传输服务（31.72 亿美元）（见图 2.27）。在零售业、互联网和相关服务业、汽车制造业以及计算机、通信和其他电子设备制造业 4 个行业的绿地投资额超过 10 亿美元。整体来看，制造业部门对外绿地投资占中国 2020 年对外绿地投资总额的比重接近 60%（见图 2.28）。在一般制造业部门中，石油、煤炭及其他燃料加工业、橡胶和塑料制品业、非金属矿物制品业等行业的对外绿地投资额均较大。在高技术制造业部门，电气机械和器材制造业及计算机、通信和其他电子设备制造业投资比较活跃。

在服务业部门中，对外绿地投资额最多的行业是电信、广播电视和卫星传输服务业（31.72 亿美元）、零售业（18.36 亿美元），以及互联网和相关服务（18.01 亿美元）。

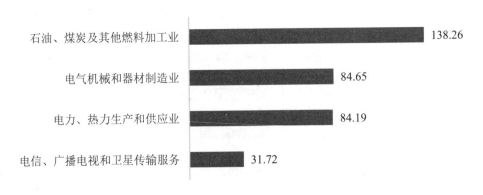

图 2.27　2020 年中国企业对外绿地投资额超过 30 亿美元的行业（单位：亿美元）

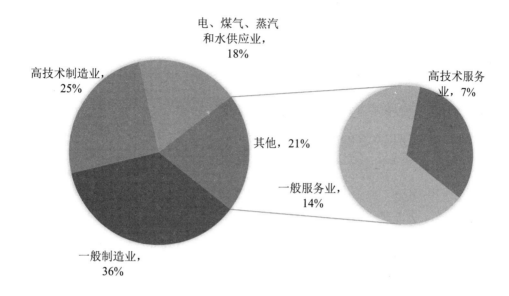

图2.28　2020年中国企业对外绿地投资额部门占比

从投资项目数量看，有5个行业的绿地投资项目数量超过了25起（见图2.29）：零售业（85起），互联网和相关服务（32起），电信、广播电视和卫星传输服务（26起），电力、热力生产和供应业（25起），以及软件与信息技术服务业（25起）。

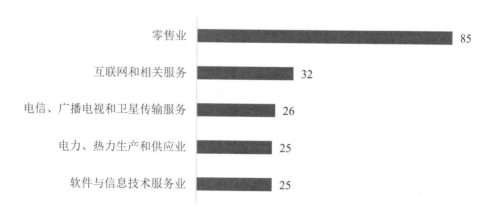

图2.29　2020年中国企业对外绿地投资项目数量前五位的行业（单位：起）

整体上，一般服务业投资项目数占整个绿地投资项目数的40%以上，其他投资项目数量排在前列的行业为一般制造业和高技术制造业。不同行业的项目平均交易金额存在较大差异，项目平均交易金额排名前两位的行业是电、煤气、蒸汽和水供应业（3.25 亿美元），一般制造业（2.67 亿美元）；而项目平均交易金额最低的行业是一般服务业（0.41 亿美元），服务业轻资产的特征较为明显。

二、中国企业分行业对外绿地投资模式

本部分将投资模式划分为新建、扩张和托管三种类型，汇总了各行业不同投资模式的企业对外绿地投资金额和项目数量分布情况。

（一）2018 年中国企业分行业对外绿地投资模式

如图 2.30 所示，在 2018 年中国企业对外绿地投资主要采取新建模式，交易金额高达 848.74 亿美元，占中国对外绿地投资总额的 91.77%；其次是扩张和托管模式，交易金额分别为 73.14 亿美元和 2.98 亿美元，占对外绿地投资总额的比例分别为 7.91% 和 0.32%。按照不同投资模式企业的交易项目数量排序，依次是新建（748起）、扩张（89 起）和托管（5 起）。

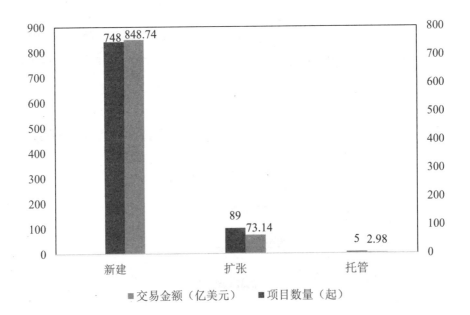

图 2.30 2018 年中国不同对外绿地投资模式投资金额和项目数量

在项目平均交易金额方面，采用新建投资模式的企业绿地投资项目平均交易金额最多，为 1.13 亿美元；扩张模式次之，为 0.82 亿美元；托管模式最少，仅有 0.59亿美元。

比较企业在新建模式下对外绿地投资金额，排名前五位的行业依次是电力、热力生产和供应业，房屋建筑业，金属制品业，黑色金属冶炼和压延加工业，以及纺织业，其总和占到所有行业在新建模式下绿地投资金额的64.5%。排名后五位的行业是保险业，木材加工和木、竹、藤、棕、草制品业，水上运输业，仪器仪表制造业，以及文教、工美、体育和娱乐用品制造业，5个行业之和仅占新建模式下投资总额的0.08%。

就扩张模式而言，各行业存在较大的差距，石油和天然气开采业在扩张模式下进行绿地投资金额最多，占扩张模式投资总额的45.16%；其次为汽车制造业，占比只有12.4%，不到石油和天然气开采业的1/3。

在托管模式下进行绿地投资的行业只有5个，分别是汽车制造业、专用设备制造业、金属制品业、房屋建筑业及电信、广播电视和卫星传输服务，均进行了1次托管形式下的绿地投资，交易金额分别为0.5亿美元、0.11亿美元、1.16亿美元、0.05亿美元和1.16亿美元。

扩张投资模式项目数量排名前两位的是计算机、通信和其他电子设备制造业，以及汽车制造业，对应的项目数量均为两位数，其他行业在扩张模式下进行投资交易项目数量均不到10起。在托管模式下进行的投资交易项目数量共有5起。通过以上分析可以判断，新建模式是2018年中国对外绿地投资采取的主要模式，其交易金额和项目数量均高于其他两种投资模式。2018年中国企业不同对外绿地投资模式的金额和项目数量分布汇总见附录附表2-1。

（二）2019年中国企业分行业对外绿地投资模式

如图2.31所示，2019年中国企业对外绿地投资主要采取新建模式，交易金额高达543.02亿美元，占中国对外绿地投资总额的88.22%；其次是扩张和托管模式，交易金额分别为65.19亿美元和7.33亿美元，占对外绿地投资总额的比例为10.59%和1.19%。按照不同投资模式企业的交易项目数量排序，依次是新建（589起）、扩张（69起）和托管（10起）。

在项目平均交易金额方面，采用扩张投资模式的企业绿地投资项目平均交易金额最多，为0.94亿美元；新建模式次之，为0.92亿美元；托管模式最少，仅有0.73亿美元。

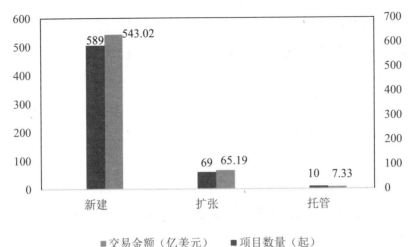

图 2.31   2019 年中国不同投资模式企业对外绿地投资金额和项目数量

比较企业在新建模式下进行对外绿地投资金额，排名前五位的行业依次是管道运输业，汽车制造业，化学原料和化学制品制造业，计算机、通信和其他电子设备制造业，以及水上运输业，其总和占所有行业在新建模式下绿地投资金额的 48.5%。排名后五位的行业是石油和天然气开采业，金属制品、机械和设备修理业，纺织业，农副食品加工业以及皮革、毛皮、羽毛及其制品和制鞋业，5 个行业投资金额之和仅占中国企业通过新建投资总额的 0.2%。

就扩张模式而言，各行业存在较大的差距，电气机械和器材制造业以及汽车制造业在扩张模式下进行绿地投资金额最多，分别占扩张模式投资总额的 29.1% 和25.5%。

托管模式下进行绿地投资的行业只有 8 个，除了汽车制造业有 3 个项目，电气机械和器材制造业，专用设备制造业，通用设备制造业，商务服务业，有色金属冶炼和压延加工业，纺织服装、服饰业，以及医药制造业都进行了 1 次在托管形式下进行的绿地投资。

扩张投资模式项目数量排名前两位的是计算机、通信和其他电子设备制造业，以及汽车制造业，对应的项目数量均为两位数，其他行业在扩张模式下进行的投资交易项目数量均不到 10 起。在托管模式下进行的投资交易项目数量共 10 起。通过以上分析可以判断，新建模式是 2019 年中国对外绿地投资的主要模式，其交易金额和项目数量均高于其他两种投资模式。2019 年中国企业不同对外绿地投资模式的金额和项目数量分布汇总见附录附表2-2。

（三）2020年中国企业分行业对外绿地投资模式

如图2.32所示，2020年中国企业对外绿地投资主要采取新建模式，交易金额高达297.39亿美元，占中国对外绿地投资总额的64.32%；其次是扩张和托管模式，交易金额分别为164.68亿美元和0.31亿美元，占对外绿地投资总额的比例分别为35.62%和0.07%。按照不同投资模式企业的交易项目数量排序，依次是新建（336起）、扩张（46起）和托管（3起）。

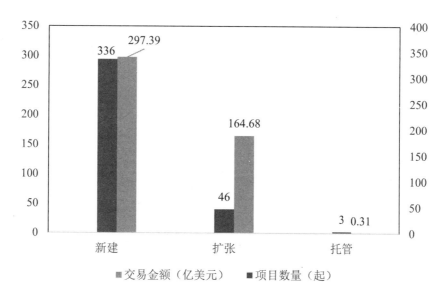

图2.32 2020年中国不同投资模式企业对外绿地投资金额和项目数量

在项目平均交易金额方面，采用扩张投资模式的企业绿地投资项目平均交易金额最多，为3.58亿美元；新建模式次之，为0.89亿美元；托管模式最少，仅有0.1亿美元。

比较企业在新建模式下进行对外绿地投资金额，排名前五位的行业依次是电气机械和器材制造业，电力、热力生产和供应业，电信、广播电视和卫星传输服务，零售业，以及计算机、通信和其他电子设备制造业，其总和占到所有行业在新建模式下绿地投资金额的75.45%。排名后五位的行业是有色金属冶炼和压延加工业、金属制品业、其他制造业、房地产业，以及水的生产和供应业，5个行业投资金额之和仅占中国企业新建模式下投资总额的0.05%。

就扩张模式而言，各行业存在较大的差距，石油、煤炭及其他燃料加工业在扩张模式下进行绿地投资金额最多，占扩张模式投资总额的 83%。其次，互联网和相关服务以及汽车制造业的投资金额分别占 5.89% 和 5.66%。

托管模式下进行绿地投资的行业只有 3 个，分别是互联网和相关服务、非金属矿物制品业，以及水的生产和供应业。

扩张模式下投资项目数量最多的是互联网和相关服务，对应的项目数量为 11 起，其他行业在扩张模式下投资交易项目数量均不到 10 起。在托管模式下进行的投资交易项目数量共 3 起。通过以上分析可以判断，新建模式是 2020 年中国对外绿地投资的主要模式，其交易金额和项目数量均高于其他两种投资模式。2020 年中国企业不同对外绿地投资模式的金额和项目数量分布汇总见附录附表 2-3。

三、中国企业分行业对外绿地投资境外创造就业情况

（一）2018 年中国企业分行业对外绿地投资境外创造就业

2018 年中国企业对外绿地投资各部门的投资额、项目数及创造的工作岗位数量如表 2.1 所示。

表 2.1　2018 年中国企业对外绿地投资的部门结构　　单位：亿美元，个，起

部门	投资额	工作岗位	项目数
一般服务业	105.07	29 792	284
高技术制造业	106.32	72 526	265
高技术服务业	22.78	3480	58
电、煤气、蒸汽和水供应业	301.72	4012	47
建筑业	108.25	34 085	46
一般制造业	204.55	59 601	127
采掘业	76.17	10 009	15

从在东道国（地区）创造的就业岗位来看，2018 年中国企业绿地投资项目平均创造的就业岗位为 254 个。其中，项目平均创造的就业岗位数量排名前四位的行业是纺织业（1885 个）、黑色金属冶炼和压延加工业（1216 个）、有色金属矿采选业（1058 个），以及造纸和纸制品业（902 个）（见图 2.33）。项目平均创造的就业岗位排名后四位的行业是酒、饮料和精制茶制造业（37 个），商务服务业（30 个），木材

加工和木、竹、藤、棕、草制品业（25个），以及水上运输业（11个）（见图2.34）。平均创造的就业岗位数最多的是电、煤气、蒸汽和水供应业（642个），相对于工业（包括采掘业、制造业和建筑业），服务业的平均用人规模相对较小。在制造业内部，一般制造业项目平均创造的就业岗位数为161个，而高技术制造业项目平均创造的就业岗位数为40个，高技术制造业项目平均创造的就业岗位数不足传统制造业的1/3。

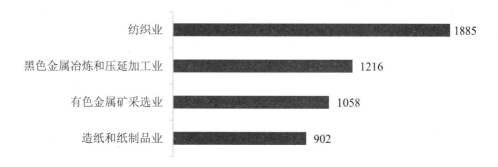

图2.33 2018年中国企业对外绿地投资项目平均创造就业岗位数量前四位的行业（单位：个）

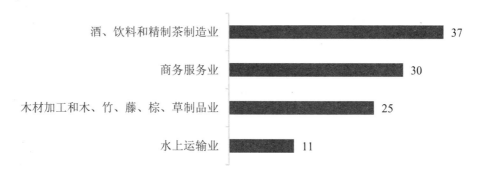

图2.34 2018年中国企业对外绿地投资项目平均创造就业岗位数量后四位的行业（单位：个）

（二）2019年中国企业分行业对外绿地投资境外创造就业

2019年中国企业对外绿地投资各部门的投资额、项目数及创造的工作岗位数量如表2.2所示。

表2.2 2019年中国企业对外绿地投资的部门结构   单位：亿美元，个，起

部门	投资额	工作岗位	项目数
高技术制造业	207.46	97 238	283
一般服务业	214.38	22 947	197
一般制造业	129.38	63 054	117

续表

部门	投资额	工作岗位	项目数
高技术服务业	16.67	5170	37
农业	1.64	777	5
建筑业	31.77	9017	10

　　从在东道国（地区）创造的就业岗位来看，2019年中国企业绿地投资项目平均创造的就业岗位约为305个。其中，项目平均创造的就业岗位排名前四的行业是管道运输业（3000个），生态保护和环境治理业（1536个），铁路、船舶、航空航天和其他运输设备制造业（1426个），以及家具制造业（1267个）（见图2.35）。项目平均创造的就业岗位排名后四位的行业是商务服务业（28个），石油和天然气开采业（27个），皮革、毛皮、羽毛及其制品和制鞋业（26个），以及纺织业（26个）（见图2.36）。平均创造就业岗位数最多的是建筑业（318个），农业和采掘业的平均用人规模相对较小。在制造业内部，一般制造业的项目平均创造的就业岗位数为111个，而高技术制造业项目平均创造的就业岗位数为45个，高技术制造业项目平均创造的就业岗位数不足传统制造业的一半。

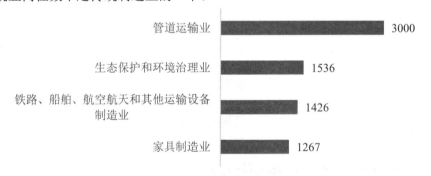

图2.35　2019年中国企业对外绿地投资项目平均创造就业岗位数量前四位的行业（单位：个）

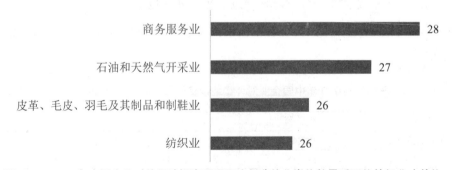

图2.36　2019年中国企业对外绿地投资项目平均创造就业岗位数量后四位的行业（单位：个）

（三）2020年中国企业分行业对外绿地投资境外创造就业

2020年中国企业对外绿地投资各部门的投资额、项目数及创造的工作岗位如表2.3所示。

表2.3 2020年中国企业对外绿地投资的部门结构 单位：亿美元，个，起

部门	投资额	工作岗位	项目数
高技术服务业	31.01	6799	69
高技术制造业	116.19	25 590	70
一般服务业	65.24	10 678	158
电、煤气、蒸汽和水供应业	84.41	1702	26
一般制造业	165.54	18 778	62

从在东道国（地区）创造的就业岗位来看，2020年中国企业绿地投资项目平均创造的就业岗位为165个。其中，项目平均创造的就业岗位排名前四的行业是石油、煤炭及其他燃料加工业（782个），酒、饮料和精制茶制造业（729个），电气机械和器材制造业（632个），以及纺织服装、服饰业（605个）（见图2.37）。项目平均创造的就业岗位排名后四位的行业是保险业（18个）、航空运输业（17个）、水的生产和供应业（17个），以及商务服务业（17个）（见图2.38）。平均创造的就业岗位数最多的是电、煤气、蒸汽和水供应业（325个），一般服务业的平均用人规模相对最小（41个）。在制造业内部，一般制造业的项目平均创造的就业岗位数为267个，而高技术制造业项目平均创造的就业岗位数为165个。

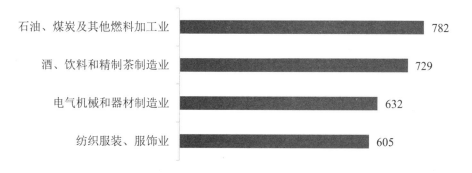

图2.37 2020年中国企业对外绿地投资项目平均创造就业岗位数量前四位的行业（单位：个）

图2.38　2020年中国企业对外绿地投资项目平均创造就业岗位数量后四位的行业（单位：个）

第三节　中国企业对外并购投资行业分析

一、中国企业对外并购投资行业分布情况[①]

（一）2018年中国企业分行业对外并购投资

就中国企业对外并购发起方的行业而言，控股及其他投资机构、证券业、交通运输设备制造业、黑色金属矿采选业，以及水上运输业的发起方企业对外并购总额均超过了40亿美元。除此之外，来自化学原料及化学制品制造业的发起企业对外并购投资额超过了30亿美元（见图2.39）。以上行业的并购发起数量也较多，且大部分属于一般服务业和高技术制造业（见图2.40）。

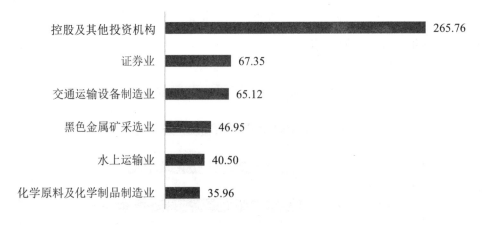

图2.39　2018年中国企业发起并购（投资额）总额前六位行业（单位：亿美元）

---

① 并购行业应细分交易双方所在行业，以识别横向或混合并购。

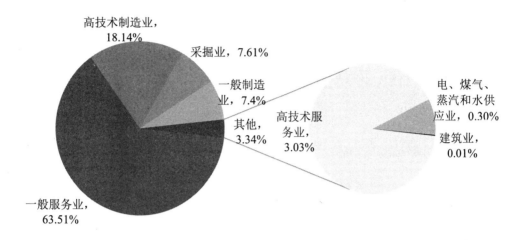

图 2.40 2018 年中国企业对外并购数量部门占比（单位：%）

就被并购企业的行业而言，2018 年中国企业在 39 个行业完成了 559 起并购交易，交易金额达 617 亿美元。其中有 5 个行业的并购金额超过了 40 亿美元，包括控股及其他投资机构（265.76 亿美元），证券业（67.35 亿美元），交通运输设备制造业（65.12 亿美元），黑色金属矿采选业（46.95 亿美元），水上运输业（40.50 亿美元）。从整体上看，2018 年中国对外并购投资的部门主要包括一般服务业（63.51%）、高技术制造业（18.14%）、采掘业（7.61%）、一般制造业（7.40%）。

按照并购发起方和标的方从事的经营活动类型，可以将并购分为水平型并购和垂直型并购，其中水平型并购是指双方从事的经营活动相同或类似，垂直型并购是指双方从事的经营活动处于上下游环节。

我们将水平型对外并购定义为双方的国际标准行业分类（ISIC）四分位行业相同的并购交易，将垂直型并购定义为双方四分位行业不同的并购交易。由于金融行业的特殊性，本节排除并购发起方为金融企业而并购标的方为非金融企业的交易，以及并购发起方为非金融业企业而并购标的方为金融企业的交易，即只保留金融业的水平投资和非金融行业间的垂直型并购交易。

经过这一处理，得到 2018 年 238 笔跨境并购交易信息、2019 年 174 笔跨境并购交易信息，以及 2020 年 252 笔跨境并购交易信息。从总体上看，2018 年中国企业在 23 个行业完成了 64 起水平并购交易，投资额为 233.19 亿美元；在 34 个行业完成了 174 起垂直型并购交易，投资额为 172.71 亿美元。垂直型并购在行业广度和交易额方面都超过了水平型并购。其中，在控股及其他投资机构、交通运输设备制造业和水上运输业三个行业中，水平型并购占主导地位；而在黑色金属矿采选业、化学原料及化学制品制造业和农副食品加工业三个行业中，垂直型并购占主导。控股及其他投资机构、化学原料及化学制品制造业均涉及大量垂直型和水平型并购交易（见图2.41）。

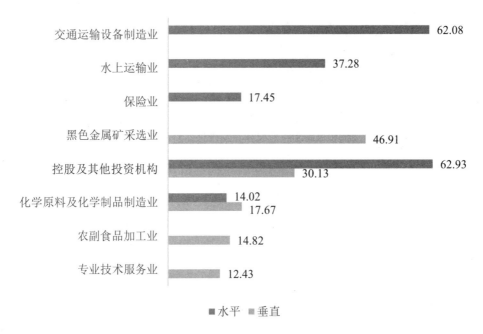

图2.41 2018年中国企业跨境并购发起方（非金融企业）投资额前五位行业分布（单位：亿美元）

（二）2019年中国企业分行业对外并购投资

就被并购企业的行业而言，2019年中国企业在39个行业完成了432起并购交易，交易金额达412亿美元。其中有4个行业的并购金额超过了30亿美元，包括控股及其他投资机构（133.21亿美元）、电气机械及器材制造业（75.84亿美元）、保险业（36.34亿美元）、商务服务业（32.33亿美元）。除此之外，黑色金属冶炼及压延加工业、房地产业的发起企业对外并购投资额均超过了20亿美元（见图2.42）。以上行业的并购发起数量也较多。从整体上看，2019年中国对外并购投资的部门主要包括一般服务业（63.42%）、高技术制造业（20.7%）、一般制造业（10.89%）（见图2.43）。

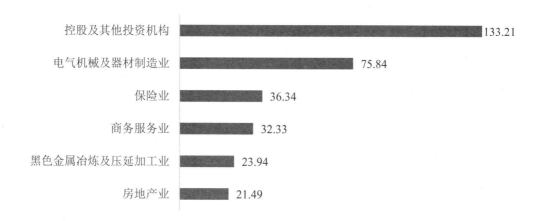

图 2.42　2019 年中国企业发起并购（投资额）排名前六位的行业（单位：亿美元）

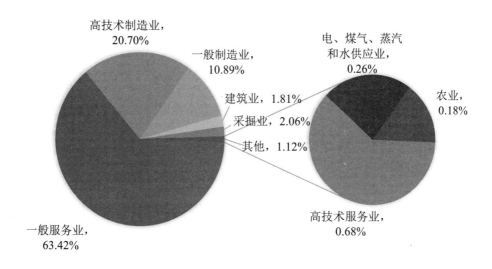

图 2.43　2019 年中国企业对外并购数量部门占比

2019 年中国企业在 15 个行业完成了 31 起水平并购交易，投资额为 103.03 亿美元；在 30 个行业完成了 143 起垂直型并购交易，投资额为 138.07 亿美元。垂直型并购在行业广度和交易额方面都超过了水平型并购。其中，在控股及其他投资机构、黑色金属冶炼及压延加工业和商务服务业三个行业中，水平型并购占主导地位；而在电气机械及器材制造业、房地产业和教育三个行业中，垂直型并购占主导（见图 2.44）。

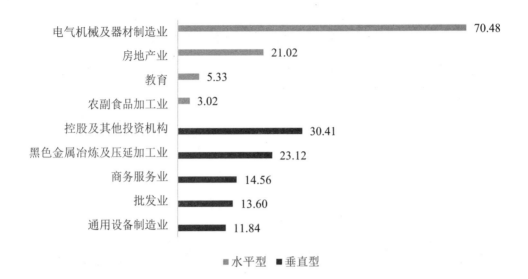

图 2.44 2019 年中国跨境并购发起方（非金融企业）投资额前五位的行业分布（单位：亿美元）

（三）2020 年中国企业分行业对外并购投资

就中国企业对外并购发起方的行业而言，控股及其他投资机构、电气机械及器材制造业、化学原料及化学制品制造业的发起方企业对外并购总额均超过了 20 亿美元。除此之外，黑色金属矿采选业、商务服务业、证券业的发起企业对外并购投资额均超过了 10 亿美元（见图 2.45），以上行业的并购发起数量也较多。

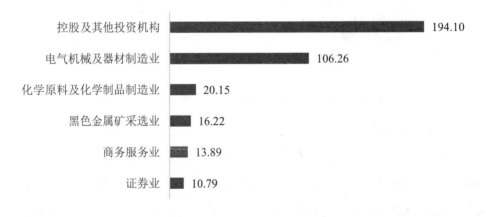

图 2.45 2020 年中国发起并购金额前六位行业（单位：亿美元）

就被并购企业的行业分布而言，2020 年中国企业在 37 个行业完成了 366 起并购交易，交易金额达 398 亿美元。其中有 3 个行业的并购金额超过了 20 亿美元，包括控股及其他投资机构（194.10 亿美元）、电气机械及器材制造业（106.26 亿美元）、化学原料及化学制品制造业（20.15亿美元）。从整体上看，2020年中国对外并购投资的部门主要包括一般服务业（57.82%）和高技术制造业（33.66%）（见图2.46）。

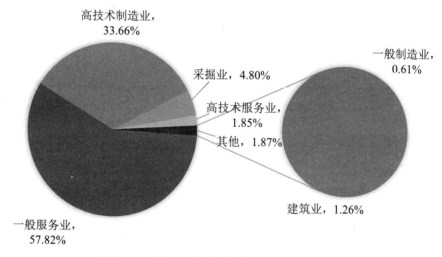

图 2.46　2020 年中国对外并购数量部门占比

2020年中国企业在16个行业完成了44起水平型并购交易，投资额为45.26亿美元；在29个行业完成了108起垂直型并购交易，投资额为151.87亿美元。垂直型并购在行业广度和交易额方面都超过了水平型并购。其中，在电气机械及器材制造业、化学原料及化学制品制造业2个行业中，垂直型并购占主导地位；而在黑色金属矿采选业、商务服务业和水上运输业3个行业中，水平型并购占主导。电气机械及器材制造业的垂直型并购投资项目数遥遥领先（见图2.47）。

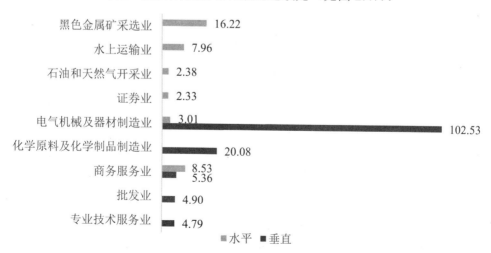

图 2.47　2020 年中国跨境并购发起方（非金融企业）投资额前五位的行业分布（单位：亿美元）

二、中国企业分行业对外并购支付方式

并购支付方式对目标企业的估值以及并购后收购方的绩效有重要影响，同时也能体现收购方的交易意愿和资金实力。[①]下文将按年分析采取不同支付方式对外并购中，中方收购企业的行业分布特征。

（一）2018年中国企业分行业对外并购支付方式

书后附表2.4汇总了2018年各行业企业对外并购不同支付方式投资的金额和项目数。下面进一步以现金、股份和负债等2018年主要非支付方式分类，分析对外并购发起方的行业分布。

在以现金支付完成的对外并购交易中，电、煤气、蒸汽和水供应业以该方式支付对外并购金额最多，高达72.13亿美元，占该方式支付总额的36.62%；其次是高技术制造业，为71.01亿美元；再次是一般服务业和高技术服务业，分别为26.74亿美元和14.18亿美元。采取股份支付完成的对外并购中，按金额排序最高的依次为高技术服务业、高技术制造业和一般服务业，分别为37.28亿美元、21.13亿美元、20.81亿美元。而采用股份支付方式进行对外并购在其他行业并不十分流行。采用负债支付完成的对外并购中，金额最多的为电、煤气、蒸汽和水供应业，共63.62亿美元，项目数量为两起，占该支付方式对外并购投资总额的97.54%；其次是一般制造业，采用负债支付并购投资金额为0.97亿美元；再次为一般服务业和建筑业，分别为0.61亿美元 0.002亿美元。

（二）2019年中国企业分行业对外并购支付方式

附表2.5汇总了2019年各行业企业对外并购不同支付方式投资金额和项目数情况。下面分别以第三方股份（70.04亿美元）、现金（56.37亿美元）和股份（31.92亿美元）这三大该年主要非支付方式分类，分析对外并购发起方的行业分布。

在以现金支付完成的56.37亿美元对外并购中，一般服务业以该方式支付对外并购金额最多，高达21.92亿美元，占该方式支付总额的38.88%；其次是高技术制造业，为15.55亿美元；再次是电、煤气、蒸汽和水供应业及高技术服务业，分别为

[①] 本报告采用BvD-Zephyr数据库的分类方式，对外并购投资的支付方式主要包括以下12类：股份（shares）、现金（cash）、延期支付（deferred payment）、负债（liabilities）、盈利能力支付计划（earn-out）、现金储备（cash reserves）、第三方股份支付（third party shares）、可转债（converted debt）、企业资产（business assets）、债券（bonds）、服务（services）、其他（other）。为简化分析，本报告将除前5种支付方式之外的方式和未标明支付方式的记录统一归类到"其他"中，并重点分析前5种支付方式对应的企业对外并购情况。

7亿美元和14.18亿美元。采取股份支付完成的对外并购中，按金额排序最高的依次为电、煤气、蒸汽和水供应业，以及高技术制造业，分别为21.02亿美元、10.9亿美元。采用第三方股份支付并购投资金额最多的是高技术制造业，共70.04亿美元，项目数量为1起，高技术制造业是唯一以第三方股份支付并购的行业部门。

（三）2020年中国企业分行业对外并购支付方式

附表2.6汇总了2020年各行业企业对外并购不同支付方式投资金额和项目数量情况。下面以现金（116.57亿美元）、股份（102.19亿美元）和第三方股份（37.45亿美元）这三大该年主要非支付方式分类，分析对外并购发起方的行业分布。

在以现金支付的56.37亿美元中，电、煤气、蒸汽和水供应业以该方式支付对外并购金额最多，高达116.57亿美元，占该方式支付总额的52.58%；其次是一般服务业，为16.43亿美元；再次是采掘业、高技术制造业、高技术服务业、建筑业和一般制造业，分别为16.22亿美元、14.59亿美元、4.28亿美元、3.44亿美元和0.3亿美元。按照股份支付完成的对外并购中，按金额排序最高的依次为高技术制造业、一般服务业和建筑业，分别为79.73亿美元、20.99亿美元和1.47亿美元。唯一采用第三方股份支付并购金额的部门是电、煤气、蒸汽和水供应业，共37.45亿美元，项目数量为1起。

三、中国企业分行业对外并购融资类型

并购融资方式也是影响收购企业绩效的重要因素，同时也决定了收购方在交易过程中承担的风险。通常，相对于现金对价，股票和混合融资有助于并购双方共同分担交易风险。在2018—2020年，并购数据库中记录的对外并购融资渠道主要分为以下几种：并购贷款、创业投资、杠杆收购、对冲基金、私募基金、增资、注资，未标明融资渠道的用"其他"代之。①下文将按年分析利用不同融资渠道实施的对外

---

① 其中，增资方式包含BvD-Zephyr数据库中的一般增资（capital increase）、供应商私募增资（capital increase-vendor placing）、转债增资（capital increase-converted debt）；创业投资包括风险资本（venture capital）、发展基金（development capita）、种子轮融资（development capital-seed）、A轮融资（development capital-1st round）、B轮融资（development capital-2nd round）、C轮融资（development capital-3rd round）、D轮融资（development capital-4th round）、E轮融资（development capital-5th round）、企业风险投资（corporate venturing）、天使投资-个人（angel investment-individual business angel）、天使投资-商业天使基金（angel investment-business angel fund）、天使投资-辛迪加（angel investment-business angel syndicate）、天使投资-共同投资基金（angel investment-co-investment fund）、家族理财室（family office）。另外，还有注资（capital injection）、私募基金（private equity）、对冲基金（hedge fund）、并购贷款（new bank facilities）、杠杆收购（leverage）等其他融资方式。

并购中，中方收购方企业的行业分布特征。

（一）2018年中国企业分行业对外并购融资类型

以采掘业、农业、建筑业、一般制造业、一般服务业、高技术制造业、高技术服务业以及电、煤气、蒸汽和水供应业8个部门为分析对象，除去"其他"类融资方式，采掘业采用银行贷款渠道融资的企业对外并购投资金额最多为6.8亿美元，占采用该渠道进行融资的所有企业对外并购投资金额的60.1%。农业部门的融资渠道只有"其他"这一类。建筑业企业除"其他"渠道外，还采用了银行贷款的方式，该部分企业对外并购投资金额为0.259亿美元，占采用该渠道进行融资的所有企业对外并购投资总额的比重为2.3%。一般服务业企业除"其他"渠道外，采用增资进行融资的企业对外并购投资金额最多，占采用该渠道进行融资的所有企业对外并购投资总额的24.1%。除"其他"渠道外，一般制造业企业采用杠杆收购进行融资的企业对外并购投资金额最多，占采用该渠道进行融资的所有企业对外并购投资总额的90.54%。高技术服务企业除"其他"渠道外，采用增资的方式进行对外并购投资金额最多，为41.39亿美元，占采用该渠道进行融资的所有企业对外并购投资总额的比重为42%。电、煤气、蒸汽和水供应业除"其他"渠道外，采用增资的方式进行对外并购投资金额最多，占采用该渠道进行融资的所有企业对外并购投资总额的比重为62.9%。

除未标明融资渠道的方式外，高技术服务业对外并购投资涉及融资渠道类型最多，为14种；其次是高技术制造业和一般服务业，共13种；一般制造业有8种；电、煤气、蒸汽和水供应业有4种；采掘业、建筑业和农业分别有3种、2种和1种。

（二）2019年中国企业分行业对外并购融资类型

除"其他"渠道外，采掘业采用增资渠道融资的企业对外并购投资金额最多，为1.69亿美元。农业部门的融资渠道只有E轮融资一类，且只发生了一起，占采用该渠道进行融资的所有企业对外并购投资金额的84.7%。建筑业的融资渠道只有"其他"一类。一般制造业企业除"其他"渠道外，采用最多的是企业风险投资的方式，该部分企业对外并购投资金额为1.35亿美元，一般制造业没有金额特别突出的部门。一般服务业企业除"其他"渠道外，采用增资进行融资的企业对外并购投资金额最多，占采用该渠道进行融资的所有企业对外并购投资总额的16%。高技术制造业企业采用增资进行融资的企业对外并购投资金额最多，占采用该渠道进行融资的所有企业对外并购投资总额的54.3%。高技术服务企业除"其他"渠道外，采用银行贷款的方式进行对外并购的投资金额最多，为2.73亿美元，占采用该渠道进行融资的所有企业对外并购投资总额的比重为20%。电、煤气、蒸汽和水供应业除"其他"渠道外，采用增资的方式进行对外并购的投资金额最多，占采用该渠道进行融资的所有企业对外并购投资总额的比重为50.3%。

除未标明融资渠道的方式外，对外并购投资涉及融资渠道类型超过10种的有高技术服务业（13种）、高技术制造业（10种）和一般服务业（12种），电、煤气、蒸汽和水供应业（8种）及一般制造业（6种）、建筑业（2种）、采掘业（1种）和农业（1种）的融资方式不超过3种。

（三）2020年中国企业分行业对外并购融资类型

采掘业和农业部门的融资渠道只有"其他"一类。建筑业采用最多的是增资的方式，该部分企业对外并购投资金额为4.89亿美元。一般制造业企业除"其他"渠道外，采用最多的是注资的方式，该部分企业对外并购投资金额为0.3亿美元。一般服务业企业除"其他"渠道外，采用银行贷款进行融资的企业对外并购投资金额最多，占采用该渠道进行融资的所有企业对外并购投资总额的77.6%。除"其他"渠道外，高技术制造业企业采用增资方式进行融资的企业对外并购投资金额最多，占采用该渠道进行融资的所有企业对外并购投资总额的33.6%。高技术服务企业除"其他"渠道外，采用私募股权的方式进行对外并购的投资金额最多，为4.74亿美元，占采用该渠道进行融资的所有企业对外并购投资总额的比重为13%。电、煤气、蒸汽和水供应业除"其他"渠道外，采用增资的方式进行对外并购投资金额最多，占采用该渠道进行融资的所有企业对外并购投资总额的比重为20.46%。

除未标明融资渠道的方式外，高技术服务业（12种）、高技术制造业（13种）和一般服务业（10种）对外并购投资涉及融资渠道类型最多，一般制造业（8种）及电、煤气、蒸汽和水供应业（3种），建筑业（2种），采掘业（1种）和农业（1种）的融资方式不超过3种。综上所述，2020年中国企业对外并购的融资渠道更加多元化。附表2.7至2.9汇总了2018—2020年中国各行业对外并购的融资渠道特征。

专栏【2-1】中国企业对外绿地投资产业链分析

企业依照其生产的产品或服务而归属于不同的产业，企业的产品生产往往要经历设计研发、加工制造、市场营销、售后服务等各个环节，因而企业的生产活动往往会延伸到不同的产业领域，形成企业的产业链联系。无论是独立还是与其他企业合作在境外设立新企业，都需要企业自身具备所投资行业的技术和经验，但境外新设企业与发起企业之间在产业链分工上可能会存在不同。本专栏根据绿地投资发起方所在行业与境外投资活动行业，对绿地投资的跨国产业链特征进行分析，包括上游、本部、下游环节企业分析及各环节经营活动分布等。

根据2018—2020年中国企业对外绿地投资而设立的境外企业（以下简称"境外企业"）从事的经营活动，结合发起企业所在行业，对境外企业与发起企业的"产业链"关系进行了刻画（见表2.4）。在这里，某一行业在产业链中所处的位置并不是绝对的，境外企业经营活动处于上游、下游还是本部环节是相对于对外投资发起企业在国内所处的行业而言的。根据表2.5及2018—2019年中国企业对外绿地投资数据，本报告计算出了以投资额表示的各个行业中国企业对外绿地投资的"产业链"布局。

表 2.4　投资发起企业与境外企业"产业链"关系

境外企业 经济活动	农业	采掘业	建筑业	电、煤气、蒸汽和水供应业	一般制造业	高技术制造业	一般服务业	高技术服务业
商务服务	—	—	-1	—	—	1	0	0
建筑业	—	—	—	—	—	—	-1	
消费者服务	—	—	—	—	—	—	—	1
设计、开发和测试	—	—	—	—	-1	-1	-1	0
教育和培训	—	—	—	—	—	—	—	
供电	—	—	—	0	—	—	—	
开采	—	0	—	—	—	—	—	
总部服务	—	—	-1	—	-1	-1	-1	-1
ICT和互联网基础设施	—	—	—	—	—	—	—	

境外企业经济活动	农业	采掘业	建筑业	电、煤气、蒸汽和水供应业	一般制造业	高技术制造业	一般服务业	高技术服务业
物流、配送和运输	1	1	—	—	1	1	0	—
售后服务	—	—	—	—	—	1	—	—
制造	0	—	—	—	0	0	-1	—
研发	-1	—	—	—	—	-1	-1	—
零售	—	—	—	—	1	1	0	—
市场营销及其他辅助活动	—	—	—	1	1	1	0	1
回收	—	—	—	—	-1	-1	—	—

注："-1"表示处于发起企业所在行业上游的"产业链"环节（以下简称"上游环节"）；"0"表示与发起企业所在行业相同的"产业链"环节（以下简称"本部环节"）；"1"表示处于发起企业所在行业下游的"产业链"环节（以下简称"下游环节"）；"—"表示数据库中该行业没有有关此经济活动的对外绿地投资活动。

表2.5　2018年中国对外绿地投资按"产业链"环节部门分部门投资额　　单位：亿美元

所处环节	一般服务业	高技术制造业	高技术服务业	电、煤气、蒸汽和水供应业	建筑业	一般制造业	采掘业	农业
上游环节	42.99	24.14	0.71	0	0.11	2.83	0	0
本部环节	61.64	67.91	20.33	295.69	98.45	199.66	60.47	0
下游环节	0	6.69	14.02	68	0	15.09	6.66	0

一、2018年中国企业对外绿地投资产业链分析

从2018年来看，有20个行业的企业在各自"产业链"的上游环节进行了70.78亿美元的投资；有39个行业的企业在各自"产业链"的本部环节进行了804.15亿美元的投资；有19个行业的企业在各自"产业链"的下游环节进行了16.93亿美元的投资。从总体上看，在发起企业所在行业相同的环节（以下简称"本部环节"）进行的绿地投资最多，在绿地投资总额中占比为90.16%。具体来看，在"产业链"上游环节投资额排名前五位的行业分别是住宿业（21.42亿美元），娱乐业（16.42亿美

元），医药制造业（7.18亿美元），计算机、通信和其他电子设备制造业（6.43亿美元），以及专用设备制造业（4.96亿美元）（见图2.48）。可以看出，在"产业链"上游投资较多的行业大部分是服务业、高技术和资本密集型制造业。处于上游环节的境外企业的经营活动主要包括建筑业（37.84亿美元），研发（13.34亿美元），以及设计、开发和测试（9.65亿美元）。

在"产业链"本部环节投资额超过20亿美元行业分别是电力、热力生产和供应业（295.69亿美元），房屋建筑业（98.45亿美元），金属制品业（59.81亿美元），黑色金属冶炼和压延加工业（53.86亿美元），纺织业（33.85亿美元），以及石油和天然气开采业（33.03亿美元）（见图2.49），而这6个行业也是2018年中国企业对外绿地投资额排在前六位的行业。

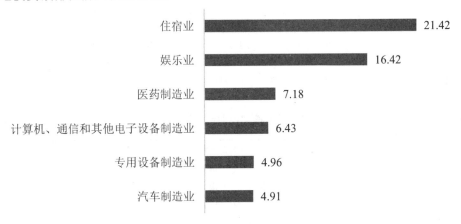

图2.48 2018年中国企业在"产业链"上游环节投资额前六位行业（单位：亿美元）

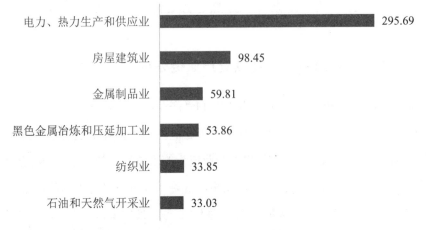

图2.49 2018年中国企业在"产业链"本部环节投资额前六位的行业（单位：亿美元）

在"产业链"下游环节投资额排名前四位的行业分别是有色金属矿采选业（5.80
亿美元），计算机、通信和其他电子设备制造业（2.90 亿美元），电气机械和器材制
造业（2.01 亿美元），以及软件与信息技术服务业（1.40 亿美元）（见图 2.50）。处于
下游环节的境外企业的主要经营活动包括市场营销及其他辅助活动（5.58 亿美元），
售后服务（0.66 亿美元），物流、配送和运输（10.34 亿美元），以及零售业（0.24 亿
美元）（见表 2.6）。

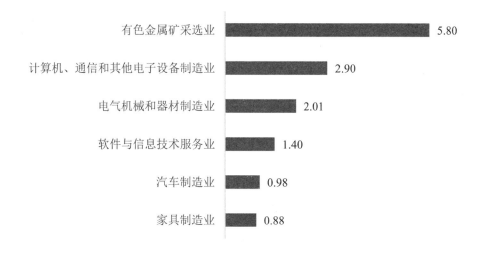

图 2.50 2018 年中国企业在"产业链"下游环节投资额前六位行业（单位：亿美元）

表 2.6 2018 年中国对外绿地投资"产业链"各环节经营活动分布　　　单位：亿美元

所处环节	境外企业具体经营活动	投资额
上游环节	回收	1.47
上游环节	建筑业	37.84
上游环节	设计、开发和测试	9.65
上游环节	研发	13.34
上游环节	制造业	1.48
上游环节	总部服务	7.01
本部环节	ICT 和互联网基础设施	19.51
本部环节	供电	295.69
本部环节	建筑业	98.45
本部环节	教育和培训	0.49

所处环节	境外企业具体经营活动	投资额
本部环节	开采	60.47
本部环节	零售业	9.08
本部环节	商务服务	11.95
本部环节	设计、开发和测试	2.88
本部环节	市场营销及其他辅助活动	3.54
本部环节	物流、配送和运输	34.51
本部环节	制造业	267.57
下游环节	教育和培训	0.10
下游环节	零售业	0.24
下游环节	市场营销及其他辅助活动	5.58
下游环节	售后服务	0.66
下游环节	物流、配送和运输	10.34

二、2019年中国企业对外绿地投资产业链分析

2019年，有25个行业的企业在各自"产业链"的上游环节进行了163.62亿美元的投资；有33个行业的企业在各自"产业链"的本部环节进行了457.71亿美元的投资；有16个行业的企业在各自"产业链"的下游环节进行了21.89亿美元的投资（见表2.7）。总体上看，在发起企业所在行业相同的环节（本部环节）进行的绿地投资额最多，在绿地投资总额中占比为67.77%。具体来看，在"产业链"上游环节投资额排名前六位的行业分别是管道运输业（111.00亿美元），生态保护和环境治理业（19.87亿美元），计算机、通信和其他电子设备制造业（9.02亿美元），住宿业（6.58亿美元），电信、广播电视和卫星传输服务（5.56亿美元），以及造纸和纸制品业（2.00亿美元）（见图2.51）。处于上游环节的境外企业的经营活动主要包括建筑（26.45亿美元）、研发（15.28亿美元），以及制造业（112.30亿美元）（见表2.8）。

在"产业链"本部环节投资额超过24亿美元的行业分别有汽车制造业（58.22亿美元），化学原料和化学制品制造业（39.77亿美元），水上运输业（31.71亿美元），黑色金属冶炼和压延加工业（28.46亿美元），计算机、通信和其他电子设备制造业（26.39亿美元），以及家具制造业（24.82亿美元）（见图2.52），而这六个行业也是

2019年中国企业对外绿地投资额排名前六位的行业。

在"产业链"下游环节投资额排名前四位的行业分别是计算机、通信和其他电子设备制造业（6.01亿美元），汽车制造业（5.98亿美元），通用设备制造业（3.85亿美元），以及专用设备制造业（2.55亿美元）（见图2.53）。处于下游环节的境外企业的主要经营活动包括物流、配送和运输（9.48亿美元），售后服务（4.95亿美元），市场营销及其他辅助活动（4.18亿美元），以及零售（3.19亿美元）（见表2.8）。

表2.7　2019年中国对外绿地投资按"产业链"环节分部门投资额　单位：亿美元

所处环节	一般服务业	高技术制造业	高技术服务业	电、煤气、蒸汽和水供应业	建筑业	一般制造业	采掘业	农业
上游环节	145.95	13.17	1.65	0	0	2.85	0	0
本部环节	66.99	175.10	75.01	13.25	23.67	103.69	0	0
下游环节	0	16.25	0.17	0.08	0	5.39	0	0

表2.8　2019年中国对外绿地投资按"产业链"各环节经营活动分布　单位：亿美元

所处环节	境外企业具体经营活动	投资额
上游环节	研发	15.28
上游环节	建筑业	26.45
上游环节	总部服务	7.52
上游环节	制造业	112.30
上游环节	回收	2.00
上游环节	设计、开发和测试	0.06
本部环节	市场营销及其他辅助活动	3.57
本部环节	商务服务	4.63
本部环节	制造业	278.79
本部环节	ICT和互联网基础设施	12.29
本部环节	物流、配送和运输	48.61
本部环节	建筑业	23.67
本部环节	零售业	3.14
本部环节	教育和培训	2.26
本部环节	供电	13.25
下游环节	零售业	3.19
下游环节	市场营销及其他辅助活动	4.18
下游环节	物流、配送和运输	9.48
下游环节	售后服务	4.95
下游环节	教育和培训	0.08

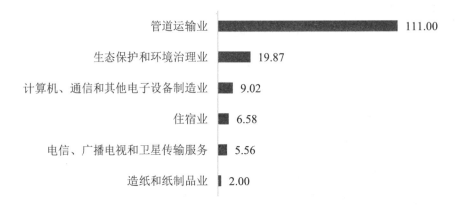

图 2.51　2019 年中国企业在"产业链"上游环节投资额前六位的行业（单位：亿美元）

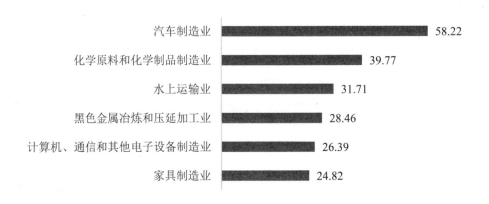

图 2.52　2019 年中国企业在"产业链"本部环节投资额前六位的行业（单位：亿美元）

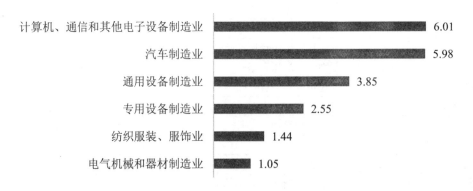

图 2.53　2019 年中国企业在"产业链"下游环节投资额前六位的行业（单位：亿美元）

三、2020 年中国企业对外绿地投资产业链分析

2020 年，有 13 个行业的企业在各自"产业链"的上游环节进行了 15.27 亿美元的投资；有 35 个行业的企业在各自"产业链"的本部环节进行了 416.91 亿美元的投资；有 15 个行业的企业在各自"产业链"的下游环节进行了 14.68 亿美元的投资（见表 2.9）。总体上看，在发起企业所在行业相同的环节（本部环节）进行的绿地投资额最多，在绿地投资总额中占比为 93.3%。具体来看，在"产业链"上游环节投资额排名前五位的行业分别是零售业（9.61 亿美元）、汽车制造业（2.08 亿美元）、家具制造业（0.80 亿美元）、软件与信息技术服务业（0.54 亿美元），以及互联网和相关服务（0.54 亿美元）（见图 2.54）。上游环节的境外企业的经营活动主要包括建筑业（8.13 亿美元）、总部服务（4.46 亿美元），以及研发（1.81 亿美元）（见表 2.10）。

在"产业链"本部环节投资额超过 30 亿美元的行业分别是石油、煤炭及其他燃料加工业（136.70 亿美元），电力、热力生产和供应业（84.19 亿美元），电气机械和器材制造业（84.10 亿美元），以及电信、广播电视和卫星传输服务（31.57 亿美元）（见图 2.55），而这四个行业也是 2020 年中国企业对外绿地投资额排名前四位的行业。

表 2.9　2020 年中国对外绿地投资依"产业链"环节分部门投资额　　单位：亿美元

所处环节	一般服务业	高技术制造业	高技术服务业	电、煤气、蒸汽和水供应业	建筑业	一般制造业	采掘业	农业
上游环节	10.14	2.77	1.07	0	0	1.29	0	0
本部环节	55.06	109.44	8.94	84.19	0	159.28	0	0
下游环节	0	3.66	7.22	0	0	3.80	0	0

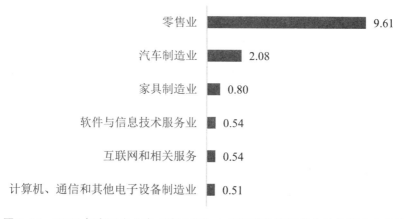

图 2.54　2020 年中国企业在"产业链"上游环节投资额前六位的行业（单位：亿美元）

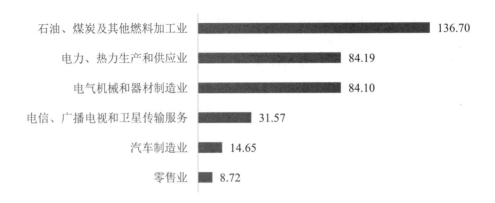

图 2.55　2020 年中国企业在"产业链"本部环节投资额前六位的行业（单位：亿美元）

在"产业链"下游环节投资额排名前四位的行业分别是互联网和相关服务（6.16 亿美元），计算机、通信和其他电子设备制造业（2.70 亿美元），石油、煤炭及其他燃料加工业（1.56 亿美元），以及农副食品加工业（1.16 亿美元）（见图 2.56）。处于下游环节的境外企业的主要经营活动包括市场营销及其他辅助活动（9.96 亿美元），售后服务（0.41 亿美元），物流、配送和运输（4.21 亿美元）（见表 2.10）。这些经营活动一方面是为了开拓当地市场，如零售、市场营销和售后服务等；另一方面是为了提高产品的供应效率，如物流等行业。

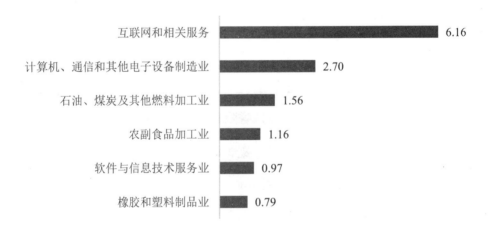

图 2.56　2020 年中国企业在"产业链"下游环节投资额前六位的行业（单位：亿美元）

表 2.10　2020 年中国企业对外绿地投资"产业链"各环节经营活动分布　单位：亿美元

所处环节	境外企业具体经营活动	投资额
上游环节	总部服务	4.46
上游环节	研发	1.81
上游环节	制造业	0.86
上游环节	建筑业	8.13
本部环节	零售业	8.07
本部环节	制造业	268.72
本部环节	供电	84.19
本部环节	物流、配送和运输	8.49
本部环节	市场营销及其他辅助活动	2.09
本部环节	商务服务	4.54
本部环节	ICT 和互联网基础设施	40.28
本部环节	教育和培训	0.31
本部环节	设计、开发和测试	0.22
下游环节	市场营销及其他辅助活动	9.96
下游环节	物流、配送和运输	4.21
下游环节	售后服务	0.41
下游环节	零售业	0.11

综合 2018—2020 年三年的情况来看，一般服务业是上游环节投资额最大的部门；在本部环节，制造业的投资额最多，并且电、煤气、蒸汽和水供应业在本部环节的投资一直不容小觑；高技术制造业最重视对下游环节的投资，以计算机、通信和其他电子设备制造业为典型代表。

专栏【2-2】中国企业数字经济对外直接投资

数字经济是继农业经济、工业经济之后的主要经济形态，数字化转型正在驱动生产方式、生活方式和治理方式发生深刻变革，对世界经济、政治和科技格局产生深远影响。2021 年 6 月 3 日，国家统计局发布了《数字经济及其核心产业统计分类（2021）》（以下简称《数字经济分类》），为我国数字经济核算提供了统一可比的统计标准。本专栏参照《数字经济分类》，结合企业的经营内容对中国企业对外直接项目进行筛选，对中国企业数字经济重点行业的对外直接投资进行概述和分析，重点围绕计算机、通信和其他电子设备制造业，电气机械和器材制造业，软件与信息技术服务业，以及互联网和相关服务四个行业展开。

一、2018—2020年中国企业重点数字行业对外直接投资总体情况

将计算机、通信和其他电子设备制造业，电气机械和器材制造业，软件与信息技术服务业，以及互联网和相关服务四个重点行业的投资总额和项目总数进行汇总发现，2018—2020年三年间，虽然总项目数量呈下降趋势，但中国企业重点数字行业对外直接投资规模在逐年扩大，可见中国企业对海外数字经济行业的重视（见图2.57）。

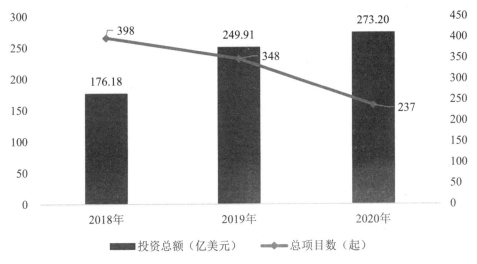

图 2.57　2018—2020 年中国企业重点数字行业对外直接投资总金额和项目数

二、2018—2020年中国企业重点数字行业对外绿地投资

（一）2018 年中国企业重点数字行业对外绿地投资

2018 年，中国企业在四个数字经济重点行业完成了 192 起绿地交易，交易金额达 64.55 亿美元。如图 2.58 所示，计算机、通信和其他电子设备制造业的投资金额（22.17 亿美元）和项目数量（92 起）均排第一位，电气机械和器材制造业及软件与信息技术服务业紧随其后，互联网和相关服务的投资额（7.62 亿美元）和项目数（9起）最少。总体来看，中国企业对数字经济行业的绿地投资更偏向于制造业。

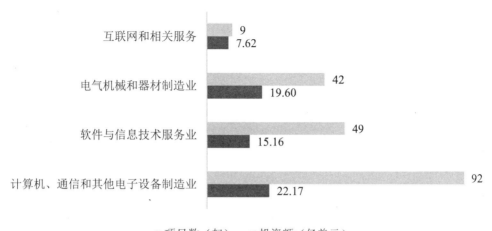

图 2.58 2018 年中国企业重点数字行业对外绿地投资额和项目数

如果按照投资项目数排序，2018 年中国企业重点数字行业对外绿地投资项目数排名前两位的是印度和美国，分别为 32 起和 27 起，紧随其后的是英国、新加坡、中国香港、德国等发达国家和地区（见图 2.59）。

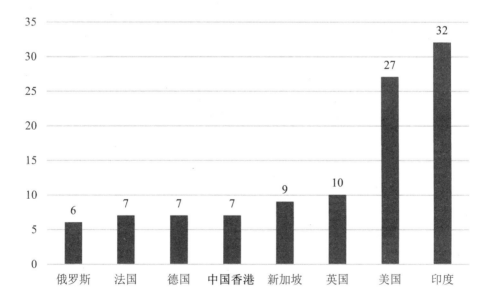

图 2.59 2018 年中国企业重点数字行业对外绿地投资项目数前八位的国家和地区（单位：起）

按照在东道国和地区并购的金额排序，图 2.60 列出了排名前八位的东道国和地区，印度以 17.25 亿美元名列第一，美国以 12.23 亿美元紧随其后，新加坡以 4.66 亿美元排名第三位。

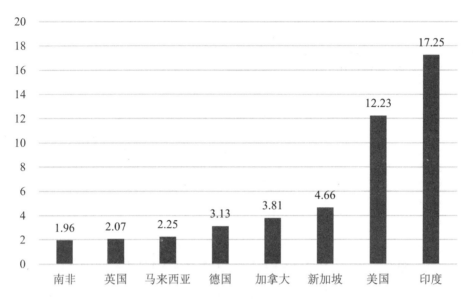

图 2.60   2018 年中国企业重点数字行业对外绿地投资金额前八位的国家和地区（单位：亿美元）

（二）2019 年中国企业重点数字行业对外绿地投资

2019 年中国企业在四个数字经济重点行业完成了 180 起绿地交易，交易金额达 79.36 亿美元。从图 2.61 可以看出，计算机、通信和其他电子设备制造业在投资金额（41.64 亿美元）和项目数量（137 起）上以绝对优势均排第一位，占比均达到一半以上。电气机械和器材制造业以及软件与信息技术服务业紧随其后，互联网和相关服务的投资额（4.80 亿美元）和项目数（4 起）最少，相比服务业，中国企业对数字经济行业的绿地投资在制造业领域存在明显的侧重。

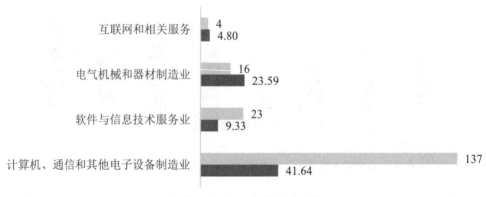

图 2.61   2019 年中国企业重点数字行业对外绿地投资额和项目数

如果按照投资项目数排序，2019 年中国企业重点数字行业对外绿地投资项目数排名前两位的是印度和美国，分别为 21 起和 15 起，紧随其后的是墨西哥、西班牙、意大利等国家（见图 2.62）。

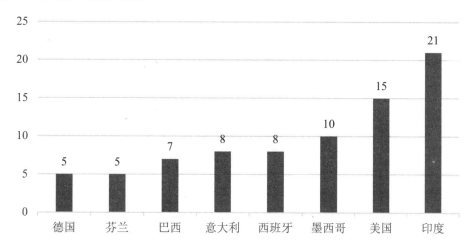

图 2.62 2019 年中国企业重点数字行业对外绿地投资项目数前八位的国家（单位：起）

按照在东道国和地区并购的金额排序，图 2.63 列出了排名前八位的东道国和地区，德国以 18.06 亿美元名列第一，巴西以 11.71 亿美元紧随其后，印度以 10.34 亿美元排名第三位。

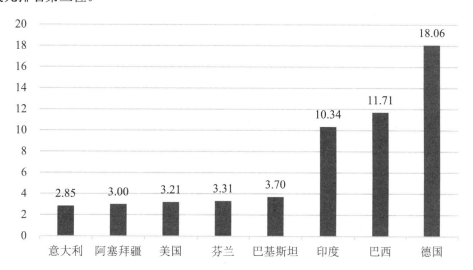

图 2.63 2019 年中国企业重点数字行业对外绿地投资金额前八位的国家（单位：亿美元）

（三）2020 年中国企业重点数字行业对外绿地投资

2020 年中国企业在四个数字经济重点行业完成了 95 起绿地交易，交易金额达

123.65 亿美元。从图 2.64 可以看出，电气机械和器材制造业的投资金额居于第一位，互联网和相关服务的投资项目数量最高（32 起），且其投资额排在第二位。可以看出，虽然依然侧重于制造业，但 2020 年中国企业的对外绿地投资在服务业行业的投资比重较前两年有明显增加。

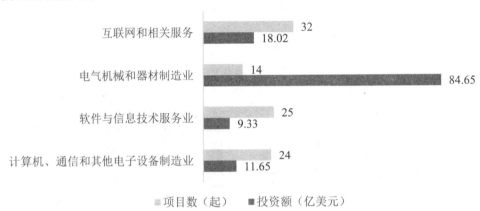

图 2.64　2020 年中国企业重点数字行业对外绿地投资额和项目数

如果按照投资项目数排序，2020 年中国企业重点数字行业对外绿地投资项目数最多的是美国（18 起），紧随其后的是德国、墨西哥、新加坡等国家和地区，以发达国家和地区为主（见图 2.65）。

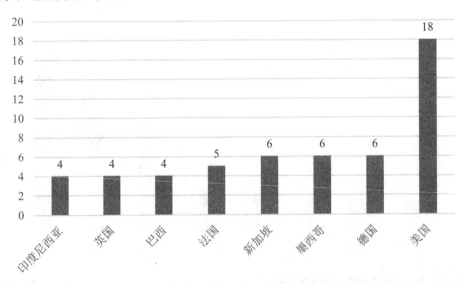

图 2.65　2020 年中国企业重点数字行业对外绿地投资项目数前八位的国家（单位：起）

按照在东道国和地区并购的金额排序，图 2.66 列出了排名前八位的东道国，印度尼西亚以 52.21 亿美元名列第一，德国以 23.07 亿美元紧随其后，爱尔兰以 10.25 亿美元排名第三位。

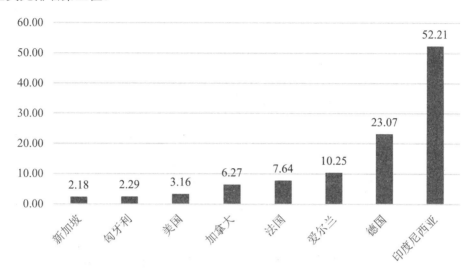

图 2.66　2020 年中国企业重点数字行业对外绿地投资金额前八位的国家（单位：亿美元）

三、2018—2020 年中国企业重点数字行业对外并购投资

（一）2018 年中国企业重点数字行业对外并购投资

2018 年，中国企业在四个数字经济重点行业完成了 206 起并购交易，交易金额达 111.63 亿美元。从图 2.67 可以看出，软件与信息技术服务业在投资金额（98.94 亿美元）和项目数量上以绝对优势均排在第一位（164 起），占比分别高达 88.63% 和 79.61%。计算机、通信和其他电子设备制造业及电气机械和器材制造业紧随其后。

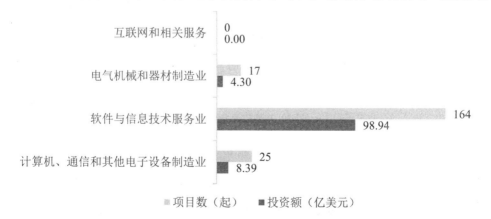

图 2.67　2018 年中国企业重点数字行业对外并购投资额和项目数

按照投资项目数排序，2018 年中国企业重点数字行业对外并购投资项目数最多的是美国（60 起），紧随其后的是新加坡、开曼群岛、中国香港、印度等国家和地区（见图 2.68）。

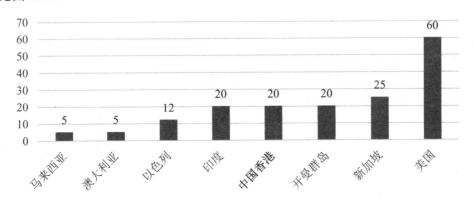

图 2.68　2018 年中国企业重点数字行业对外并购投资项目数前八位的国家和地区（单位：起）

按照在东道国和地区的并购金额排序，图 2.69 列出了排名前八位的东道国和地区，印度尼西亚以 15.02 亿美元名列第一，美国以 13.80 亿美元紧随其后，中国香港以 7.20 亿美元排名第三位。

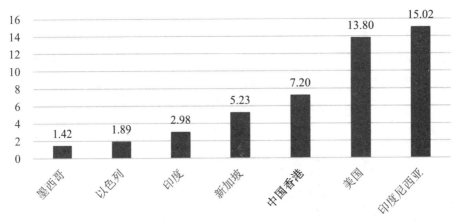

图 2.69　2018 年中国企业重点数字行业对外并购投资金额前八位的国家和地区（单位：亿美元）

（二）2019 年中国企业重点数字行业对外并购投资

2019 年中国企业在四个数字经济重点行业完成了 168 起绿地交易，交易金额达 170.56 亿美元。从图 2.70 可以看出，电气机械和器材制造业的投资金额排第一位（84.26 亿美元），软件与信息技术服务业的项目数量排名第一（142 起），计算机、通信和其他电子设备制造业项目数量仅次于软件与信息技术服务业，互联网和相关服务的投资额和项目数量最少。

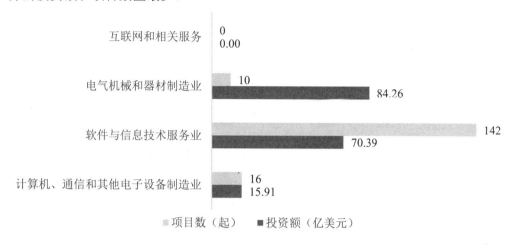

图 2.70　2019 年中国企业重点数字行业对外并购投资额和项目数

如果按照投资项目数排序，2019 年中国企业重点数字行业对外并购投资项目数最多的是美国（38 起），紧随其后的是印度、新加坡、英国、中国香港、印度尼西亚等国家和地区（见图 2.71）。

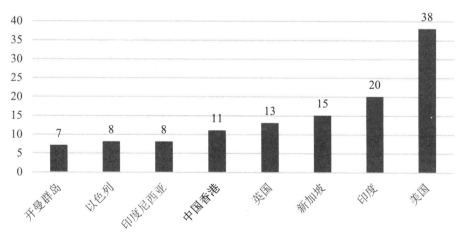

图 2.71　2019 年中国企业重点数字行业对外并购投资项目数前八位的国家和地区（单位：起）

按照在东道国和地区并购的金额排序，图 2.72 列出了排名前八位的东道国和地区，百慕大以 76.07 亿美元名列第一，维尔京群岛（英国）以 23.01 亿美元紧随其后，美国以 21.12 亿美元排名第三位。

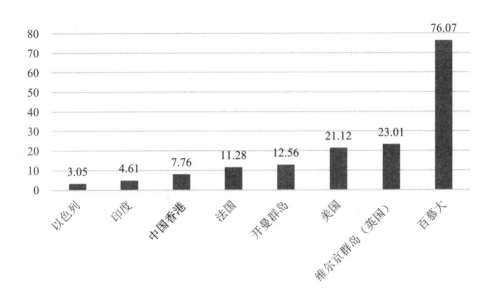

图 2.72   2019 年中国企业重点数字行业对外并购投资金额前八位的国家和地区（单位：亿美元）

（三）2020 年中国企业重点数字行业对外并购投资

2020 年中国企业在 4 个数字经济重点行业完成了 142 起并购交易，交易金额达
149.55 亿美元。从图 2.73 可以看出，电气机械和器材制造业的投资额排第一位
（81.26 亿美元），软件与信息技术服务业的项目数量排名第一（111 起），计算机、通
信和其他电子设备制造业的投资额（22.24 亿美元）最少。

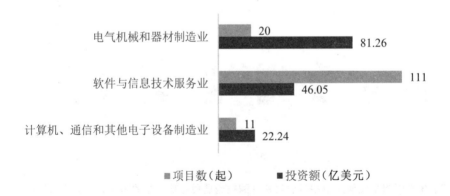

图 2.73   2020 年中国企业重点数字行业对外并购投资额和项目数

按照投资项目数排序，2020 年中国企业重点数字行业对外并购投资没有项目数
特别突出的国家和地区，阿拉伯联合酋长国、德国、印度尼西亚、中国台湾、泰国
等国家和地区的投资项目数最多，均为 4 起（见图 2.74）。

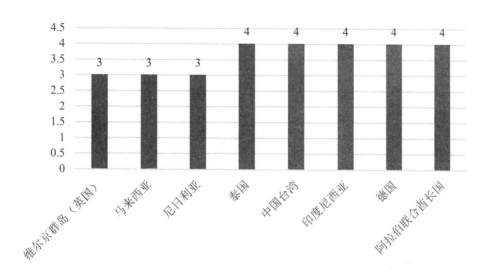

图 2.74　2020 年中国企业重点数字行业对外并购投资项目数前八位的国家和地区（单位：起）

按照在东道国和地区并购的金额排序，图 2.75 列出了排名前八位的东道国和地区，百慕大以 86.12 亿美元名列第一，开曼群岛（24.38 亿美元）和印度（9.24 亿美元）紧随其后。

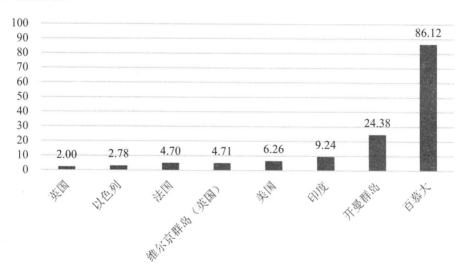

图 2.75　2020 年中国企业重点数字行业对外并购投资金额前八位的国家和地区（单位：亿美元）

虽然 2018—2020 年数字经济重点行业的投资项目数呈下降趋势，但中国企业在这些行业的数字经济投资总额仍明显逐年增加，可见企业对数字经济行业的重视。数字经济行业中对制造业的投资金额最大，但对服务业的投资在三年间呈现增加趋势。中国企业对外直接投资中，数字经济行业前景广阔。

第三章

2018—2020 年中国企业对外直接

投资区位分析

摘　要

　　本章主要从总投资、绿地投资以及并购投资三方面介绍了中国企业 2018—2020 年对外投资目的地分布情况，并结合投资金额和项目数量分别分析了各大洲、各国（地区）的投资重点区域。进一步针对新建、扩张、托管的投资模式以及就业岗位数量拓宽了绿地投资区位分析，并从支付方式和融资渠道两方面分目的地剖析了并购投资。最后针对"一带一路"区域和 RCEP 区域，结合历史数据考察了中国企业于该区域的投资核心目的地。

第一节　中国企业对外直接投资区位分析

一、中国企业对外直接投资总体区位分布概况

本节从对外投资金额和项目数量两个方面，对中国企业对外直接投资区位分布

的总体情况进行分析。中国企业在各大洲的投资分布情况如表 3.1 所示，具体包括欧洲、北美洲、中南美洲、亚洲、大洋洲、非洲及全球避税港地区，而未标注国家（地区）名称的用"其他"代之。

表 3.1　中国企业在各大洲的投资分布

洲别	国家（地区）
欧洲	英国、德国、法国、西班牙、比利时、奥地利、白俄罗斯、希腊、俄罗斯、荷兰、罗马尼亚、葡萄牙、瑞典、瑞士、意大利、爱尔兰、保加利亚、波兰、芬兰、克罗地亚、塞尔维亚、乌克兰、匈牙利、斯洛伐克、斯洛文尼亚、挪威、摩尔多瓦、卢森堡、捷克、马耳他、丹麦、波黑、安道尔
北美洲	美国、加拿大、墨西哥
中南美洲	巴拿马、牙买加、多米尼加共和国、海地、古巴、巴西、阿根廷、智利、秘鲁、玻利维亚、哥伦比亚、巴拉圭、哥斯达黎加、危地马拉、委内瑞拉、厄瓜多尔、萨尔瓦多、安提瓜和巴布达
亚洲	日本、韩国、新加坡、中国香港、中国台湾、马来西亚、菲律宾、泰国、越南、老挝、印度尼西亚、印度、巴基斯坦、尼泊尔、哈萨克斯坦、阿拉伯联合酋长国、土耳其、沙特阿拉伯、伊朗、吉尔吉斯斯坦、缅甸、以色列、蒙古国、阿曼、塔吉克斯坦、科威特、亚美尼亚、蒙古国
大洋洲	澳大利亚、新西兰、巴布亚新几内亚
非洲	阿尔及利亚、埃及、埃塞俄比亚、摩洛哥、尼日利亚、赞比亚、突尼斯、坦桑尼亚、南非、莫桑比克、卢旺达、利比里亚、肯尼亚、津巴布韦、几内亚、吉布提、安哥拉、塞舌尔、刚果民主共和国、马里、乌干达
全球避税港	百慕大群岛、萨摩亚群岛、维尔京群岛（英国）、开曼群岛、巴哈马
其他	未标注地区

（一）2018 年中国企业对外直接投资区位分布

2018 年，占中国对外直接投资金额前三位的大洲分别是亚洲、欧洲和全球避税港（见表 3.2）。其中，中国在亚洲国家（地区）的投资金额约为 721.9 亿美元，占当年中国对外直接投资总额的 44.79%；在欧洲的投资金额为 330.9 亿美元，占比为 20.53%；在全球避税港的投资金额为 208.6 亿美元，占比为 12.94%。中国在大洋洲国家对外直接投资金额最少，占比为 2%。占中国投资交易项目数量前三位的大洲为亚洲、欧洲和北美洲，项目数量分别为 503 个、360 个和 279 个。中南美洲涉及交易项目数量最少，仅有 37 个，占总数的 2.64%。

表 3.2 2018 年中国企业在各大洲的投资金额   单位：百万美元，%

洲别	金额	比重
亚洲	72 188.31	44.79
欧洲	33 091.89	20.53
全球避税港	20 863.51	12.94
北美洲	14 078.38	8.73
非洲	12 073.65	7.49
中南美洲	5577.44	3.46
大洋洲	3310.35	2.05

（二）2019 年中国企业对外直接投资区位分布

2019 年，占中国对外直接投资金额前三位的大洲分别是欧洲、亚洲和全球避税港（见表 3.3）。其中，中国在欧洲国家（地区）的投资金额为 286.8 亿美元，同比下降 13.32%，占当年中国对外直接投资总额的 27.84%；在亚洲的投资金额为 213.2 亿美元，同比下降 70.47%，占比为 20.69%；在全球避税港的投资金额为 194 亿美元，同比下降 7.03%，占比为 18.83%。中国在大洋洲对外直接投资金额最少，占比 1.55%。占中国投资交易项目数量前三位的大洲为亚洲、欧洲和北美洲，项目数量分别为 381 个、312 个和 175 个。大洋洲涉及交易项目数量最少，仅有 36 个，占总数的 3.27%。

表 3.3 2019 年中国企业在各大洲的投资金额   单位：百万美元，%

洲别	金额	同比	比重
欧洲	28 683.60	-13.32	27.84
亚洲	21 315.86	-70.47	20.69
全球避税港	19 395.92	-7.03	18.83
非洲	12 219.21	1.21	11.86
中南美洲	11 499.04	106.17	11.16
北美洲	8318.63	-40.91	8.07
大洋洲	1599.90	-51.67	1.55

（三）2020 年中国企业对外直接投资区位分布

2020 年，中国对外直接投资金额位列前三位的大洲分别是亚洲、全球避税港和欧洲（见表 3.4）。其中，中国在亚洲国家（地区）的投资金额为 309.8 亿美元，同比上升 45.32%，占当年中国对外直接投资总额的 35.89%；在全球避税港的投资金额为 208 亿美元，同比上升 7.24%，占比为 24.10%；在欧洲的投资金额为 128.3 亿美元，同比下降 55.3%，占比为 14.86%。中国在大洋洲对外直接投资金额最少，占比 1.15%。占中国投资交易项目数量前三位的大洲为亚洲、欧洲和北美洲，项目数量分别为 226 个、211 个和 163 个。大洋洲涉及交易项目数量最少，仅有 13 个，占总数的 1.73%。

表 3.4　2020 年各大洲投资金额　　　　　　单位：百万美元，%

洲别	金额	同比	比重
北美洲	9286.26	11.63	10.76
大洋洲	996.30	−37.73	1.15
非洲	4497.12	−63.2	5.21
欧洲	12 825.70	−55.29	14.86
全球避税港	20 800.41	7.24	24.10
亚洲	30 975.72	45.32	35.89
中南美洲	6927.94	−39.75	8.03

二、中国企业对外直接投资主要目的地变动趋势

（一）2018 年中国企业对外直接投资主要目的地

2018 年，按照中国在世界各国（地区）投资金额排序，排名前十位的国家（地区）分别为印度尼西亚、中国香港、美国、开曼群岛、菲律宾、百慕大群岛、法国、哈萨克斯坦、印度和智利。如图 3.1 和图 3.2 所示，中国在印度尼西亚的投资金额为 235.76 亿美元（正文中数据为保留小数点后两位，是对图中数据四舍五入的结果，下同），占总投资额的比例达 14.63%；中国香港次之，为 138.76 亿美元，占到总数的 8.61%；美国位居第三，中国企业在该地区投资金额为 124.34 亿美元，占总数的 7.71%。而按照中国企业在各东道国（地区）投资项目数量排序，美国高居榜首，共有 243 起对外直接投资项目，项目平均交易金额为 0.51 亿美元；排名第二的是中国香港，投资项目数量为 93 起，项目平均交易金额为 1.49 亿美元；印度名列第三，项目数量为 77 起，项目平均交易金额为 0.56 亿美元。排名第四位到第十位的目的地依次为开曼群岛、新加坡、英国、德国、俄罗斯、法国和澳大利亚。

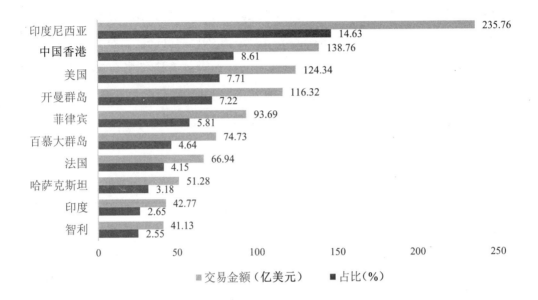

图 3.1　2018 年中国对外直接投资交易金额排名前十位的目的地

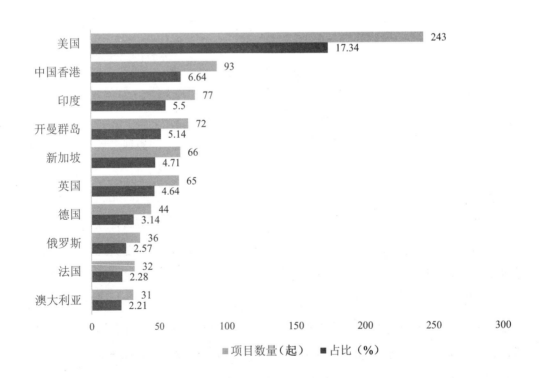

图 3.2　2018 年中国对外直接投资项目数量排名前十位的目的地

2018 年，中国国内经济发展态势整体向好，"一带一路"布局建设稳步推进，这为中国对外直接投资营造了良好的国内环境。但国际环境相对较为复杂，首先是中美贸易战爆发，中国对美国的对外直接投资金额大幅降至 124.34 亿美元，降幅为 29.71%。其次，美联储加息缩表，全球资本市场惨淡，新兴经济体面临货币贬值压力，第四季度国际原油价格跌幅接近 40%，中国企业对外投资重心转向共建"一带一路"国家，涉及交易金额激增至 622.20 亿美元，同比增长 164.28%。最后，受到发达国家投资审查措施趋严的影响，中国企业对发达国家的直接投资金额均有所下降；2018 年以来欧洲政局并不稳定，英国"脱欧"一波三折，德、法政局面临深刻的不确定性，本年度对德国、英国的投资金额直接跌出前十，跌幅分别为 32.20%和 28.11%。

（二）2019 年中国企业对外直接投资主要目的地

如图 3.3 所示，2019 年中国企业对外直接投资主要流向俄罗斯（128.60 亿美元）、百慕大群岛（99.17 亿美元）、美国（59.94 亿美元）、秘鲁（53.61 亿美元）、维尔京群岛（英国）（51.70 亿美元）、印度（46.17 亿美元）、开曼群岛（42.56 亿美元）、中国香港（39.21 亿美元）、越南（36.22 亿美元）和德国（33.41 亿美元）。按照中国企业在各东道国（地区）投资项目数量排序（见图 3.4），美国高居榜首，共有 127 起对外直接投资项目，项目平均交易金额为 0.47 亿美元；排名第二的是印度，投资项目数量为 76 起，项目平均交易金额为 0.61 亿美元；中国香港名列第三，项目数量为 55 起。项目平均交易金额排名第四位到第十位的目的地依次为新加坡、英国、德国、西班牙、墨西哥、开曼群岛和澳大利亚。

2019 年，国内经济环境运行良好，进一步深入落实"一带一路"倡议，非洲及南美洲是中国企业"走出去"的重点地区，在政策的支持下，中国企业对非洲及南美洲国家的投资金额显著增加，增幅分别为 1.21%和 106.17%，对秘鲁的投资金额更是首次进入前十，巴西、玻利维亚涉及交易金额也超过了 20 亿美元。但 2019 年世界经济整体走弱，地缘政治冲突以及部分国家国内政治冲突也为中国企业对外直接投资带来了不稳定因素，因此原投资集中区域涉及交易金额均大幅下滑，以亚洲地区为最，下降幅度达 70.47%，但对印度和越南的投资仍保持坚挺稳定。此外，中美贸易冲突进一步加剧，2019 年中国企业对美国投资金额下滑至 59.95 亿美元，涉及项目 127 起，同比分别下降 51.79%、47.74%。欧美国家相继出台更为严苛的限制外资的审查规定，中国对欧洲和北美洲国家的投资金额均有所下降，降幅分别为

13.32%和40.91%。

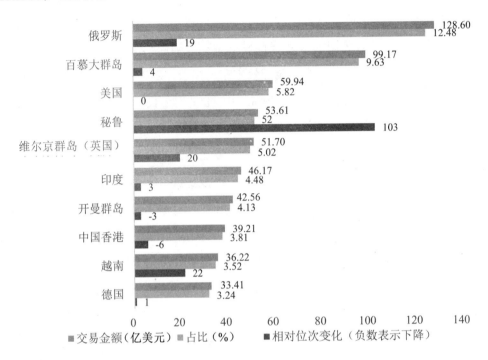

图 3.3　2019 年中国对外直接投资金额排名前十位的目的地

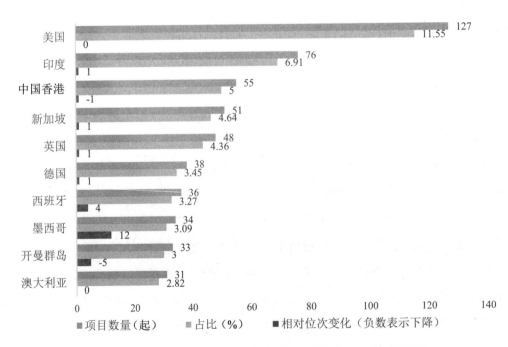

图 3.4　2019 年中国对外直接投资项目数量排名前十位的目的地

（三）2020年中国企业对外直接投资主要目的地

2020年中国的对外直接投资分布在93个国家（地区）。从投资金额来看（见图3.5），文莱（136.50亿美元）、百慕大群岛（95.08亿美元）、开曼群岛（93.96亿美元）、美国（58.13亿美元）、印度尼西亚（55.20亿美元）、秘鲁（35.91亿美元）、缅甸（34.46亿美元）、德国（26.06亿美元）、法国（23.66亿美元）和智利（23.60亿美元）位居前十。按照中国企业在各东道国（地区）投资项目数量排序（见图3.6），美国高居榜首，共有129起对外直接投资项目，项目平均交易金额为0.45亿美元；排名第二的是英国，投资项目数量为48起，项目平均交易金额为0.3亿美元；中国香港名列第三，项目数量为46起，项目平均交易金额为0.36亿美元。排名第四位到第十位的目的地依次为开曼群岛、德国、新加坡、西班牙、印度、法国和墨西哥。

2020年，全球经济受新冠肺炎疫情暴发的影响走势低迷，在遭受疫情冲击后，中国经济率先企稳复苏，成为2020年世界唯一实现正增长的主要经济体。中国也出台了多项政策举措确保企业高质量地"走出去"，亚洲国家仍然是投资的重点地区，如对文莱的单笔投资达到了136.5亿美元，同时稳步推进"一带一路"倡议，对共建"一带一路"国家投资占比达到36.02%。此外，本年度英国正式"脱欧"，欧洲一体化的不确定性加剧，对德国、英国的投资虽略有下滑，分别为26.06亿美元、14.52亿美元，但仍保持高位。区域全面经济伙伴关系协定（RCEP）于2020年第四季度正式签署，RCEP地区成为新的贸易投资繁荣地区，总投资金额达263.62亿美元，占比为30.54%，其中文莱、印度尼西亚、缅甸更是首次成为投资金额排名前十的目的地。中国企业对外投资正面临着前所未有的机遇和挑战，有着广阔的发展前景。

综合近三年数据可知，中国在主要离岸注册地投资金额较大，2020年新冠肺炎疫情期间有所上升。在投资项目方面，美国是投资最密集的国家，印度、新加坡、中国香港等亚洲周边国家和地区，以及英国等欧洲主要发达国家也是投资密集地区。

（四）2015—2020年中国企业对外直接投资区位特征

2015—2020年，中国企业的对外直接投资具有一些明显的区位特征（见表3.5和表3.6）。除了中国香港和国际避税地以外，呈现出向发达国家和"一带一路"重点区域集中的态势。近年来，中国在共建"一带一路"国家和地区的投资发展迅速，投资金额和项目数量都有所增加。

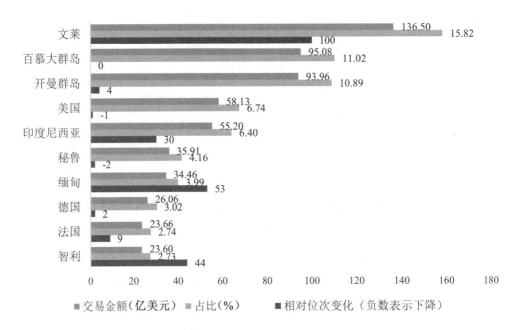

图 3.5　2020 年中国对外直接投资金额排名前十位的目的地

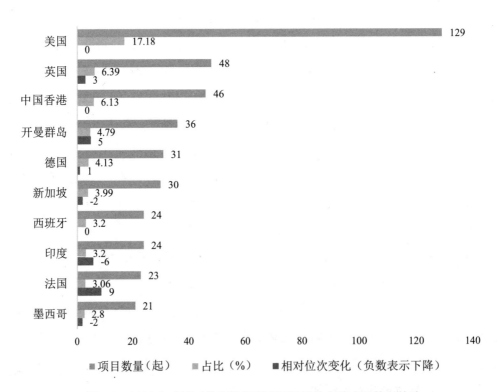

图 3.6　2020 年中国对外直接投资项目数量排名前十位的目的地

除全球主要避税港维尔京群岛（英国）、百慕大群岛和开曼群岛，以及中国香港之外，美国一直是中国对外投资的重要目标国，2015—2017年中国对美国的对外直接金额和项目数量均排名第一。2018年以来，中国对美国的对外直接投资金额出现了明显下降，这种下降主要是受美国对华贸易战的影响，美国当局加强了对中国企业在美国并购投资的资格审查，大大提高了中国企业在美国的投资门槛，导致中国对美国投资大幅下降。除美国外，澳大利亚、英国、法国等发达国家也是中国企业的主要投资目的地，中国企业积极在这些技术优势明显的国家和地区开展直接投资，以获取技术外溢。澳大利亚丰富的矿产资源也吸引着中国企业投资。

自2013年"一带一路"倡议提出以来，中国对共建"一带一路"国家的直接投资活动不断加强。2015—2020年，以投资金额和项目数量排序，共建"一带一路"国家的名次都有所升高。其中，中国对"一带一路"沿线的直接投资主要集中在新加坡、俄罗斯、印度尼西亚等国家。从"一带一路"沿线内部的区域分布来看，东南亚地区是吸引中国投资最多的区域。中国在东南亚地区的直接投资呈稳定快速增长态势，近三年，文莱、菲律宾、缅甸、越南等地均进入中国企业对外直接投资金额前十名。图3.7展示了2015—2020各大洲投资总金额和项目数量。

表3.5 中国企业对外直接投资金额排名前十位的目的地（2015—2020年）

2015	2016	2017	2018	2019	2020
美国	美国	美国	印度尼西亚	俄罗斯	文莱
开曼群岛	中国香港	中国香港	中国香港	百慕大群岛	百慕大群岛
中国香港	开曼群岛	开曼群岛	美国	美国	开曼群岛
印度	印度	英国	开曼群岛	秘鲁	美国
百慕大群岛	新加坡	印度	菲律宾	维尔京群岛（英国）	印度尼西亚
英国	澳大利亚	德国	百慕大群岛	印度	秘鲁
俄罗斯	英国	俄罗斯	法国	开曼群岛	缅甸
韩国	维尔京群岛（英国）	新加坡	哈萨克斯坦	中国香港	德国
澳大利亚	德国	澳大利亚	印度	越南	法国
印度尼西亚	俄罗斯	墨西哥	智利	德国	智利

表3.6 中国企业对外直接投资项目排名前十位的目的地（2015—2020年）

2015	2016	2017	2018	2019	2020
美国	美国	美国	美国	美国	美国
开曼群岛	中国香港	中国香港	中国香港	印度	英国
中国香港	开曼群岛	开曼群岛	印度	中国香港	中国香港
印度	德国	德国	开曼群岛	新加坡	开曼群岛

续表

2015	2016	2017	2018	2019	2020
英国	印度	英国	新加坡	英国	德国
德国	新加坡	新加坡	英国	德国	新加坡
百慕大群岛	英国	印度	德国	西班牙	印度
澳大利亚	澳大利亚	澳大利亚	俄罗斯	墨西哥	西班牙
俄罗斯	维尔京群岛（英国）	俄罗斯	法国	开曼群岛	法国
韩国	俄罗斯	法国	澳大利亚	澳大利亚	墨西哥

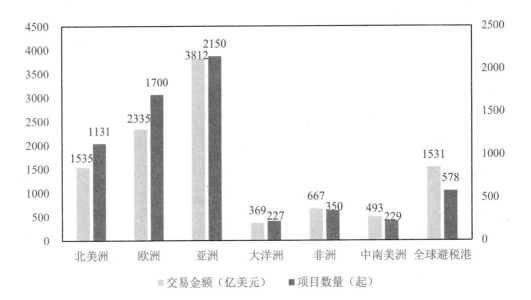

图 3.7　2015—2020 年各大洲投资总金额和项目数量

第二节　中国企业对外绿地投资区位分析

一、中国企业对外绿地投资区位分布情况

（一）2018 年中国企业分目的地对外绿地投资

如图 3.8 所示，2018 年，分大洲计算，中国企业对外绿地投资金额的前三位分别为亚洲（投资金额为 567.15 亿美元，同比增长 209.87%，占比为 61.32%）、欧洲（投资金额为 119.83 亿美元，同比增长 174.02%，占比为 12.96%）、非洲（投资金额为 119.30 亿美元，同比增长 141.21%，占比为 12.90%）。必须指出的是，对北美洲

的绿地投资金额排名由 2017 年的第三名下滑到 2018 年的第四名，投资金额为 75.44 亿美元，同比下降 9.02%，占比为 8.16%。按照绿地投资项目数量排序，前三位依次为亚洲、欧洲、北美洲，涉及项目数量分别为 315 起、265 起和 136 起，同比分别增长 115.75%、42.47%、24.77%，占 2018 年投资项目总数量的比重分别为 37.41%、31.47%、16.15%。按照项目平均交易金额排序，结果大为不同，前三位分别是亚洲（1.80 亿美元）、非洲（1.63 亿美元）、大洋洲（1.32 亿美元）。中国对非洲的绿地投资项目共计 73 起，金额总计 119.30 亿美元；对大洋洲的绿地投资项目仅有 23 起，金额共计 30.31 亿美元。由此可见，中国对非洲、大洋洲的单笔投资金额相对较大。

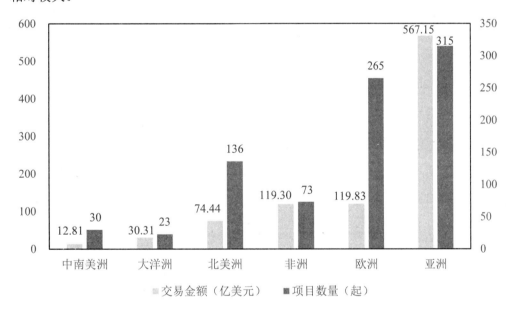

图 3.8　2018 年中国企业在各大洲对外绿地投资金额和项目数量

进一步以投资东道国（地区）进行统计，中国企业共在 96 个国家（地区）进行了对外绿地投资，其中投资金额排名前十位（见图 3.9）的目的地分别是印度尼西亚（220.41 亿美元）、菲律宾（93.57 亿美元）、美国（63.00 亿美元）、中国香港（41.50 亿美元）、哈萨克斯坦（40.28 亿美元）、印度（39.75 亿美元）、尼日利亚（32.63 亿美元）、几内亚（30.42 亿美元）、澳大利亚（27.55 亿美元）、英国（22.95 亿美元）。十个国家（地区）的绿地投资金额之和为 612.06 亿美元，占中国对外绿地投资总额的 66.19%。

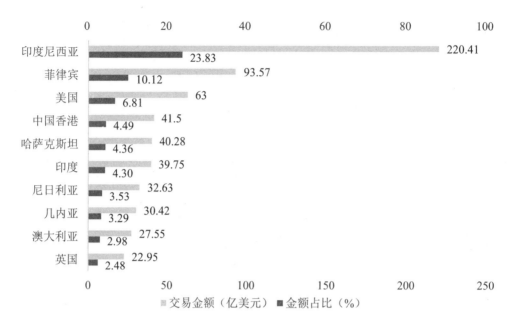

图 3.9　2018 年中国对外绿地投资金额排名前十位的目的地（单位：亿美元，%）

投资项目数量方面，中国在美国的绿地投资项目最多（109 起），其次分别为印度（56 起）、英国（49 起）、中国香港（37 起）、俄罗斯（33 起）、新加坡（32 起）、法国（25 起）、德国（24 起）、西班牙（23 起）、阿联酋（20 起）（见图 3.10）。在牙买加、坦桑尼亚、马里等 21 个国家（地区）进行的绿地投资项目仅各有 1 起。

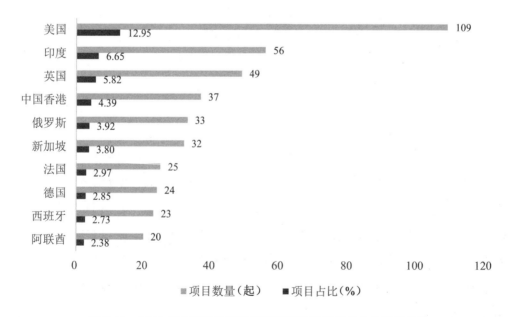

图 3.10　2018 年中国对外绿地投资项目数量排名前十位的目的地

按照项目平均交易金额排序，中国在印度尼西亚绿地投资项目平均交易金额最多，高达14.69亿美元。其次是尼日利亚，仅有5起绿地投资项目，合计投资32.63亿美元，项目平均交易金额为6.52亿美元。第三位至第五位依次为几内亚（6.08亿美元，5起）、菲律宾（5.85亿美元，16起）、缅甸（5.81亿美元，2起）。可以发现，中国虽然在部分东南亚国家和几内亚等非洲国家绿地投资项目数量较少，但单笔投资金额数量较大。

2018年中国对外绿地投资呈现出以下特点：其一，整体投资规模明显扩大，2018年对外绿地投资金额总计达924.86亿美元，同比增长105.62%。对乌干达、马里、加纳等非洲国家，蒙古国、阿联酋、乌兹别克斯坦等亚洲国家，以及中南美洲的哥斯达黎加等20个国家更是初次进行绿地投资。2017年绿地投资金额排名第十位的国家为秘鲁，投资金额为15.06亿美元，远少于2018年对第十位英国的投资金额。其二，对东南亚国家的绿地投资金额快速增长，其中对印度尼西亚的绿地投资金额同比增长551.32%，菲律宾更是首次进入东道国排名前十位。

（二）2019年中国企业分目的地对外绿地投资

如图3.11所示，2019年，根据投资目的地国家所属大洲计算，中国企业对外绿地投资金额排名前三位的分别为欧洲（投资金额为201.00亿美元，同比增长67.73%，占比为32.65%）、亚洲（投资金额为154.46亿美元，同比下降72.77%，占比为25.09%）、非洲（投资金额为116.51亿美元，同比下降2.34%，占比为18.92%）。值得一提的是，2019年中国企业对于中南美洲的投资金额显著增加，为90.75亿美元，同比增长608.36%。而对大洋洲的绿地投资金额大幅下降，为2.40亿美元，同比下降92.09%。对北美洲的绿地投资金额也显著下降，为50.42亿美元，同比下降33.17%。若按照绿地投资项目数量排序，结果则有所不同，前三位依次为欧洲、亚洲、北美洲，涉及项目数分别为225起、218起和97起，同比均有所下降，分别下降15.09%、30.79%、28.68，占2019年投资项目总数量的比重分别为33.68%、32.63%、14.52%。必须指出的是，在各大洲的投资项目中，仅中南美洲实现了同比增长，项目增加至55起，增幅为83.33%。考虑以项目平均交易金额排序，前三位分别是非洲（2.04亿美元）、中南美洲（1.65亿美元）、欧洲（0.89亿美元）。中国对非洲的绿地投资项目共计57起，金额总计116.51亿美元，对中南美洲的投资项目共计55起，投资总额为90.75亿美元，对非洲和中南美洲的单笔投资金额相对较大。

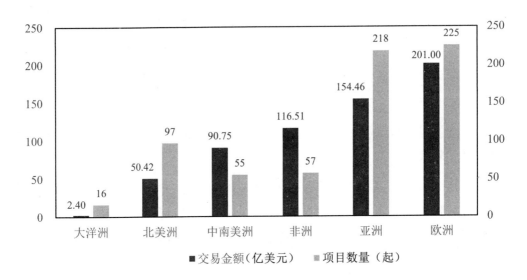

图 3.11   2019 年中国企业在各大洲对外绿地投资金额和项目数量

进一步以投资东道国（地区）计算，中国企业共在 90 个国家（地区）进行了对外绿地投资，其中绿地投资金额排名前十位的目的地分别是俄罗斯（128.60 亿美元）、印度（37.38 亿美元）、秘鲁（37.26 亿美元）、越南（36.22 亿美元）、美国（27.77亿美元）、玻利维亚（23.94 亿美元）、埃及（23.65 亿美元）、尼日利亚（22.35 亿美元）、德国（21.35 亿美元）、肯尼亚（21.03 亿美元）。10 个国家（地区）的绿地投资金额之和为 379.55 亿美元，占中国对外绿地投资总额的 61.66%（见图 3.12）。

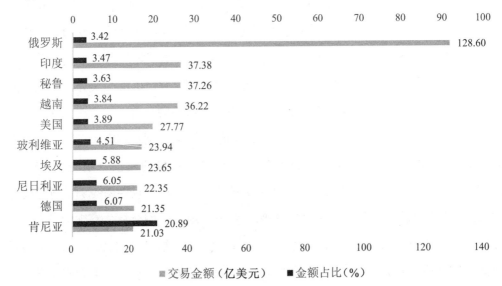

图 3.12   2019 年中国对外绿地投资金额排名前十位的目的地

在投资项目数量方面，中国在美国的绿地投资项目最多（55起），其次分别为印度（54起）、墨西哥（34起）、西班牙（30起）、英国（29起）、俄罗斯（26起）、越南（23起）、巴西（22起）、新加坡（20）和德国（17起）（见图3.13）。在丹麦、伊朗、几内亚等24个国家仅各有1起对外绿地投资项目。整体投资项目数量较2018年有所下滑。

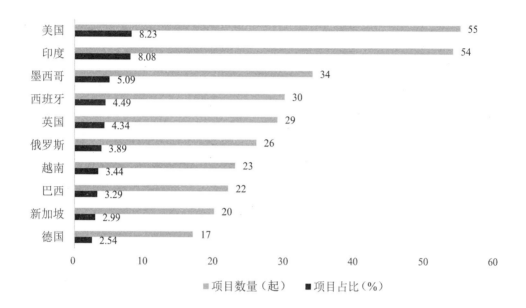

图3.13　2019年中国对外绿地投资项目数量排名前十位的目的地

按照项目平均交易金额计，中国在利比里亚绿地投资项目的平均交易金额最多，虽只有1起，却高达20.03亿美元。其次是几内亚，也只有1起投资项目，交易金额为7亿美元。第三位至第五位依次为玻利维亚（5.99亿美元，4起）、秘鲁（5.32亿美元，7起）、俄罗斯（4.95亿美元，26起）。对利比里亚、几内亚等非洲国家的单笔投资金额较大。

2019年对外绿地投资呈现出以下特点：首先，对外绿地投资总体平稳健康发展，整体投资规模有所缩小，2019年对外绿地投资金额总计达615.54亿美元，同比下降33.45%。其次，新增部分绿地投资目的地，主要包括危地马拉、瓦努阿图、委内瑞拉、阿塞拜疆等发展中国家。再次，对欧洲、中南美洲投资快速增长，对亚洲、大洋洲、北美洲投资降幅较大。最后，对俄罗斯绿地投资金额显著增加，远超其他国家。

（三）2020年中国企业分目的地对外绿地投资

2020年，受全球疫情的影响，中国企业对外绿地投资规模缩小。如图3.14所示，就所属大洲计算，按照中国企业对外绿地投资金额排序，前三位分别为亚洲、欧洲和非洲。其中，亚洲投资金额为259.96亿美元，同比增长68.30%，占比为56.22%；欧洲投资金额为104.71亿美元，同比减少47.91%，占比为22.65%；非洲投资金额为37.20亿美元，同比下降24.56%，占比为8.48%。亚洲、非洲、欧洲投资金额总计401.87亿美元，占投资总额的87.35%。2020年中国企业对于北美洲、中南美洲的投资金额分别下降至37.93亿美元、11.08亿美元，同比分别减少24.77%、87.80%。但对大洋洲的投资额度略有上升，由2.40亿美元上升至9.34亿美元。同时，2020年新增1起对全球避税港的绿地投资。

按照绿地投资项目数量排序，2020年各大洲投资项目均同比减少。前三位依次为欧洲、亚洲、北美洲，涉及项目数量分别为137起、90起和85起，同比减少速度分别为47.91%、58.72%、12.37%，占2020年投资项目总数量的比重分别为35.58%、23.38%、22.08%。

按照项目平均交易金额排序，前三位分别是亚洲（2.89亿美元）、大洋洲（1.04亿美元）、非洲（0.89亿美元）。2020年对于大洋洲的投资总额为9.34亿美元，而投资项目仅9起，对于大洋洲的单笔投资金额较大。

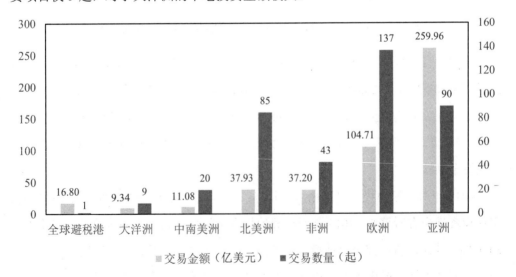

图3.14　2020年中国企业在各大洲对外绿地投资金额和项目数量

进一步以投资东道国（地区）计算，按照中国企业对外绿地投资金额排序，2020 年中国企业在 84 个国家（地区）进行了绿地投资，前十位的东道国分别是文莱（136.50 亿美元）、印度尼西亚（53.04 亿美元）、缅甸（34.46 亿美元）、德国（25.96 亿美元）、美国（16.36 亿美元）、墨西哥（14.64 亿美元）、法国（13.64 亿美元）、乌克兰（11.28 亿美元）、爱尔兰（10.32 亿美元）、尼日利亚（10.02 亿美元）。10 个国家（地区）的绿地投资金额之和为 326.22 亿美元，占中国对外绿地投资总额的 70.55%（见图 3.15）。

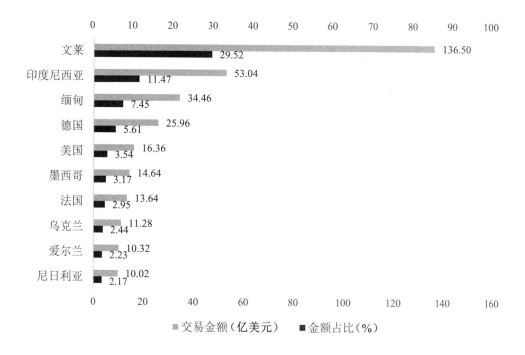

图 3.15　2020 年中国对外绿地投资金额排名前十位的目的地

投资项目数量方面，中国在美国的绿地投资项目最多（61 起），其次分别为英国（21 起）、西班牙和墨西哥（均为 19 起）、德国（18 起）、法国（16 起）、俄罗斯（14 起）、阿联酋和新加坡（均为 11 起）、巴西（10 起）（见图 3.16）。其余 74 个国家（地区）的投资项目均不超过 10 起，冰岛、加蓬、卡塔尔等 34 个国家仅各有 1 起绿地投资项目，2020 年的投资规模有所缩小。

按照项目平均交易金额排序，中国在文莱绿地投资项目平均交易金额最多，虽然仅有 1 起，却高达 136.50 亿美元。其次是缅甸，仅有 3 起绿地投资项目，项目平均交易金额为 11.49 亿美元。第三位至第五位依次为印度尼西亚（8.84 亿美元，6 起）、乌克兰（3.76 亿美元，3 起）、尼日利亚（3.34 亿美元，3 起）。可见中国对部分东南亚国家的绿地投资特点是大项目、高金额。

2020 年对外绿地投资呈现出以下特点：首先，受疫情影响，整体投资规模有所收缩，2020 年对外绿地投资金额总计达 462.38 亿美元，同比下降 68.16%，各大洲投资金额、项目数量、创造就业岗位数量大多同比有所下降。其次，绿地投资转向亚洲区域，亚洲投资金额为 259.96 亿美元，同比增长 68.30%。再次，新增部分绿地投资国家，主要包括冰岛、塞内加尔、索马里、苏丹、黑山、马达加斯加、爱沙尼亚、毛里求斯、厄瓜多尔、文莱、萨尔瓦多。最后，2020 年对文莱的绿地投资大幅增加。

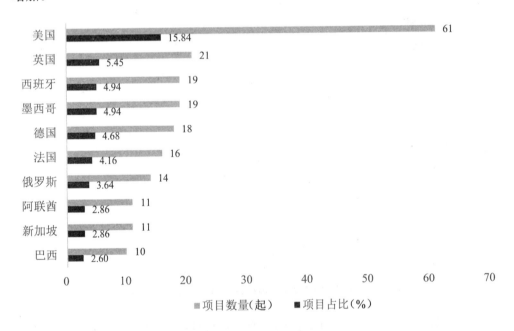

图 3.16　2020 年中国对外绿地投资项目数量排名前十位的目的地

2015—2020 年对外绿地投资并购金额和项目数量排名前十位的目的地分别如表 3.7 和表 3.8 所示，反映了绿地投资目的地国家的动态变化趋势。绿地投资多集中于发展中国家（地区），2015 年集中于俄罗斯、东盟地区；2016 年侧重于对印度、英国、澳大利亚的投资，三国均首次进入交易金额与项目数量榜单前十位。美国于2017 年首次进入榜单并跃居首位，此后保持高金额投资，项目数量也始终居于首位。

近年来，对非洲国家的投资逐渐增多，2018年非洲国家首次进入交易金额榜单前十位，但项目数量相对较少，单笔投资金额大。2019年对南美地区的投资快速增长，秘鲁、玻利维亚首次进入交易金额前十位。2020对发达国家的投资金额和项目数量显著增加，如德国、美国。

表 3.7　2015—2020 中国对外绿地投资交易金额排名前十位的目的地

排名	2015	2016	2017	2018	2019	2020
1	俄罗斯	印度	美国	印度尼西亚	俄罗斯	文莱
2	印度尼西亚	澳大利亚	德国	菲律宾	印度	印度尼西亚
3	巴西	英国	俄罗斯	美国	秘鲁	缅甸
4	马来西亚	俄罗斯	澳大利亚	中国香港	越南	德国
5	日本	马来西亚	墨西哥	哈萨克斯坦	美国	美国
6	荷兰	韩国	新西兰	印度	玻利维亚	墨西哥
7	巴基斯坦	日本	日本	尼日利亚	埃及	法国
8	法国	埃及	西班牙	几内亚	尼日利亚	乌克兰
9	墨西哥	法国	印度尼西亚	澳大利亚	德国	爱尔兰
10	缅甸	柬埔寨	阿联酋	英国	肯尼亚	尼日利亚

表 3.8　2015—2020 中国对外绿地投资项目数量排名前十位的目的地

排名	2015	2016	2017	2018	2019	2020
1	俄罗斯	印度	美国	美国	美国	美国
2	巴西	英国	德国	印度	印度	英国
3	荷兰	澳大利亚	澳大利亚	英国	墨西哥	西班牙
4	法国	俄罗斯	俄罗斯	中国香港	西班牙	墨西哥
5	印度尼西亚	马来西亚	墨西哥	俄罗斯	英国	德国
6	马来西亚	法国	日本	新加坡	俄罗斯	法国
7	日本	日本	西班牙	法国	越南	俄罗斯
8	巴基斯坦	韩国	荷兰	德国	巴西	新加坡
9	泰国	埃及	新西兰	西班牙	新加坡	阿联酋
10	南非	捷克	印度尼西亚	阿联酋	德国	巴西

二、中国企业分目的地对外绿地投资模式

（一）2018 年中国企业分目的地对外绿地投资模式

附表 3.1 显示了 2018 年中国企业通过新建、扩张和托管三种投资模式进行对外绿地投资金额和项目数量的区位分布情况。

首先，中国企业通过新建模式在 93 个国家（地区）进行了投资，投资金额为 848.74 亿美元，占比 91.77%；通过扩张模式在 36 个国家（地区）进行了投资，投资金额为 73.14 亿美元，占比 7.91%；通过托管模式进行绿地投资涉及的国家（地区）最少，仅有 3 个，分别为美国、澳大利亚、墨西哥，投资金额总计为 2.98 亿美元，占比 0.32%。

其次，在新建绿地投资中，中国企业在亚洲国家的交易金额最多，为 554.91 亿美元，占新建投资总额的 65.38%；其次是欧洲和非洲，分别为 111.08 亿美元和 86.14 亿美元，分别占新建投资总额的 13.09% 和 10.15%。在扩张绿地投资方面，中国企业在非洲的交易金额最多，为 33.16 亿美元，占扩张投资总额的 45.34%；北美洲和亚洲分列第二、三位，分别为 15.13 亿美元和 12.25 亿美元。对于托管模式而言，中国企业在北美洲进行了 4 起绿地投资，投资金额为 1.82 亿美元，在大洋洲进行了 1 起绿地投资，金额为 1.16 亿美元。

最后，在通过新建模式投资的国家（地区）中，对印度尼西亚的投资金额最多，为 220.27 亿美元，而新建模式投资交易项目仅为 14 起，项目平均交易金额为 15.73 亿美元，单笔交易金额较大。反观扩张绿地投资模式，每个国家（地区）获得的金额差距较大，尼日利亚获得的投资金额最多，虽仅有 1 起项目，却高达 30 亿美元，而排名第二的美国有 25 起项目，共计 10.51 亿美元，不及尼日利亚的 1/3。通过托管模式进行的绿地投资项目较少，投资金额也比较少，最多的是美国，为 1.32 亿美元，其次是澳大利亚和墨西哥，分别为 1.16 亿美元和 0.5 亿美元。

（二）2019 年中国企业分目的地对外绿地投资模式

附表 3.2 显示了 2019 年中国企业通过新建、扩张和托管三种投资模式进行对外绿地投资金额和项目数量的区位分布情况。

首先，中国企业通过新建模式在 89 个国家（地区）进行了投资，投资金额为 543.02 亿美元，占比 88.22%；通过扩张模式在 29 个国家（地区）进行了投资，投资金额为 65.19 亿美元，占比 10.59%；通过托管模式在 9 个国家（地区）进行了绿地投资，投资金额为 7.33 亿美元，占比 1.19%。

其次，在新建绿地投资中，中国企业在欧洲国家的交易金额最多，为 163.88 亿美元，占新建投资总额的 30.18%；其次是亚洲和非洲，分别为 146.77 亿美元和 114.69 亿美元，分别占新建投资总额的 27.03% 和 21.12%，各大洲占比相对趋于均衡。在扩张绿地投资方面，中国企业在欧洲的交易金额最多，为 32.87 亿美元，占扩张投资总额的 50.43%；北美洲和亚洲分列第二、三位，分别为 18.18 亿美元和 7.70 亿美元；在大洋洲并未进行扩张型绿地投资。对于托管模式而言，在欧洲进行了 8 起绿地投资，金额总计 4.25 亿美元，在中南美洲进行了两起绿地投资，金额总计 3.09 亿美元。

最后，在通过新建模式投资的国家（地区）中，对俄罗斯的投资金额最多，为 128.55 亿美元，新建投资交易项目为 25 起。新建投资模式中，排名前十位的均为发展中国家，对于排在第十位的墨西哥，新建模式下投资金额为 17.10 亿美元。在扩张投资模式中，德国以 3 起、17.88 亿美元居于首位；之后依次为美国（11 起，15.88 亿美元）、塞尔维亚（5 起，4.09 亿美元）、印度（7 起，3.91 亿美元）、委内瑞拉（1 起，3.74 亿美元）。通过托管模式进行的绿地投资项目较少，投资金额总计为 7.33 亿美元。托管模式下投资金额最多的区域是巴西，为 3.07 亿美元，占托管模式下投资金额的比重为 41.93%；其次是爱尔兰和德国，分别为 2.40 亿美元和 0.86 亿美元。

（三）2020 年中国企业分目的地对外绿地投资模式

附表 3.3 显示了 2020 年中国企业通过新建、扩张和托管三种投资模式进行对外绿地投资金额和项目数量的区位分布情况。

首先，中国企业通过新建模式在 83 个国家（地区）进行了投资，投资金额为 297.39 亿美元，占比 64.32%；通过扩张模式在 16 个国家（地区）进行了投资，投资金额为 164.68 亿美元，占比 35.61%；通过托管模式在 3 个国家（地区）进行了绿地投资，分别为法国、俄罗斯、西班牙，投资金额总计 3.10 亿美元，占比 0.07%。

其次，在新建绿地投资中，中国企业在亚洲国家的交易金额最多，为 121.83 亿美元，占新建模式投资总额的 40.97%。其次是欧洲和非洲，分别为 99.94 亿美元和 39.07 亿美元，分别占新建模式投资总额的 33.61% 和 13.14%，三者之和占比高达 87.71%。在扩张绿地投资方面，中国企业在亚洲的交易金额最多，为 138.13 亿美元，占扩张投资总额的 83.88%；其次为北美洲，投资金额为 18.81 亿美元，占比为 11.42%。欧洲和非洲投资金额分别为 4.45 亿美元和 3.08 亿美元，二者之和占比为 4.58%。而采用托管模式进行的 3 起绿地投资全部发生在欧洲，金额总计 0.31 亿美元。

最后，在通过新建模式投资的国家（地区）中，对印度尼西亚的投资金额最多，为 53.04 亿美元，而新建投资交易项目仅为 6 起，项目平均交易金额为 8.84 亿美元，单笔交易金额较大。其次是缅甸（3起，34.46亿美元）、德国（16起，25.92亿美元）。对秘鲁的投资金额最少，仅有1起，为70万美元。反观扩张模式绿地投资，各国家（地区）间的投资金额出现明显差距，对文莱的投资金额最多，虽仅有1起项目，却高达136.50亿美元；第二名为墨西哥，6起项目，共计8.69亿美元；德国的扩张模式投资金额最少，为0.039亿美元。通过托管模式进行的绿地投资项目较少，投资金额也比较少，最多的是法国，为0.22亿美元，其次是俄罗斯和西班牙。

综上所述，2018—2020年的绿地投资以新建模式为主，以扩张模式为辅，托管模式最少，基本集中在亚洲和欧洲地区。由于各年具体情况不同，各国不同绿地投资模式涉及金额及项目各有不同。

三、中国企业分目的地对外绿地投资境外创造就业情况

（一）2018年中国企业分目的地对外绿地投资境外创造就业

本部分阐明了2018年中国企业对外绿地投资在各东道国（地区）创造的境外就业岗位数量和占比情况。2018年共计创造境外就业岗位213 505个，同比增长85.22%。以洲别计，岗位数量排名前三位的分别为亚洲（103 228个，同比增长195.68%）、非洲（42 238个，同比增长81.58%）和欧洲（37 254个，同比增长14.41%），分别占中国对外绿地投资项目所创造的境外就业岗位数量的48.35%、19.78%和17.45%，三者之和高达85.58%，如图3.17所示。

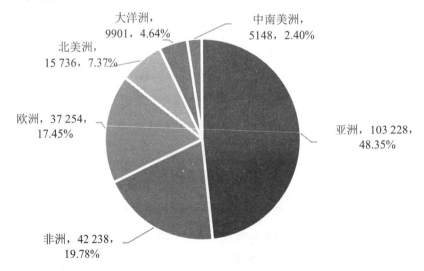

图3.17　2018年分大洲中国企业对外绿地投资创造境外就业岗位数量及占比（单位：个，%）

如图 3.18 所示，就投资东道国（地区）而言，中国对外绿地投资创造的境外就业岗位数量排名前五位的国家（地区）依次是印度（34 392 个）、美国（13 078 个）、中国香港（12 380 个）、澳大利亚（9591 个）、俄罗斯（9347 个），分别占所有就业岗位的 16.11%、6.13%、5.80%、4.49%、4.38%。而中国对外绿地投资在葡萄牙、波黑、卢森堡这些欧洲国家创造的就业岗位极少，这说明中国在部分欧洲国家的绿地投资金额和项目数量均较少。必须指出的是，虽然中国在几内亚、埃塞俄比亚、乌干达等非洲国家进行绿地投资项目数量较少，最多不超过 5 笔，但却创造了较多的就业岗位。

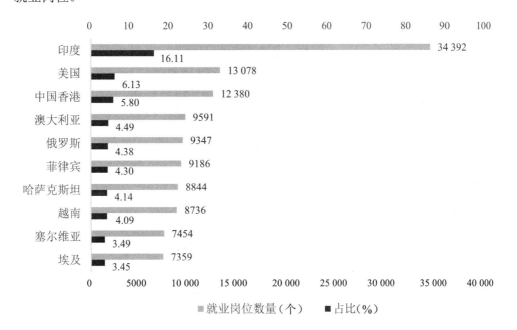

图 3.18　2018 年中国企业对外绿地投资创造境外就业岗位数量排名前十位的目的地

（二）2019 年中国企业分目的地对外绿地投资境外创造就业

本部分阐明了中国企业对外绿地投资在各东道国（地区）创造的境外就业岗位数量和占比情况。2019 年共计创造境外就业岗位 199 606 个，同比降低 6.51%。就投资地区所属大洲而言，前三位依次是亚洲（83 215 个，同比降低 19.39%）、非洲（43 997 个，同比增长 4.16%）和欧洲（30 323 个，同比降低 18.61%），分别占中国企业对外绿地投资项目所创造的境外就业岗位数量总额的 41.69%、22.04% 和 15.19%，三者之和高达 78.92%。在中南美洲创造了 18 100 个就业岗位，同比增长

215.59%，为各洲增幅之最，如图 3.19 所示。

如图 3.20 所示，就投资东道国而言，中国对外绿地投资创造的境外就业岗位数量排名前五位的国家依次是印度（33 597 个）、越南（24 614 个）、墨西哥（15 068 个）、俄罗斯（8785 个）、尼日利亚（8627 个），分别占所有就业岗位的 16.83%、12.33%、7.55%、4.40%、4.32%。而在土耳其、吉尔吉斯斯坦和柬埔寨创造的就业岗位均不超过 20 个。

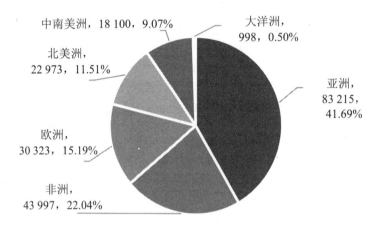

图 3.19   2019 年分大洲中国企业对外绿地投资创造境外就业岗位数量及占比（单位：个，%）

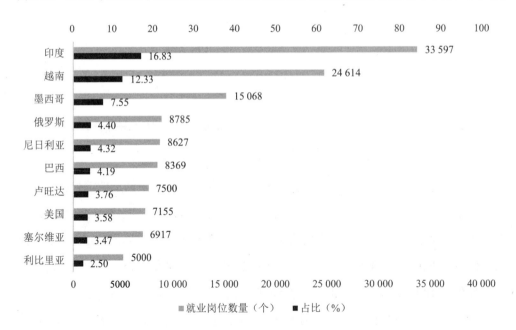

图 3.20   2019 年中国企业对外绿地投资创造境外就业岗位数量排名前十位的目的地

（三）2020年中国企业分目的地对外绿地投资境外创造就业

本部分阐明了中国企业对外绿地投资在各东道国（地区）创造的境外就业岗位数量和占比情况。2020年共计创造境外就业岗位63 547个，同比下降68.16%。以各洲别计，排名前三位的分别为亚洲（22 724个，同比下降72.69%）、北美洲（14 471个，同比下降37.01%）和欧洲（13 912个，同比下降54.12%），分别占中国对外绿地投资项目所创造的境外就业岗位数量的35.76%、22.77%和21.89%，三者之和高达80.42%，如图3.21所示。

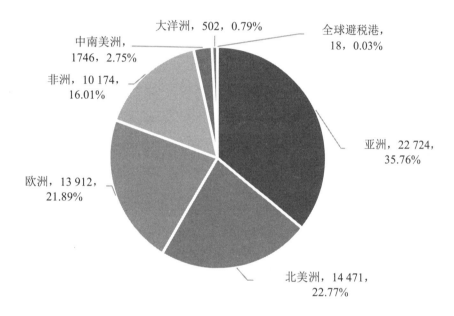

图3.21　2020年分大洲中国企业对外绿地投资创造境外就业岗位数量及占比（单位：个，%）

如图3.22所示，就投资东道国（地区）而言，中国对外绿地投资创造的境外就业岗位数量排名前五位的国家（地区）依次是墨西哥（6986个）、美国（6376个）、印度尼西亚（3813个）、印度（3489个）、越南（3182个），分别占所有就业岗位的10.99%、10.03%、6.00%、5.49%、5.01%，较上年整体下滑。而中国企业对外绿地投资在百慕大、约旦、爱沙尼亚、芬兰、厄瓜多尔、希腊、冰岛、中国台湾等国家和地区创造的就业岗位极少，均不超过20个。

综上所述，2018—2020年中国企业对外绿地投资创造的境外就业岗位均集中在亚洲、欧洲和非洲地区。在发展中国家创造了较多的就业岗位，2018年、2019年排名前十位的国家里仅有美国 1 个发达国家，2020 年德国、法国首次进入排名前十位。

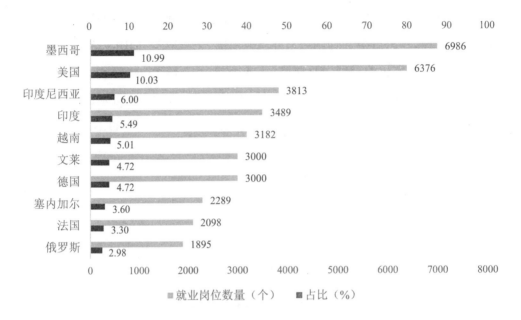

图 3.22　2020 年中国企业对外绿地投资创造境外就业岗位数量排名前十位的目的地

第三节　中国企业对外并购投资区位分析

一、中国企业对外并购投资分目的地总体分析

（一）2018 年中国企业分目的地对外并购投资

2018 年，中国企业对外并购投资总额为 686.98 亿美元，同比减少 8.59%。如图 3.23 所示，2018 年中国企业对外并购投资金额按大洲（地区）分类计算，排在首位的是欧洲，总计并购投资金额为 211.09 亿美元，占中国企业对外并购投资总额的 30.73%，同比增加 17.31%。排在第二、三位的分别是全球避税港地区和亚洲，分别为 208.64 亿美元和 154.73 亿美元，占中国对外并购投资总额的比重分别为 30.37% 和 22.52%。其中，中国在全球避税港地区的并购投资金额同比增加 78.05%，亚洲则有所减少，同比减少 27.10%。三者之和占对外并购投资总额的 83.62%。中国企业在大洋洲和非洲的并购投资金额最低，分别为 2.79 亿美元和 1.43 亿美元。按照中国企业在各大洲的并购投资项目数量排序，排在前三位的分别是亚洲（188 起）、北美洲

（143 起）和全球避税港地区（102 起），三者之和占中国对外并购投资项目总数的
77.46%。三个地区的并购投资项目数量与 2017 年相比均有所增长，分别同比增长
0.53%、74.39% 和 52.23%。值得一提的是，欧洲地区的投资项目由 2017 年的 110 起
降至 2018 年的 95 起，同比下降 13.64%。而大洋洲、非洲和中南美洲的并购投资项
目数量分别为 16 起、8 起和 7 起，中国企业在这些地区并购投资数量较少。按照项
目平均交易金额排序，结果大为不同。中国在中南美洲的项目仅为 7 起，但总计金
额达 42.96 亿美元，项目平均交易金额最多，约为 6.14 亿美元，居各大洲之首。其
次是欧洲和全球避税港地区，并购投资项目平均交易金额分别为 2.22 亿美元和 2.05
亿美元。虽然中国在亚洲地区并购投资项目数量最多，但项目平均交易金额仅有
0.82 亿美元。这说明，中国在中南美洲地区的并购投资以大项目为主，而在亚洲地
区的并购投资多为小项目。

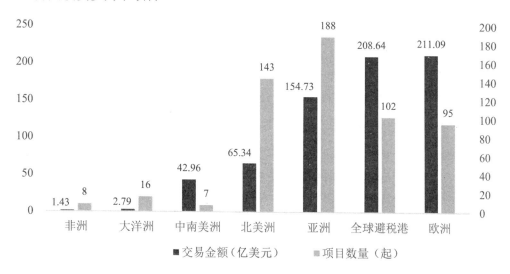

图 3.23 2018 年分大洲中国企业对外并购投资金额和项目数量

进一步以并购投资标的国（地区）分类计算，2018 年中国企业共计在 63 个国
家（地区）进行了并购投资。中国企业对外并购投资金额排名前十位（见图 3.24）
的国家和地区分别是开曼群岛（116.32 亿美元）、中国香港（97.26 亿美元）、百慕大
群岛（74.74 亿美元）、法国（63.19 亿美元）、美国（61.35 亿美元）、智利（40.66 亿
美元）、卢森堡（34.08 亿美元）、德国（32.61 亿美元）、瑞典（32.17 亿美元）、维尔
京群岛（英国）（17.57 亿美元），10 个国家（地区）的并购投资金额之和为 569.96 亿

美元，占中国企业对外并购投资总额的 82.97%。若以并购投资项目数量排序（见图 3.25），美国以 134 起并购投资项目排在首位，其次是开曼群岛，有 72 起，第三位至第十位分别为中国香港（56 起）、新加坡（34 起）、以色列（22 起）、印度（21 起）、德国（20 起）、英国（16 起）、维尔京群岛（英国）（16 起）、百慕大群岛（14 起）。中国在保加利亚、约旦、土耳其、瑞典、毛里求斯等 24 个国家（地区）并购投资项目数量最少，均各有 1 起。但按照并购项目平均交易金额排序，智利和瑞典分别以 40.66 亿美元、32.17 亿美元分居第一、二位，且并购投资项目仅有各 1 起。第三位至第七位分别是卢森堡（11.36 亿美元，3 起）、法国（9.03 亿美元，7 起）、哈萨克斯坦（5.50 亿美元，2 起）、百慕大群岛（5.34 亿美元，14 起）、约旦（5.02 亿美元，1 起）。虽然中国企业在开曼群岛和中国香港的并购投资金额较多，但项目平均交易金额却仅分别为 1.62 亿美元和 1.74 亿美元。这说明中国企业在开曼群岛等免税地区以及中国香港等发达地区的并购投资呈现大金额、多项目的特点。在智利、瑞典等小国家的并购投资以大项目为主。

2018 年中国企业对外并购投资特征如下：第一，对外并购投资平稳健康发展，主要向免税地区、欧洲、亚洲集中，在这些区域基本实现了投资金额和项目数量同比增长。第二，并购投资主要发生在美国及欧洲等经济发达国家。

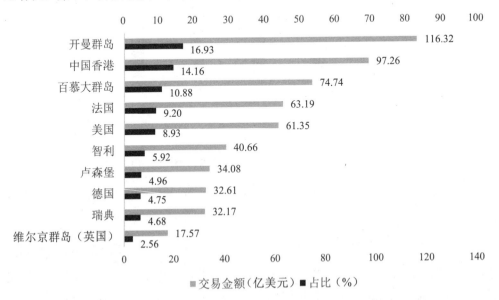

图 3.24 2018 年中国企业对外并购投资金额排名前十位的目的地

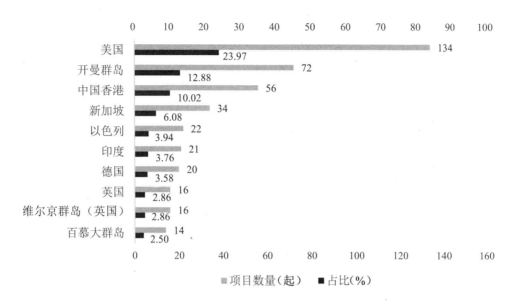

图 3.25　2018 年中国企业对外并购投资项目数量排名前十位的目的地

（二）2019 年中国企业分目的地对外并购投资

2019 年，中国企业对外并购投资总额为 414.78 亿美元，同比减少 39.62%，涉及项目数量为 432 起，同比下降 22.72%。如图 3.26 所示，2019 年中国企业对外并购投资金额以大洲（地区）分类计算，排在首位的是全球避税港地区，并购投资金额为 193.96 亿美元，占中国企业对外并购投资总额的 46.76%，同比减少 7.03%。排在第二、三位的分别是欧洲和亚洲，分别为 85.83 亿美元和 58.69 亿美元，占中国对外并购投资总额的比重分别为 20.69% 和 14.15%，二者同比均大幅下降，降幅分别为 59.34% 和 62.07%。三者之和占对外并购投资总额的 81.60%。中国企业在北美洲和中南美洲的并购投资额减少最多，并购投资金额分别为 32.77 亿美元和 24.24 亿美元，同比下降速度分别为 49.85% 和 43.58%。在大洋洲和亚洲的并购投资金额虽然最少，分别为 13.60 亿美元和 5.69 亿美元，却实现了大幅增长，增速分别为 387.42% 和 296.32%。按照中国企业在各大洲的并购投资项目数量排序，前四位的分别是亚洲、欧洲、北美洲和全球避税港地区，涉及项目数量分别为 163 起、87 起、78 起和 68 起，四者之和占中国对外并购投资项目总数的 91.67%。4 个地区的并购投资项目数量同比均有所下降，分别下降 13.30%、8.42%、45.45% 和 33.33%。而中国企业在大洋洲、中南美洲和非洲的并购投资项目数量分别为 20 起、8 起和 8 起，中国企业在这些地区并购投资数量较少。按照项目平均交易金额排序，排在首位的是中南美洲，中国在中南美洲的项目仅 8 起，项目平均交易金额高达 3.03 亿美元。其次是全球避税港地区和欧洲，并购投资项目平均交易金额分别为 2.85 亿美元和 0.99 亿美元。这说明，中国在全球避税港地区和中南美洲的并购投资单笔投资金额较大。

进一步以并购投资标的国（地区）分类计算，2019 年中国企业共计在 56 个国家（地区）进行了并购投资。中国企业对外并购投资金额排名前十位（见图 3.27）的国家和地区分别是百慕大群岛（99.18 亿美元）、维尔京群岛（英国）（51.70 亿美元）、开曼群岛（42.56 亿美元）、中国香港（36.27 亿美元）、美国（32.18 亿美元）、秘鲁（16.35 亿美元）、法国（15.28 亿美元）、荷兰（12.36 亿美元）、英国（12.27 亿美元）、德国（12.07 亿美元），大多为发达国家和地区，10 个国家和地区的并购投资金额之和为 330.20 亿美元，占中国企业对外并购投资总额的 79.61%。若以并购投资项目数量排序（见图 3.28），前十位分别是美国（72 起）、中国香港（44 起）、开曼群岛（33 起）、新加坡（31 起）、印度（22 起）、德国（21 起）、澳大利亚（19 起）、英国（19 起）、维尔京群岛（英国）（19 起）、百慕大群岛（14 起）。中国在萨摩亚群岛、纳米比亚、巴西、柬埔寨、阿曼等 20 个国家和地区并购投资项目数量最少，均各有 1 起。但按照并购项目平均交易金额排序，结果较为不同。秘鲁以平均交易金额 8.18 亿美元居首位（并购投资项目数量为两起）。巴西以平均交易金额 7.47 亿美元居第二位（1 起项目）。排在第三位至第六位的分别是百慕大群岛（7.08 亿美元，14 起）、爱尔兰（4.78 亿美元，2 起）、新西兰（3.90 亿美元，1 起）、维尔京群岛（英国）（2.72 亿美元，19 起）。

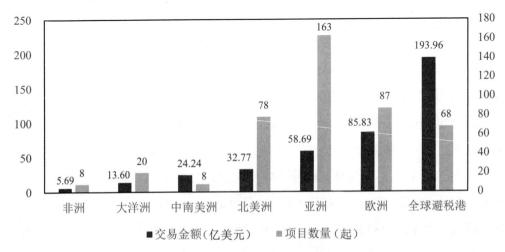

图 3.26　2019 年分大洲中国企业对外并购投资金额和项目数量

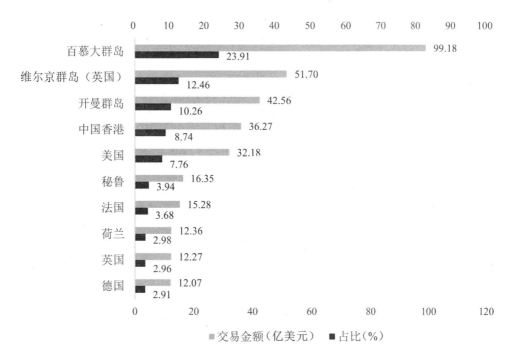

图 3.27　2019 年中国企业对外并购投资金额排名前十位的目的地

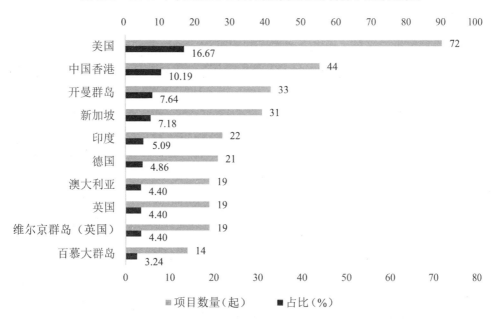

图 3.28　2019 年中国企业对外并购投资项目数量排名前十位的目的地

2019 年中国企业对外并购投资的特点如下：第一，并购投资规模缩小，从 2018 年的 63 个国家减少至在 56 个国家进行了并购投资，总计金额达 414.78 亿美元，同比减少 39.62%。第二，对中南美洲的投资金额增长，其余各洲均有所减少。第三，投资集中于全球避税港地区及英美等国家。

（三）2020 年中国企业分目的地对外并购投资

2020 年，中国企业对外并购投资总额为 400.73 亿美元，同比减少 3.39%，涉及项目数量为 366 起，同比下降 15.28%。如图 3.29 所示，2020 年中国企业对外并购投资金额以大洲（地区）分类计算，排在首位的是全球避税港地区，并购投资金额为 207.84 亿美元，占中国企业对外并购投资总额的 51.87%，同比增加 7.16%。排在第二、三位的分别是中南美洲和北美洲，分别为 58.20 亿美元和 54.93 亿美元，占中国对外并购投资总额的比重分别为 14.52% 和 13.71%，二者同比均大幅增加，增速分别为 140.11% 和 67.64%。三者之和占对外并购投资总额的 80.10%。亚洲、欧洲的并购投资额首次跌出前三位，并购投资金额分别为 49.80 亿美元和 23.55 亿美元，同比下降速度分别为 15.16% 和 72.56%。对大洋洲的并购投资金额更是大幅下降至 0.63 亿美元，同比下降 95.40%。按照中国企业在各大洲的并购投资项目数量排序，排名前四位的分别是亚洲、北美洲、欧洲和全球避税港地区，涉及项目数量分别为 136 起、78 起、74 起和 64 起，四者之和占中国企业对外并购投资项目总数的 96.17%。除北美洲项目数量持平外，其他三个地区并购投资项目数量同比均有所下降，亚洲、欧洲、全球避税港分别同比下降 16.56%、14.94% 和 5.89%。在非洲、大洋洲和中南美洲的并购投资项目数量分别为 6 起、4 起和 4 起，均不超过 10 起，中国企业在这些地区并购投资项目数量较少。

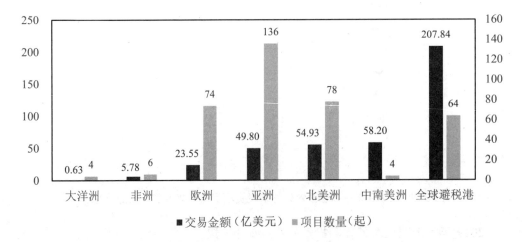

图 3.29　2020 年分大洲中国企业对外并购投资金额和项目数量

　　按照项目平均交易金额排序，排在首位的是中南美洲，中国企业在中南美洲的投资项目仅有4起，项目平均交易金额高达14.55亿美元。其次是全球避税港和非洲，并购投资项目平均交易金额分别为3.25亿美元和0.96亿美元。这说明，中国企业在中南美洲和全球避税港地区的并购投资大多为大项目。

　　进一步以并购投资标的国（地区）分类统计，2020年中国企业共计在47个国家（地区）进行了并购投资。中国企业对外并购投资金额排名前十位（见图3.30）的国家和地区分别是百慕大群岛（94.91亿美元）、开曼群岛（93.97亿美元）、美国（41.77亿美元）、秘鲁（35.90亿美元）、智利（22.30亿美元）、维尔京群岛（英国）（18.96亿美元）、中国香港（15.96亿美元）、加拿大（12.76亿美元）、印度（11.00亿美元）、法国（10.02亿美元），大多为发达国家和地区，10个国家和地区的并购投资金额之和为357.55亿美元，占中国对外并购投资总额的89.22%。若以并购投资项目数量排序（见图3.31），排名前十位的分别是美国（68起）、中国香港（41起）、开曼群岛（36起）、英国（27起）、新加坡（19起）、维尔京群岛（英国）（16起）、印度（15起）、德国（13起）、百慕大群岛和以色列（均为12起）。中国在秘鲁、柬埔寨、塞尔维亚等17个国家的并购投资项目均各为1起。但按照并购项目平均交易金额排序，秘鲁和智利并购投资项目虽均为1起，但分别以3.59亿美元和22.30亿美元的项目平均交易金额排在前两位。第三位至第五位分别是百慕大群岛（7.90亿美元，12起）、刚果民主共和国（5.50亿美元，1起）、开曼群岛（2.61亿美元，36起）。

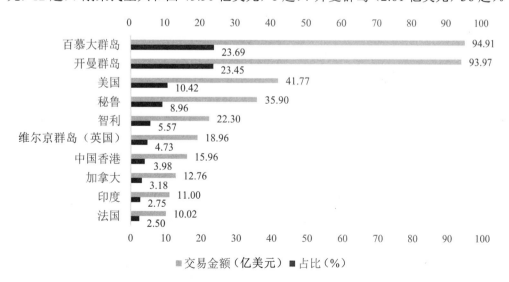

图3.30　2020年中国企业对外并购投资金额排名前十位的目的地

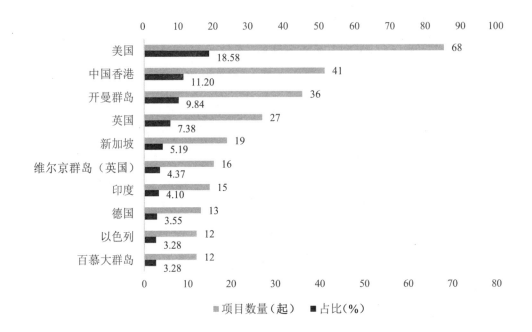

图 3.31　2020 年中国企业对外并购投资项目数量排名前十位的目的地

2020 年中国企业对外并购投资的特点如下：第一，对外并购投资趋于平稳，集中于美洲和免税地区，其余各洲投资金额均有所下降。第二，对中南美洲国家的投资多为大项目、高金额；对亚洲国家的投资多为小项目、低金额。第三，对外并购投资集中于发达或中等发达国家（地区）。

2015—2020 年中国企业对外并购投资交易金额和项目数量排名前十位的目的地分别如表 3.9 和表 3.10 所示，从两表中可以看出中国企业对外并购投资目的地国家和地区的动态变化趋势。2015—2020 年中国企业投资目的地基本集中于发达国家和地区。2015—2016 年，在交易金额与项目数量榜单中，美国均高居榜首，但在 2017 年出现大幅下降，美国首次跌出前十位。2017 年中国企业对英国投资达到峰值，交易金额与项目数量均位列第三。交易金额榜单中，2019 年对百慕大群岛投资升至首位，秘鲁首次进入榜单；截至 2020 年，前十位目的地中发展中国家占据三席——秘鲁、智利、印度。项目数量榜单中，前三位为美国、开曼群岛、中国香港，排名顺序偶有波动；2018—2020 年榜单前十位中多为全球避税港地区、英美等发达国家（地区），仅印度为发展中国家。

表 3.9 2015—2020 年中国企业对外并购投资交易金额排名前十位的目的地

排名	2015	2016	2017	2018	2019	2020
1	美国	美国	中国香港	开曼群岛	百慕大群岛	百慕大群岛
2	开曼群岛	中国香港	开曼群岛	中国香港	维尔京群岛（英国）	开曼群岛
3	中国香港	开曼群岛	英国	百慕大群岛	开曼群岛	美国
4	印度	新加坡	印度	法国	中国香港	秘鲁
5	百慕大群岛	维尔京群岛（英国）	新加坡	美国	美国	智利
6	英国	德国	法国	智利	秘鲁	维尔京群岛（英国）
7	韩国	泰国	马来西亚	卢森堡	法国	中国香港
8	澳大利亚	加拿大	维尔京群岛（英国）	德国	荷兰	加拿大
9	德国	百慕大群岛	百慕大群岛	瑞典	英国	印度
10	新加坡	墨西哥	意大利	维尔京群岛（英国）	德国	法国

表 3.10 2015—2020 年中国企业对外并购投资项目数量排名前十位的目的地

排名	2015	2016	2017	2018	2019	2020
1	美国	美国	中国香港	美国	美国	美国
2	开曼群岛	中国香港	开曼群岛	开曼群岛	中国香港	中国香港
3	中国香港	开曼群岛	英国	中国香港	开曼群岛	开曼群岛
4	印度	德国	新加坡	新加坡	新加坡	英国
5	英国	新加坡	印度	以色列	印度	新加坡
6	德国	维尔京群岛（英国）	法国	印度	德国	维尔京群岛（英国）
7	百慕大群岛	加拿大	意大利	德国	澳大利亚	印度
8	澳大利亚	百慕大群岛	维尔京群岛（英国）	英国	英国	德国
9	韩国	泰国	马来西亚	维尔京群岛（英国）	维尔京群岛（英国）	百慕大群岛
10	新加坡	墨西哥	巴西	百慕大群岛	百慕大群岛	以色列

二、中国企业分目的地对外并购投资支付方式

（一）2018 年中国企业分目的地对外并购投资支付方式

2018 年中国企业对外并购支付方式的特征显著（见图 3.32 和图 3.33），具体如

下：第一，从整体来看，涉及的支付方式有现金、股份、延期支付、债务承担、盈利能力支付计划、现金储备、债券、第三方股权支付、可转债和其他方式，企业资产、服务两种方式并未出现。第二，除其他支付方式外，中国企业对外并购支付方式以现金支付为主，支付金额高达196.98亿美元，占中国企业对外并购投资总额的28.72%，支付项目数量为158起，占并购投资项目总数的28.26%；中国企业对外并购的次要支付方式为股份和债务承担，涉及交易金额分别为78.79亿美元和65.22亿美元，分别占比11.49%和9.51%，涉及项目数量分别为15起和7起，占比分别为2.68%和1.25%，说明中国企业对外并购通常采用此两种方式进行大金额交易；中国企业采用延期支付和盈利能力支付计划进行投资涉及的金额及项目则比较少。

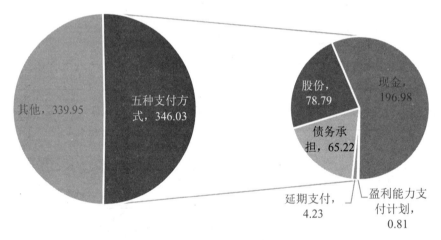

图 3.32　2018 年中国企业对外并购投资不同支付方式下的交易金额（单位：亿美元）

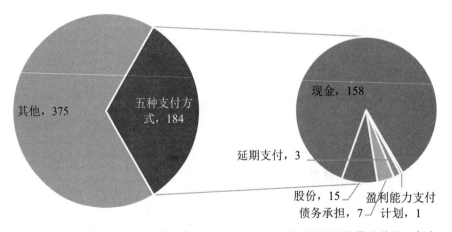

图 3.33　2018 年中国企业对外并购投资不同支付方式下的项目数量（单位：起）

对于 2018 年分目的地中国企业对外并购投资支付方式情况，从整体而言，中国在世界各个国家（地区）进行并购投资采用的支付方式并不多样，除"其他"支付方式外，仅有中国香港涉及的支付方式达到 4 种，其次是维尔京群岛（英国），所涉及的支付方式为 3 种。但绝大多数国家（地区）涉及的支付方式较少，如智利、越南、约旦等国家（地区）涉及的支付方式仅有 1 种。

对于不同支付方式而言，中国企业在各标的国家（地区）进行并购投资多采用现金支付方式，中国在 31 个国家（地区）进行了以现金支付的并购投资，其中百慕大群岛涉及的现金支付金额最多，为 74.00 亿美元，项目数量为 9 起；其次是智利，为 40.66 亿美元，项目数量是 1 起；新西兰、澳大利亚、荷兰涉及的中国现金支付并购交易金额较少，均不足 0.01 亿美元。此外，中国在 5 个国家（地区）采用股份的方式进行并购投资，涉及交易金额最多的地区是中国香港，为 49.22 亿美元，项目数量为 5 起；其次是维尔京群岛（英国）和卢森堡，并购投资金额分别为 15.16 亿美元和 9.17 亿美元。中国在 5 个国家（地区）采用债务承担的方式进行并购投资，涉及交易金额最多的国家（地区）是法国，仅 1 起，但交易金额高达 55.52 亿美元。中国企业在荷兰、中国香港和阿根廷采用了延期支付手段，涉及金额 4.23 亿美元，占比 0.62%；仅在巴西采用盈利能力支付计划进行投资，涉及金额 0.81 亿美元，占比 0.12%。

（二）2019 年中国企业分目的地对外并购投资支付方式

如图 3.34 和图 3.35 所示，2019 年中国企业对外并购支付方式的特征如下：第一，从整体来看，涉及的支付方式有现金、股份、延期支付、债务承担、盈利能力支付计划、现金储备、债券、第三方股权支付、可转债、企业资产和其他方式，仅有"服务"一种支付方式未出现。第二，除"其他"支付方式外，中国企业对外并购支付方式主要是现金，支付金额为 56.37 亿美元，占中国企业对外并购投资总额的 13.59%，支付项目数量为 149 起，占并购投资项目总数的 34.49%；其次使用的支付方式为股份和债务承担，支付金额分别为 31.92 亿美元和 24.71 亿美元，分别占对外并购投资总额的 7.70% 和 5.96%，涉及项目数量分别为 3 起和 10 起，说明中国企业通常采用此两种支付方式进行大额支付；延期支付和盈利能力支付计划使用次数较少，共使用 3 次，涉及金额总计 13.14 亿美元，总计占比 3.17%。

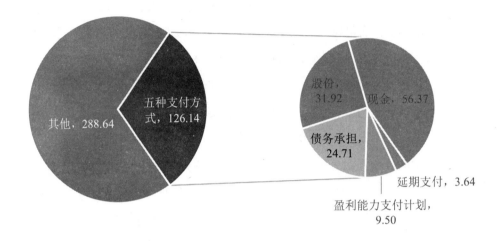

图 3.34　2019 年中国企业对外并购投资不同支付方式下的交易金额（单位：亿美元）

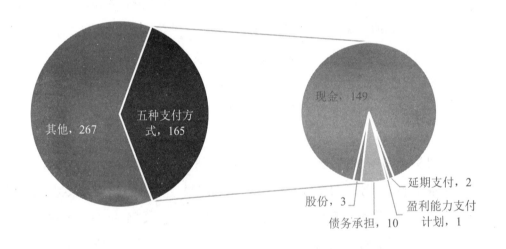

图 3.35　2019 年中国企业对外并购投资不同支付方式下的项目数量（单位：起）

对于 2019 年分目的地中国企业对外并购投资支付方式情况，整体而言，中国在世界各个国家（地区）进行并购投资采用的支付方式并不多样，除"其他"支付方式外，仅有开曼群岛、维尔京群岛（英国）和澳大利亚涉及的支付方式达到 3 种，其次是中国香港、德国、荷兰和百慕大群岛，所涉及的支付方式为 2 种。其余国家（地区）涉及的支付方式仅为 1 种，如爱尔兰、印度、巴西等。

对于不同支付方式而言，中国企业在各标的国家（地区）进行并购投资多采用现金支付方式，中国企业在 35 个国家和地区进行了以现金支付的并购投资，其中中国香港涉及的现金支付金额最多，为 11.28 亿美元，项目数量为 24 起；其次是瑞士，为 5.38 亿美元，项目数量是 3 起；阿联酋、越南、阿根廷涉及的中国现金支付并购交易金额最少，共计有 4 起项目。此外，中国企业在百慕大群岛、开曼群岛和维尔京群岛（英国）这 3 个免税地区以股份支付的方式进行了并购投资，其中在百慕大群岛的交易金额最多，为 21.02 亿美元。中国企业在 7 个国家（地区）采用债务承担的方式进行并购投资，维尔京群岛（英国）以 11.65 亿美元居首位，占债务承担方式并购投资总额的 47.17%，涉及 2 起项目。中国企业在澳大利亚和德国采用延期支付的方式进行对外并购投资，在爱尔兰以盈利能力支付计划的方式进行投资。

（三）2020 年中国企业分目的地对外并购投资支付方式

如图 3.36 和图 3.37 所示，2020 年中国企业对外并购支付方式的特征如下：第一，从整体来看，涉及的支付方式有现金、股份、延期支付、债务承担、现金储备、第三方股权支付、服务和其他方式，盈利能力支付计划、债券、可转债和企业资产支付方式均未出现。第二，除"其他"支付方式外，中国企业对外并购支付方式以现金和股份方式为主，其中，以现金支付的对外并购投资金额为 116.57 亿美元，占中国企业对外并购投资总额的 29.09%，支付项目数量为 121 起，占并购投资项目总数的 33.06%；而以股份支付的并购投资金额总计为 102.19 亿美元，占中国企业对外并购投资总额的 25.50%，支付项目数量仅 10 起，占并购投资项目总数的 2.73%。延期支付涉及的对外并购投资金额为 19.95 亿美元，共计 4 起项目。债务承担涉及的并购投资项目仅为 1 起。

对于 2020 年分目的地中国企业对外并购投资支付方式情况，整体而言，中国在世界各个国家和地区进行并购投资采用的支付方式并不多样，除"其他"支付方式外，仅有百慕大群岛、维尔京群岛（英国）和中国香港涉及的支付方式达到 3 种，其次是美国和开曼群岛，所涉及的支付方式为 2 种，其余 41 个国家（地区）涉及的支付方式仅为 1 种。

对于不同支付方式而言，中国在各标的国家（地区）进行并购投资多采用现金支付方式，中国在 26 个国家（地区）进行了以现金支付的并购投资，其中秘鲁和智利涉及的现金支付金额分别为35.90亿美元和22.30亿美元，分别排在第一、二位，涉及项目数量均为1起。此外，中国在7个国家（地区）采用了股份的方式进行并购投资，其中在百慕大群岛的交易金额最多，为70.03亿美元。中国在百慕大群岛等3个国家（地区）采用延期支付的方式进行并购投资，仅在中国香港采用了债务承担方式进行并购投资。

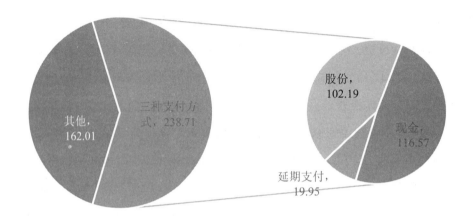

图3.36　2020年中国企业对外并购投资不同支付方式下的交易金额（单位：亿美元）

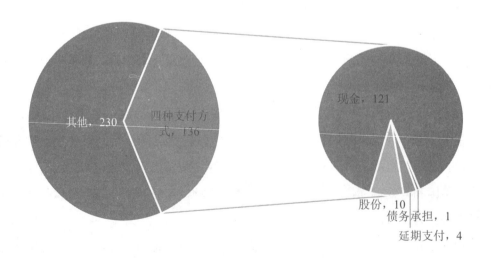

图3.37　2020年中国企业对外并购投资不同支付方式下的项目数量（单位：起）

综上所述，2018—2020年中国企业对外绿地投资支付方式集中于现金、股份和债务承担。对于单一国家（地区）而言，支付方式较为单一，仅发达国家（地区）涉及的支付方式超过1种。

三、中国企业分目的地对外并购投资融资类型

本报告采用相关分类标准，将对外并购融资渠道分为并购贷款、创业投资、杠杆收购、对冲基金、私募基金、增资、注资，未标明融资渠道的用"其他"代之。本部分介绍的是中国企业对外并购融资渠道的总体情况。

（一）2018年中国企业分目的地对外并购投资融资类型

1. 中国企业对外并购融资渠道总体情况

如图3.38和图3.39所示，2018年中国企业对外并购融资模式有以下三个显著特征。

第一，整体而言，2018年中国企业对外并购投资所涉及的融资渠道共计7种，包括并购贷款、创业投资、杠杆收购、私募基金、增资、注资、其他。第二，从对外并购融资项目数量上看，除"其他"融资方式外，中国企业对外并购以创业投资、增资和私募基金为主要融资方式，涉及项目数量分别为130起、33起和25起，分别占中国对外并购投资项目总数的23.26%、5.90%和4.47%。并且以注资、并购贷款、杠杆收购为辅助融资手段，涉及对外并购项目数分别为9起、7起、2起，三者之和占对外并购投资项目总数的3.22%。第三，从并购投资交易金额来看，除"其他"融资方式外，增资和创业投资两种融资渠道涉及的资金明显大于其他几种融资渠道，涉及交易金额分别为98.03亿美元和41.43亿美元，分别占对外并购投资总额的14.27%和6.03%。并购贷款、杠杆收购、私募基金、注资4种融资渠道涉及的投资金额分别为11.32亿美元、8.15亿美元、18.84亿美元和6.71亿美元，四者之和占对外并购投资总额的比重为6.55%。总而言之，2018年中国企业对外并购融资渠道以增资和创业投资为主，其涉及资金和项目数量均大于其他几种融资方式。虽然并购贷款和杠杆收购所涉及的并购投资项目数量较少，但是项目平均交易金额却很大，分别为1.62亿美元和4.08亿美元。

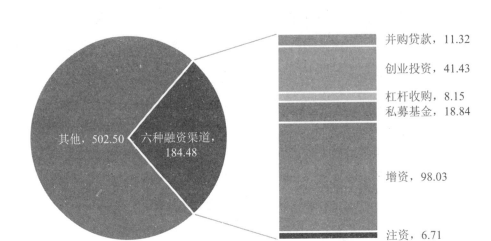

图 3.38   2018 年中国企业对外并购投资不同融资渠道下的交易金额（单位：亿美元）

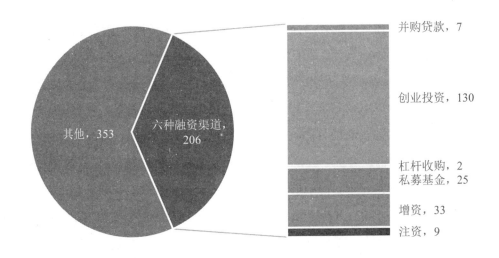

图 3.39   2018 年中国企业对外并购投资不同融资渠道下的项目数量（单位：起）

2. 分目的地中国企业对外并购融资渠道情况

附表 3.7 为分目的地中国企业对外并购融资渠道情况，未标明融资渠道的方式用"其他"代替。2018 年主要呈现以下特点：

第一，在并购所采用的前两大融资渠道中，中国企业在亚洲和全球避税港地区进行并购投资时多采用增资和创业投资融资渠道。对于采用增资融资渠道的企业来讲，其在亚洲国家的并购投资金额为 51.21 亿美元，占采用该融资渠道的企业对外并购投资总额的比重为 52.24%；其次是全球避税港，涉及投资金额为 30.59 亿美元，占该渠道涉及金额的 31.21%。对于采用创业投资融资的企业来讲，其在全球避税港地区的并购投资金额最多，为 17.79 亿美元；其次是北美洲和亚洲，涉及金额分别为 13.08 亿美元和 8.82 亿美元；三者之和占该渠道涉及金额的 95.77%。

第二，中国企业在发达或中等发达水平国家（地区）并购融资渠道较为广泛，而在发展中或欠发达国家（地区）并购时采用的融资渠道较为单一。比如，除其他融资方式外，中国企业在美国进行并购投资时使用的融资渠道最多，共计 6 种；其次是中国香港，共有 5 种融资渠道；再次是开曼群岛，共计 4 种。在蒙古国、阿根廷、俄罗斯等国家（地区）进行并购投资的中国企业仅采用 1 种渠道进行融资。

第三，对于不同融资方式而言，中国企业在各东道国（地区）多采用创业投资的方式进行融资，中国在 23 个国家（地区）采取了创业投资方式进行并购融资，其中开曼群岛涉及的并购投资金额最多，为 17.79 亿美元，项目数量为 6 起；其次是美国，为 13.00 亿美元，项目数量为 43 起。此外，中国在 13 个国家和地区采用增资方式进行并购融资，涉及交易金额最多的地区是中国香港，为 50.64 亿美元，项目数量为 14 起。中国在 9 个国家（地区）采取了私募基金的融资方式，在开曼群岛涉及的金额最多，为 10.49 亿美元。而采用并购贷款、杠杆收购和注资进行融资涉及的国家较少，共 6 个国家（地区）。

（二）2019 年中国企业分目的地对外并购投资融资类型

1. 中国企业对外并购融资渠道总体情况

如图 3.40 和图 3.41 所示，2019 年中国企业对外并购融资模式的特征如下：第一，整体而言，2019 年中国企业对外并购投资所涉及的融资渠道共计 8 种，包括并购贷款、创业投资、杠杆收购、私募基金、对冲基金、增资、注资、其他。第二，从对外并购融资项目数量上看，除"其他"融资方式外，中国企业对外并购以创业投资、私募基金和增资为主要融资方式，涉及项目数量分别为 122 起、27 起和 25 起，分别占中国企业对外并购投资项目总数的 28.24%、6.25% 和 5.79%。并且以注资、并购贷款、杠杆收购和对冲基金为辅助融资手段，涉及对外并购项目数分别为 9 起、8 起、5 起和 1 起，三者之和占中国企业对外并购投资项目总数的 5.32%。第三，从并购投资交易金额来看，除其他融资方式外，增资、私募基金、并购贷款、创业投资和杠杆收购 5 种融资渠道涉及的资金明显大于其余两种融资渠道，涉及交易金额分别为 42.70 亿美元、35.87 亿美元、32.93 亿美元、22.00 亿美元和 15.43 亿美元，分别占中国企业对外并购投资总额的 10.29%、8.65%、7.94%、5.30%和 3.72%。注资和对冲基金两种融资渠道涉及的投资金额分别为 2.06 亿美元和 0.85 亿美元，二者之和仅占中国企业对外并购投资总额的 0.70%。综合而言，2019 年中国企业对外并购融资渠道以增资、私募基金和创业投资为主，其涉及资金和项目数量均大于其他几种融资方式。虽然并购贷款和杠杆收购所涉及的并购投资项目数量较少，但是项目平均交易金额很大，分别为 4.12 亿美元和 3.09 亿美元。

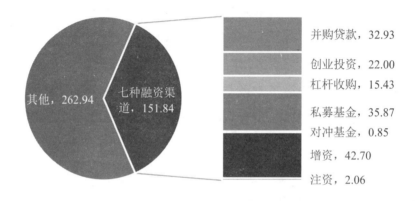

图 3.40　2019 年中国企业对外并购投资不同融资渠道下的交易金额（单位：亿美元）

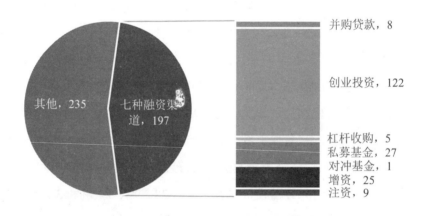

图 3.41　2019 年中国企业对外并购投资不同融资渠道下的项目数量（单位：起）

2. 分目的地中国企业对外并购融资渠道情况

附表 3.8 为分目的地中国企业对外并购融资渠道情况，未标明融资渠道的方式用"其他"代替。2019年主要呈现以下特点：

第一，在并购所采用的前三大融资渠道中，中国企业在北美洲、亚洲、欧洲和全球避税港地区进行并购投资时多采用增资、私募基金和创业投资融资渠道。对于采用增资融资渠道的企业来讲，其在全球避税港地区的并购投资金额为35.60亿美元，占采用该融资渠道的企业对外并购投资总额的比重为83.38%。对于采用私募基金渠道融资的企业而言，其在全球避税港地区的并购投资金额最多，为25.41亿美元，占该渠道投资金额的70.81%，其次是亚洲，涉及金额为5.84亿美元。对于采用创业投资融资的企业来讲，其在北美洲地区的并购投资金额最多，为9.89亿美元，其次是亚洲和欧洲，涉及金额分别为6.84亿美元和2.78亿美元，三者之和占该渠道涉及金额的88.70%。

第二，中国企业在发达国家和免税地区并购融资渠道较为广泛，而在发展中或欠发达国家（地区）的并购融资渠道较为单一。比如，除其他融资方式外，中国企业在开曼群岛使用的融资渠道最多，共计6种；其次是德国，共有5种融资渠道；再次是百慕大群岛、维尔京群岛、美国和新加坡，共计4种。在波兰、巴哈马、越南等37个国家（地区）进行并购投资的中国企业仅采用1种渠道进行融资。

第三，对于不同融资方式而言，中国在各东道国（地区）多采用创业投资的方式进行融资，中国在29个国家（地区）采取了创业投资渠道进行并购融资，其中美国涉及的并购投资金额最多，为9.48亿美元，项目数量为38起；其次是印度，为2.51亿美元，项目数量为12起。此外，中国在16个国家（地区）采用私募基金渠道进行并购投资，涉及交易金额最多的地区是开曼群岛，为25.41亿美元，项目数量为4起；其次是印度，为5.35亿美元，项目数量为4起。在15个国家（地区）采取了增资的融资方式，在百慕大群岛涉及的金额最多，为21.02亿美元；开曼群岛次之，为10.90亿美元。

（三）2020年中国企业分目的地对外并购投资融资类型

1. 中国企业对外并购融资渠道总体情况

如图3.42和图3.43所示，2020年中国企业对外并购融资模式的特征如下：第一，整体而言，2020年中国企业对外并购投资所涉及的融资渠道共计7种，包括并购贷款、创业投资、杠杆收购、私募基金、增资、注资、其他。第二，从对外并购投资项目数量上看，除"其他"融资方式外，中国企业对外并购大多以创业投资和增资为融资的主要方式，涉及项目数量分别为 91 起和 30 起，分别占中国对外并购投资项目总数的 24.86% 和 8.20%。并且以私募基金、并购贷款、注资和杠杆收购对冲基金涉及对外并购项目数分别为 10 起、6 起、6 起和 1 起，四者之和占对外并购投资项目总数的 6.28%。第三，从并购投资交易金额而言，除"其他"融资方式外，增资明显大于其余所有融资渠道，涉及交易金额为 147.79 亿美元，占对外并购投资总额的 36.88%。而创业投资和并购贷款为次要融资手段，涉及的投资金额分别为 17.58 亿美元和 13.33 亿美元，分别占对外并购投资总额的 4.39% 和 3.33%。汇总来看，2019 年中国企业对外并购融资渠道以增资和创业投资为主，其涉及资金和项目数量均大于其他几种融资方式，并且增资项目的平均交易金额较大，为 4.93 亿美元。

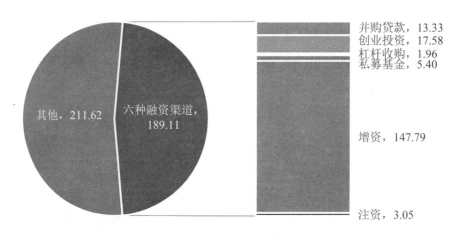

图 3.42　2020 年中国企业对外并购投资不同融资渠道下的交易金额（单位：亿美元）

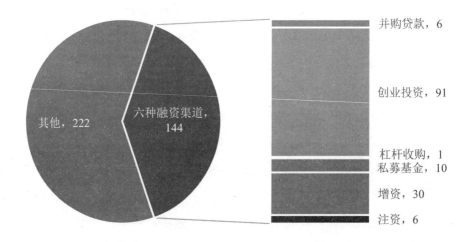

图 3.43　2020 年中国企业对外并购投资不同融资渠道下的项目数量（单位：起）

2. 分目的地中国企业对外并购融资渠道情况

附表3.9为分目的地中国企业对外并购融资渠道情况，未标明融资渠道的方式用"其他"代替。2020年主要呈现以下特点：

第一，在并购所采用的前三大融资渠道中，中国企业在北美洲、亚洲、欧洲和全球避税港地区进行并购投资时多采用增资和创业投资融资渠道。对于采用增资融资渠道的企业来讲，其在全球避税港地区的并购投资金额为35.60亿美元，占采用该融资渠道的企业对外并购投资总额的比重为83.38%。对于采用私募基金渠道融资的企业而言，其在全球避税港地区的并购投资金额最多，为114.23亿美元，占该渠道投资金额的77.29%，其次是北美洲，涉及金额为19.36亿美元。对于采用创业投资融资的企业来讲，其在亚洲的并购投资金额居于首位，为9.39亿美元，其次是北美洲和欧洲，涉及金额分别为5.05亿美元和1.47亿美元，三者之和占该渠道涉及金额的90.50%。

第二，仅在部分发达国家（地区）并购投资涉及的融资渠道较为广泛，而在大多数国家（地区）并购融资渠道较为单一。比如，除"其他"融资方式外，在开曼群岛的并购融资渠道有6种，其次是中国香港4种，而美国、维尔京群岛（英国）、加拿大、新加坡、西班牙和中国台湾有3种，在30个国家（地区）进行并购投资的融资渠道仅为1种。

第三，对于不同融资方式而言，中国在各东道国（地区）多采用创业投资的方式进行融资，中国在24个国家（地区）采取了创业投资渠道进行并购融资，在中国香港进行的创业投资金额最多，为5.62亿美元，涉及项目11起；其次是美国，为4.59亿美元，项目数量为27起。中国在14个国家（地区）采用增资渠道进行并购投资，涉及交易金额最多的地区是百慕大群岛，虽仅有1起，却高达75.03亿美元；其次是开曼群岛（38.43亿美元，2起）和美国（19.37亿美元，4起）。

综上所述，2018—2020年中国企业对外并购融资方式基本稳定，仅在发达地区融资渠道较为广泛，在大多数国家（地区）较为单一。

专栏【3-1】共建"一带一路"地区投资分析

"一带一路"倡议自2013年被提出以来，已取得了一系列卓有成效的发展，即便在 2020 年新冠肺炎疫情期间，其也在逆境中取得突出进展。截至 2020 年底，中国先后与 138 个国家（其中包含 44 个非洲国家、37 个亚洲国家、27 个欧洲国家、11 个大洋洲国家、11 个北美洲国家和 8 个南美洲国家）、31 个国际组织签署了 203 份共建"一带一路"合作文件，涵盖了投资、贸易、金融、科技、人文、社会、海洋等领域。"十四五"规划中提出推动共建"一带一路"高质量发展，将"一带一路"倡议再次上升至国家战略高度，同时提出了新的要求。近年来，中国对共建"一带一路" 64 个国家投资的基本情况如下。

（一）对共建"一带一路"国家的投资平稳健康发展

如图 3.44 所示，就交易金额而言，中国对共建"一带一路"国家的投资交易金额自 2003 年以来呈上升趋势，2013 年为提出"一带一路"倡议首年，交易金额总计为 238.09 亿美元，较 2012 年同比增长 202.52%，此后保持大幅增长，在 2016 年达到顶峰，为 847.86 亿美元。2017 年对共建"一带一路"国家投资的交易金额降至 329.26 亿美元，降幅达 61.17%。2018 年，涉及交易金额反弹至 622.20 亿美元，同比增长 88.97%，实现了投资金额的激增，占中国对外投资总额的 38.60%。2019 年交易金额总计达 335.75 亿美元，略高于历史平均水平，占 2019 年中国对外投资总额的 32.59%。2020 年虽受疫情影响，但投资金额并未明显下降，为 310.91 亿美元，占对外投资总额的 36.02%。

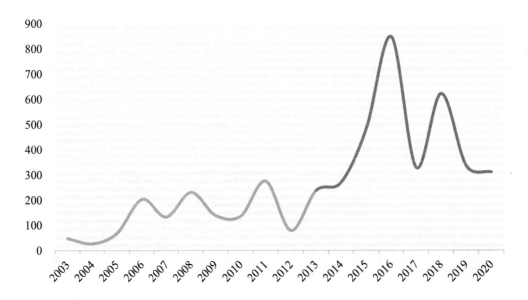

图 3.44　2003—2020 年中国企业对共建"一带一路"国家直接投资交易金额（单位：亿美元）

如图 3.45 所示，中国企业对共建"一带一路"国家直接投资项目数量自 2003 年以来稳定上升，2013 年投资项目数量为 153 起，较 2012 年增加 41.67%，此后项目数量持续增加，2016 年对共建"一带一路"国家的投资数量已经达到 314 起，2017年略有下降，但在 2018 年实现了激增，中国企业对共建"一带一路"的 41 个国家进行了 476 起对外投资。2019 年则对 38 个共建"一带一路"国家进行了 376 起对外投资，2020 年虽受到疫情的影响，但投资水平仍然维持稳定，中国共计在 34 个共建"一带一路"国家进行了 190 起投资。

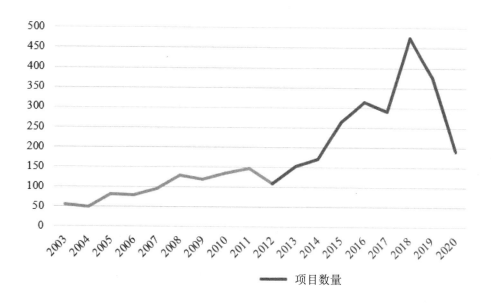

图 3.45　2003—2020 年中国企业对共建"一带一路"国家直接投资项目数量（单位：起）

（二）投资集中于亚洲地区，东盟地区占比最多

图 3.46 和图 3.47 展示了 2013—2020 年"一带一路"沿线各大洲吸引中国企业投资交易金额和项目数量，涉及亚洲、欧洲和非洲地区。对亚洲的投资虽有所波动，但始终居各洲投资金额之首，欧洲次之，非洲最少。近三年来，2018 年中国企业对亚洲地区的投资为 544.32 亿美元，占对"一带一路"沿线总投资的 87.48%，项目数量为 369 起，占比 77.52%；对欧洲地区的投资金额为 59.54 亿美元，占比 9.57%，涉及项目 93 起；对非洲地区的投资金额为 18.33 亿美元，仅有 14 起投资。2019 年，中国企业对亚洲地区投资大幅下降，为 167.34 亿美元，共 290 起项目；对欧洲地区投资金额为 144.33 亿美元，项目数量为 78 起，两地区投资之和占总投资的比重为

92.83%；中国企业仅对非洲进行了 8 起投资，投资金额为 24.07 亿美元。2020 年受疫情影响，中国企业投资向亚洲地区集中，涉及交易金额为 281.22 亿美元，占比 90.45%，涉及项目 151 起，占比 79.47%，对欧洲和非洲的投资金额分别为 26.64 亿美元和 3.06 亿美元，项目数量分别为 36 起和 3 起。

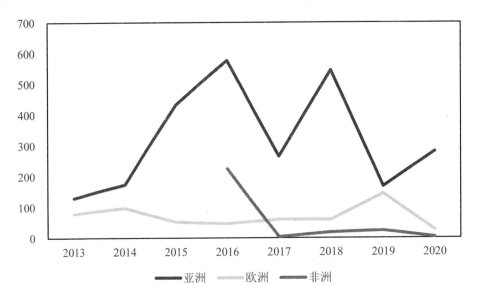

图 3.46　2013—2020 年"一带一路"沿线各大洲吸引中国企业投资交易金额（单位：亿美元）

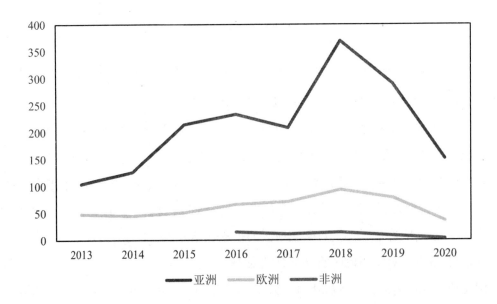

图 3.47　2013—2020 年"一带一路"沿线各大洲吸引中国企业投资项目数量（单位：起）

按照区域划分，可以将共建"一带一路"的 64 个国家分为 7 个区域，分别为东盟 10 国、西亚 16 国、南亚 9 国、中亚 5 国、东亚 1 国、独联体 7 国、中东欧 16 国。具体划分如表 3.11 所示。

表 3.11　共建"一带一路"区域划分

区域	国家
东亚 1 国	蒙古国
东盟 10 国	新加坡、马来西亚、印度尼西亚、缅甸、泰国、老挝、柬埔寨、越南、文莱、菲律宾
西亚 16 国	伊朗、伊拉克、土耳其、叙利亚、约旦、黎巴嫩、以色列、巴勒斯坦、沙特阿拉伯、也门、阿曼、阿联酋、卡塔尔、科威特、巴林、埃及
南亚 9 国	印度、巴基斯坦、孟加拉国、阿富汗、斯里兰卡、马尔代夫、尼泊尔、不丹、东帝汶
中亚 5 国	哈萨克斯坦、乌兹别克斯坦、土库曼斯坦、塔吉克斯坦和吉尔吉斯斯坦
独联体 7 国	俄罗斯、乌克兰、白俄罗斯、格鲁吉亚、阿塞拜疆、亚美尼亚和摩尔多瓦
中东欧 16 国	波兰、立陶宛、爱沙尼亚、拉脱维亚、捷克、斯洛伐克、匈牙利、斯洛文尼亚、克罗地亚、波斯尼亚和黑塞哥维那、黑山、塞尔维亚、阿尔巴尼亚、罗马尼亚、保加利亚、马其顿

就投资交易金额而言（见图 3.48），中国企业对东盟 10 国区域的投资金额始终居于前列，占比较高，自 2013 年起，由 91.95 亿美元一路增长，2016 年达到投资峰值，交易金额为 411.84 亿美元，占比 48.57%，虽然 2017 年出现骤降，交易金额降至 100.11 亿美元，但 2018 年对东盟的投资金额大幅上升至 409.78 亿美元，占对共建"一带一路"国家投资总额的比重为 65.86%。2019 年中国企业对东盟国家的投资金额较上年断崖式下滑，总计为 64.99 亿美元。2020 年对东盟国家共计投资 245.10亿美元，占比 78.83%，东盟地区重新成为共建"一带一路"海外投资的"集中地"。除东盟 10 国外，2015 年中国企业对南亚 9 国的投资金额最多，达到了 188.3 亿美元，占比 38.9%；2016 年对西亚 16 国的投资显著上升至 291 亿美元，占比 34.32%。近年来，中国企业对独联体 7 国的投资金额显著上升，2019 年达到了 134.58 亿美元，居各区域投资金额首位，占 2019 年对共建"一带一路"国家投资总额的 40.08%。

就项目数量而言（见图 3.49），中国企业对东盟 10 国投资的项目数量在 2013—2020 年一直居各区域之首，2018 年达到了峰值，为 176 起，占 2018 年总投资项目数量的 36.97%；2019 年略有下滑，为 137 起，占比 36.44%；2020 年仍呈下滑态势，为 81 起，占比 42.63%。除东盟 10 国外，中国企业对南亚 9 国的投资项目数量也相对较多，在大多数年份居第二位，2018 年涉及项目数量为 91 起，占比 19.12%；2019年为 87 起，占比 23.14%；2020 年仅有 27 起，占比 14.21%。

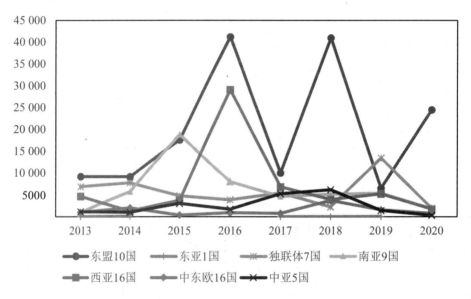

图 3.48　2013—2020 年共建"一带一路"各区域投资金额（单位：百万美元）

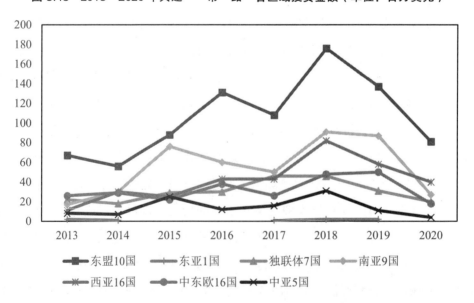

图 3.49　2013—2020 年共建"一带一路"各区域投资项目数量（单位：起）

（三）对外投资覆盖国家广泛

2018 年，中国对共建"一带一路"共计 41 个国家（地区）进行了投资，从投资总额看，主要流向印度尼西亚、菲律宾、哈萨克斯坦、印度、塞尔维亚、新加坡、俄罗斯、马来西亚、埃及、缅甸等国家，其中对印度尼西亚的投资占共建"一带一路"国家投资总额的37.89%。2019年，中国企业共对38个沿线国家进行了投资，排在投资交易金额前十位的国家分别是俄罗斯、印度、越南、埃及、沙特阿拉伯、塞尔维亚、阿联酋、泰国、新加坡、哈萨克斯坦，与上年相比，沙特阿拉伯、阿联酋和泰国首次跻身前十位，其中对俄罗斯的投资为128.6亿美元，占沿线国家投资总额的38.30%。2020年，中国对共建"一带一路"34个国家进行了投资，主要集中在文莱、印度尼西亚、缅甸、印度、乌克兰、新加坡、俄罗斯、阿联酋、以色列、越南（见图3.50），文莱以136.50亿美元的投资金额跃居首位。就投资项目数量而言，各年度对各国投资项目数量基本持平。

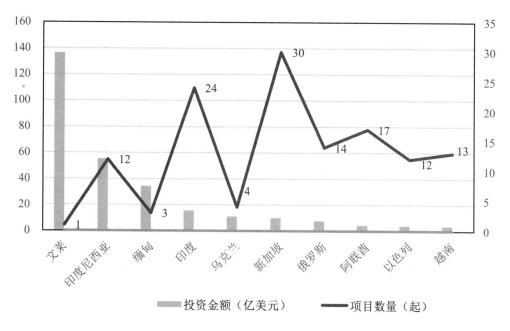

图3.50　2020年中国企业对共建"一带一路"国家投资金额前十位的目的地

（四）投资行业领域多元且固定，制造业为其主要投资领域

2018—2020年中国企业对共建"一带一路"国家（地区）的投资分别涉及14个、16个、14个行业领域，其中投资金额最多的3个行业领域为电力、热力、燃气及水生产和供应业，制造业，以及信息传输、软件和信息技术服务业，具体投资情况如表3.12所示。从国别构成看，投资主要流向印度尼西亚、缅甸、菲律宾、新加坡、

印度等国。

表 3.12　2018—2020 年中国对共建"一带一路"投资排名前三位的行业分布　单位：亿美元

行业名称	2018	2019	2020
电力、热力、燃气及水生产和供应业	250.90	117.16	47.60
制造业	247.65	157.73	219.07
信息传输、软件和信息技术服务业	34.71	23.04	24.49

从 2020 年流向东盟的投资行业分布情况看（见图 3.51），投向制造业 194.16 亿美元，占对东盟投资总额的 79.22%，共计 23 起项目，主要分布在文莱、印度尼西亚、越南、马来西亚、新加坡、泰国、柬埔寨；投向电力、热力、燃气及水生产和供应业 36.08 亿美元，占比 14.72%，涉及 4 起项目，主要分布在缅甸、新加坡；投向信息传输、软件和信息技术服务业 6.42 亿美元，占比 2.62%，共计 34 起项目，分布在新加坡、印度尼西亚等国；对新加坡、泰国进行了科学研究和技术服务业投资，共计 3.84 亿美元，占比 1.57%；此外，对东盟国家的交通运输、仓储和邮政业及住宿和餐饮业等 7 个行业进行了投资，涉及投资项目 16 起，共计 4.60 亿美元，主要分布在马来西亚、越南、新加坡、印度尼西亚等国。

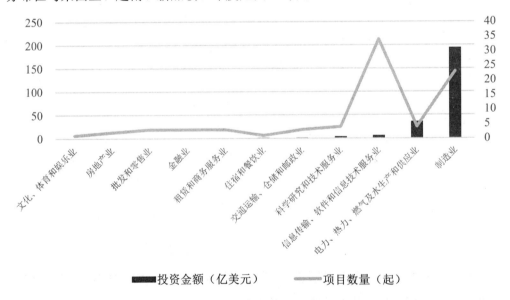

图 3.51　2020 年中国对东盟投资的行业分布

（五）对共建"一带一路"国家的投资以绿地投资为主

2018 年中国企业对共建"一带一路"国家（地区）的绿地投资金额为 561.86 亿

美元，占"一带一路"投资总额的84.85%，共计347个项目，创造了113 807个岗位。2019年绿地投资金额为315.25亿美元，占比93.89%，涉及270起项目，创造了104 751个岗位。2020年受疫情影响，中国对共建"一带一路"国家的投资金额下滑至284.04亿美元，占比为91.36%，同比减少9.90%，但仍保持着较高的绝对值，涉及的项目数量减少至106起，创造了25 684个岗位。

（六）并购投资趋于稳定，支付手段、融资渠道较为单一

2018年中国对共建"一带一路"国家并购投资共60.33亿美元，涉及129起项目，其中对东盟国家的并购投资为27.66亿美元，占比45.84%；2019年对共建"一带一路"国家并购投资金额大幅下降，为20.50亿美元，共计106起项目，对东盟国家的并购投资为7.10亿，占比34.61%，共计58起项目；2020年，受疫情影响，经济下行压力升高，但对共建"一带一路"国家并购投资金额不降反升，增加至26.88亿美元，涉及项目84起，其中对东盟国家进行了11.69亿美元并购投资，占比39.79%，涉及43起项目。可见，东盟国家逐渐成为中国共建"一带一路"海外并购"集中地"。此外，就支付和融资方式来看，2018—2020年除新加坡外，其他国家的方式基本较为单一。

专栏【3-2】RCEP地区投资分析

《区域全面经济伙伴关系协定》（RCEP）是于2020年11月15日正式签署的自由贸易协定，包括中国、日本、韩国、澳大利亚、新西兰和东盟10国，共15个国家。自此，全球最大自贸区宣告诞生。15个成员国承诺相互实施关税减让、开放市场准入、取消贸易壁垒、简化海关通关程序等，释放了加强区域经济合作、推动贸易投资便利化和自由化的强烈信号。2020年中国对RCEP区域国家投资的显著特点如下。

（一）RCEP区域成为新的投资集中地

如图3.52和3.53所示，中国对新诞生的RCEP地区的历史投资金额和项目数量在2011—2018年呈现稳中向好、逐年增加的趋势，截至2018年，总计投资金额为465.40亿美元，占2018年中国企业对外总投资金额的28.87%，项目数量也达到峰值，共计241起。2019年对该区域的投资金额大幅下降，为86.16亿美元，仅占

对外总投资额的 8.36%，但项目数量仍然保持在 200 起，这表明 2019 年对该区域的投资特点是小金额、多项目。2020 年中国企业对 RCEP 地区的投资企稳回升，投资金额为 263.62 亿美元，占总投资额的 30.54%，涉及投资项目 114 起，在疫情造成世界经济衰退的大背景下，对 RCEP 地区的投资仍然保持坚挺，RCEP 地区成为新形势下的对外投资集中地。

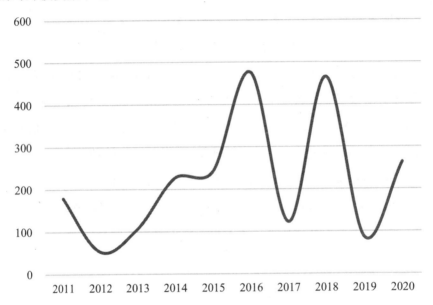

图 3.52　2011—2020 年 RCEP 地区投资交易金额（单位：亿美元）

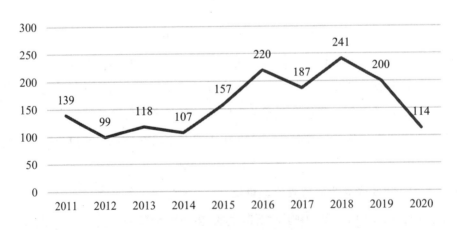

图 3.53　2011—2020 年 RCEP 地区投资项目数量（单位：起）

（二）区域内部投资分布不均衡，向东盟地区集中

按照地理位置，可以将 RCEP 地区分为三个区域，分别是东盟地区、日韩地区

和大洋洲地区，具体划分如表 3.13 所示。2020 年，中国企业对 RCEP 区域的投资主要集中在东盟地区，涉及交易金额 245.1 亿美元，占对 RCEP 国家投资总额的92.97%，涉及项目 81 起，占对 RCEP 国家投资项目总数的 71.05%；对大洋洲地区的投资次之，投资金额为 9.96 亿美元，占比 3.78%，项目数量为 13 起，占比 11.4%；对日韩地区的投资金额最少，仅 8.56 亿美元，占比 3.25%，项目数量为 20 起，占比17.54%（如图 3.54 所示）。

表 3.13　RCEP 区域划分

区域	国家
东盟地区	新加坡、马来西亚、印度尼西亚、缅甸、泰国、老挝、柬埔寨、越南、文莱、菲律宾
日韩地区	日本、韩国
大洋洲地区	澳大利亚、新西兰

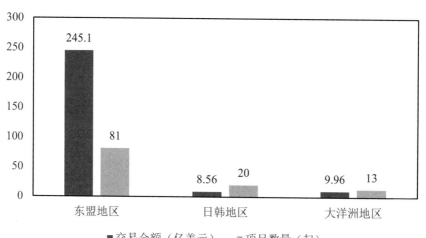

图 3.54　2020 年中国企业对 RCEP 各区域投资金额和项目数量

　　2020 年，中国企业在除老挝以外的所有 RCEP 成员国中均有投资，具体金额及项目数量如表 3.14 所示。其中，对澳大利亚的投资金额为 9.96 亿美元，项目数量为12 起；日本 4.34 亿美元，涉及 14 起项目；韩国 4.22 亿美元，共计 6 起项目；新西兰金额不明，仅有 1 起项目。而向东盟区域的投资虽然最多，但在东盟国家内部，投资分布并不均衡，文莱、印度尼西亚分别以 136.50 亿美元和 55.20 亿美元分居第一、二位，投资项目数量分别为 1 起和 12 起；投资金额最少的为菲律宾，仅有 0.33

亿美元，项目数量为两起。

表 3.14　2020 年中国企业对 RCEP 国家投资金额及项目数量　单位：亿美元，起，%

国家	交易金额		项目数量	
	金额	占比	数量	占比
文莱	136.50	51.78	1	0.88
印度尼西亚	55.20	20.94	12	10.53
缅甸	34.46	13.07	3	2.63
新加坡	10.13	3.84	30	26.32
澳大利亚	9.96	3.78	12	10.53
日本	4.34	1.65	14	12.28
韩国	4.22	1.60	6	5.26
越南	3.89	1.48	13	11.40
马来西亚	3.01	1.14	9	7.89
泰国	1.08	0.41	9	7.89
柬埔寨	0.50	0.19	2	1.75
菲律宾	0.33	0.12	2	1.76
新西兰	—	—	1	0.88

（三）投资行业多元化，并向制造业集中

如表 3.15 所示，中国企业对 RCEP 国家的投资主要涉及制造业，电力、热力、燃气及水生产和供应业，以及信息传输、软件和信息技术服务业等 12 个行业领域，其中 5 个领域的投资金额在 4 亿美元以上，包括制造业（195.53 亿美元，28 起），电力、热力、燃气及水生产和供应业（44.64 亿美元，7 起），信息传输、软件和信息技术服务业（7.13 亿美元，39 起），交通运输、仓储和邮政业（4.80 亿美元，7 起），科学研究和技术服务业（4.00 亿美元，6 起）。

表 3.15　2020 年中国企业对 RCEP 国家直接投资行业分布　单位：亿美元，起

行业	交易金额	项目数量
制造业	195.53	28
电力、热力、燃气及水生产和供应业	44.64	7
信息传输、软件和信息技术服务业	7.13	39
交通运输、仓储和邮政业	4.80	7
科学研究和技术服务业	4.00	6
文化、体育和娱乐业	3.52	2
住宿和餐饮业	1.09	1

行业	交易金额	项目数量
租赁和商务服务业	1.08	8
金融业	0.94	4
批发和零售业	0.51	8
房地产业	0.38	3
农、林、牧、渔业	—	1

（四）以绿地投资为主，多以新建模式进行投资

如图 3.55 所示，2020 年中国企业对 12 个 RCEP 成员进行了绿地投资，金额总计为 247.99 亿美元，占对 RCEP 成员投资总额的 94.0%，共计 57 起项目，创造了 13 306 个岗位。其中，对 8 个国家进行了超过 2 亿美元的投资，按照投资金额排序，分别为文莱（136.50 亿美元，1 起）、印度尼西亚（53.04 亿美元，6 起）、缅甸（34.46 亿美元，3 起）、澳大利亚（9.34 亿美元，9 起）、日本（3.85 亿美元，7 起）、新加坡（3.65 亿美元，11 起）、越南（2.91 亿美元，6 起）、马来西亚（2.62 亿美元，4 起）。仅对文莱、新加坡、澳大利亚进行了 4 起扩张绿地投资，采用新建模式进行了 53 起绿地投资。

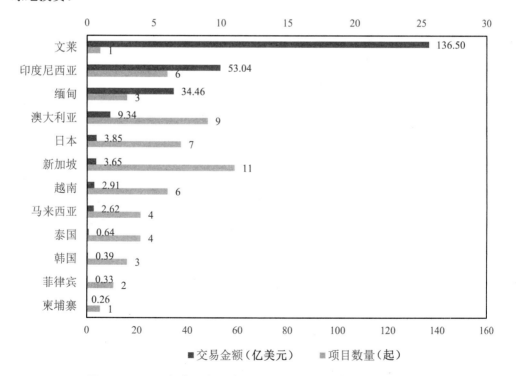

图 3.55　2020 年中国企业对 RCEP 国家绿地投资金额及项目数量

（五）并购项目金额较低，支付方式单一

2020 年中国企业共对 10 个 RCEP 成员国进行了并购投资（见图 3.56），涉及 57 起项目，投资金额共计 15.64 亿美元。其中，仅 3 个国家的并购投资金额超过 2 亿美元，分别是新加坡（6.48 亿美元，19 起）、韩国（3.83 亿美元，3 起）、印度尼西亚（2.16 亿美元，6 起）。就支付方式而言，除其他方式外，仅采用现金方式进行支付，涉及交易金额为 10.12 亿美元，占并购投资金额的 64.72%。就融资方式而言，对 RCEP 区域进行投资涉及的渠道有私募基金（3.51 亿美元）、并购贷款（2.73 亿美元）、创业投资（1.93 亿美元）、注资（0.52 亿美元）、增资（0.51 亿美元）及其他，新加坡、韩国、印度尼西亚、越南等 7 个国家的融资渠道均为两种及以上。

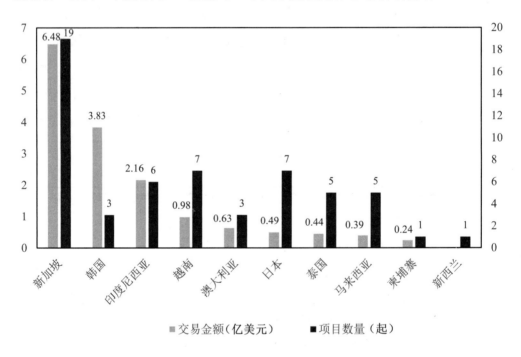

图 3.56　2020 年中国企业对 RCEP 国家并购投资金额及项目数量

第四章
2018—2020 年中国各省份对外直接投资分析

摘 要

本章主要介绍 2018—2020 年中国各省份对外直接投资现状。第一节简要概述了中国各省份对外直接投资行业分布、目的地概况；第二节主要从行业分布、绿地投资模式、境外创造就业方面分析了中国各省份对外绿地投资现状；第三节主要描述了中国各省份对外并购投资的行业分布、对外并购投资支付方式以及对外并购投资融资渠道类型。

第一节 中国各省份对外直接投资概况

一、中国各省份对外直接投资总体情况

由于中国各地区的经济发展水平、对外开放程度、资源禀赋、金融发展环境、基础设施建设等方面存在一定差异，因此各地区、各省份的对外投资情况也存在较

大差异。基于这种差异，本章将中国对外直接投资的来源省分为四大地区，分别是环渤海地区、长三角地区、珠三角地区以及中西部地区，从地区及省份两个方面分析 2018—2020 年中国各省份对外直接投资情况。其中四大地区的划分如表 4.1 所示。

表 4.1　中国四大地区的划分

各区域名称	省（区、市）名称
环渤海地区	北京市、天津市、河北省、山东省、辽宁省
长三角地区	浙江省、江苏省、上海市
珠三角地区	福建省、广东省、海南省
中西部地区	湖北省、湖南省、重庆市、四川省、河南省、云南省、安徽省、贵州省、山西省、陕西省、江西省、甘肃省、广西壮族自治区、吉林省、内蒙古自治区、新疆维吾尔自治区、西藏自治区、黑龙江省

注：不包含港澳台地区。下同。

根据表 4.2 至表 4.4 可以看出，在 2018—2020 年三年间，除 2020 年外，在对外投资总额和对外投资数量方面，环渤海地区均位于前列，可见该地区一直是我国对外投资的重要力量。总体而言，2018—2020 年中国企业对外投资总额和对外投资总数量均为下降趋势，投资总额分别为 147 244.45 百万美元、90 958.38 百万美元、73 303.56 百万美元；投资总数量依次为 1202 起、927 起、631 起。以 2020 年为例，长三角地区对外投资金额为 31 255.50 百万美元，占 2020 年中国对外投资总额的 42.64%；其次是环渤海地区，对外投资金额为 25 416.45 百万美元，占 2020 年中国对外投资总额的 34.67%；随后是珠三角地区及中西部地区，分别为 11 847.24 百万美元和 4784.37 百万美元，占比分别为 16.16% 和 6.53%。从投资数量来看，2020 年长三角地区对外投资数量为 209 起，占 2020 年中国对外投资数量的 33.12%；随后依次是环渤海地区、珠三角地区以及中西部地区，分别为 190 起、144 起、88 起，占比分别为 30.11%、22.82%、13.95%。从项目的平均对外投资金额来看，2020 年珠三角地区、环渤海地区、长三角地区以及中西部地区分别为 82.27 百万美元、133.77 百万美元、149.55 百万美元、54.37 百万美元。

表 4.2 2018 年中国各地区企业对外投资金额和项目数量汇总   单位：百万美元，起，%

地区	投资金额		项目数量	
	金额	占比	数量	占比
环渤海地区	65 094.59	44.21	441	36.69
长三角地区	36 302.87	24.65	378	31.45
珠三角地区	22 262.81	15.12	212	17.64
中西部地区	23 584.18	16.02	171	14.23

表 4.3 2019 年中国各地区企业对外投资金额和项目数量汇总   单位：百万美元，起，%

地区	投资金额		项目数量	
	金额	占比	数量	占比
环渤海地区	36 129.91	39.72	322	34.74
长三角地区	13 901.35	15.28	265	28.59
珠三角地区	18 198.00	20.01	231	24.92
中西部地区	22 729.12	24.99	109	11.76

表 4.4 2020 年中国各地区企业对外投资金额和项目数量汇总   单位：百万美元，起，%

地区	投资金额		项目数量	
	金额	占比	数量	占比
环渤海地区	25 416.45	34.67	190	30.11
长三角地区	31 255.50	42.64	209	33.12
珠三角地区	11 847.24	16.16	144	22.82
中西部地区	4 784.37	6.53	88	13.95

从各省份企业对外直接投资的项目金额和数量来看（见附表 4.1 至附表 4.3），2018—2020 年，北京、广东、浙江、上海、江苏、山东、福建的对外投资金额和项目数量一直处于全国前列，是中国对外直接投资的重要来源地。具体来看，以 2019 年为例，对外投资金额排名前十位的省份分别为北京、广东、浙江、上海、江苏、河北、新疆、福建、湖北、山东，投资金额分别为 29 824.10 百万美元、15 199.48 百万美元、5603.39 百万美元、4564.96 百万美元、3733.00 百万美元、3081.46 百万美元、2512.33 百万美元、2439.78 百万美元、2151.54 百万美元、2081.14 百万美元。对外投资项目数量排名前十位的省份分别为北京、广东、上海、浙江、江苏、山东、福建、海南、湖北、河北，投资项目数量分别为 263 起、199 起、123 起、98 起、44

起、42 起、18 起、14 起、10 起、7 起。其中，北京、广东、上海、浙江等省份投资金额都较大，新疆的投资金额较大，但投资项目数量较少，说明新疆参与投资的项目为大项目。此外，海南的投资项目数量较多，但投资金额相对较少，说明海南参与投资的项目较小。

二、中国各省份对外直接投资行业分布

在本报告中，首先将对外绿地投资和对外并购投资的行业代码全部转换为国家经济行业分类代码 GB2017，以便对中国各省份的对外直接投资行业分布情况进行分析。同时，在本报告中，未标明的行业以"其他"代替。

图 4.1 列出了 2018—2020 年中国对外投资金额的行业分布情况，可以看出我国对外投资涉及的行业比较多元化，包括农业、采掘业、一般制造业、高技术制造业、一般服务业、高技术服务业，以及电、煤气、蒸汽和水供应业等。投资金额和项目数量较多的行业为一般服务业、一般制造业、高技术服务，项目数量分别为 1275 起、542 起、421 起，且投资金额与项目数量成正比。2018—2020 年间投资涉及行业较多的省份有北京、江苏、上海、浙江、安徽、福建、河北。此外，虽然受到 2018 年中美贸易摩擦升级和 2020 年新冠肺炎疫情的影响，但是我国各地区和省份对外投资行业仍然较为多元化。

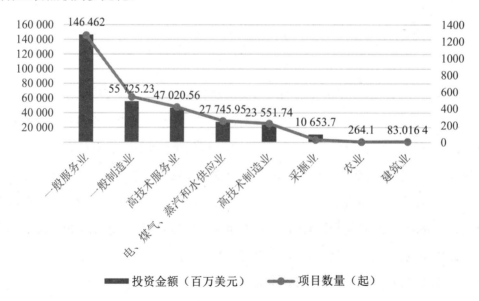

图 4.1   2018—2020 年中国对外投资金额和项目数量的行业分布情况

　　如图 4.2 和图 4.3 所示，2018—2020 年北京、广东、浙江、江苏、福建、河北、山东、上海的对外投资金额和项目数量均排名前十位，可见大多数省份的对外投资项目数量与投资金额成正比。2018—2020 年对外投资项目数量和投资金额均排名前十位的省份，其投资行业也比较多元化，投资行业的类别均在 5 个及以上。除四川省外，其他排名前十位的省份均在高技术服务业、高技术制造业、一般服务业、一般制造业行业有投资。由此可见，服务业和制造业依旧是我国企业对外投资的主要行业。

　　以 2018 年为例（见附表 4.4），北京和浙江对外直接投资的标的行业有 6 个，上海和广东对外直接投资的标的行业有 5 个。在这 4 个省份中，一般服务业涉及的对外直接投资交易金额最高，为 63 648.63 百万美元，其项目数量也最多，为 428 起。其次为电、煤气、蒸汽和水供应业，一般制造业，高技术服务业，采掘业，高技术制造业。其中，电、煤气、蒸汽和水供应业以及一般制造业涉及的投资金额分别为 11 253.13 百万美元和 9598.70 百万美元，项目数量分别为 85 起和 150 起。由此可见，我国的对外直接投资主要集中在一般制造业及一般服务业。根据附表 4.5 和附表 4.6 可知，2019—2020 年，这 4 个省份的投资行业类别变化不大，但投资金额和投资项目数量有所减少。

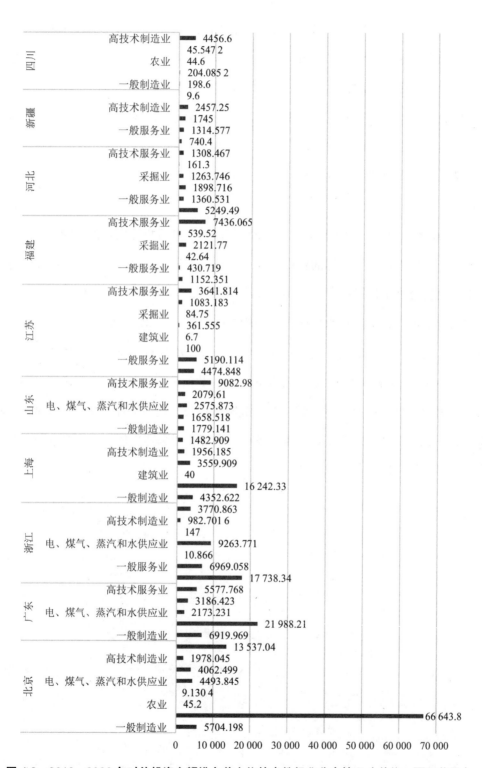

图 4.2　2018—2020 年对外投资金额排名前十位的省份行业分布情况（单位：百万美元）

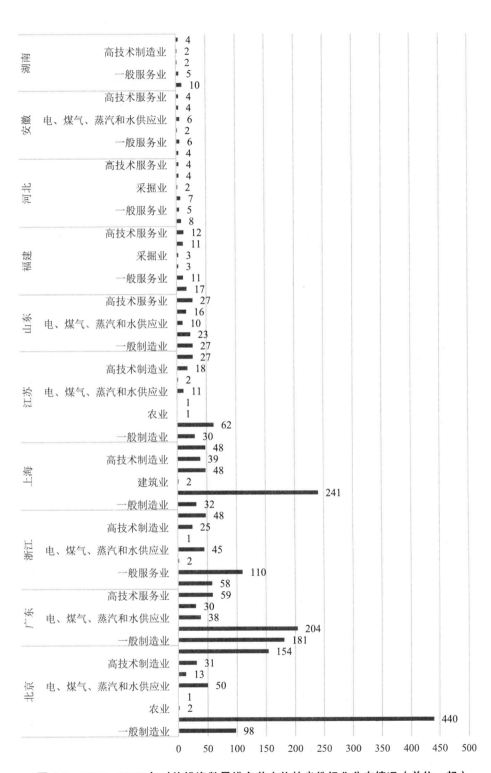

图 4.3　2018—2020 年对外投资数量排名前十位的省份行业分布情况（单位：起）

三、中国各省份对外直接投资主要目的地

如表 4.5 所示，2018—2020 年中国对外直接投资交易金额排在前五位的目的地依次为美国、印度尼西亚、百慕大、开曼群岛、中国香港，其对外投资金额分别为 22 755.79 百万美元、22 040.5 百万美元、18 932.03 百万美元、18 631.09 百万美元、18 606.77 百万美元。其中美国、中国香港对外投资金额与项目数量成正比，而印度尼西亚、百慕大、开曼群岛的对外投资金额较大，但项目数量较少，相对而言，投向这几个地区的项目相对较大。

表 4.5　2018—2020 年中国对外直接投资交易金额排名前五位的目的地　单位：百万美元，起

投资金额前五位目的地	投资金额	项目数量	项目数量前五位目的地	投资金额	项目数量
美国	22 755.79	447	美国	22 755.79	447
印度尼西亚	22 040.50	15	印度	9442.28	160
百慕大	18 932.03	21	中国香港	18 606.77	150
开曼群岛	18 631.09	76	英国	6253.98	145
中国香港	18 606.77	150	新加坡	3074.04	109

如表 4.6 所示，2018—2020 年环渤海地区对外直接投资交易金额流向排名前三位的目的地为印度尼西亚、百慕大、法国，其对外投资金额分别为 20 301.40 百万美元、15 631.33 百万美元、7002.77 百万美元。长三角地区对外直接投资交易金额流向排名前三位的目的地为文莱、美国、开曼群岛，其对外投资金额分别为 13 650.00 百万美元、9768.84 百万美元、6498.07 百万美元。珠三角地区对外直接投资交易金额流向排名前三位的目的地为中国香港、印度尼西亚、美国，其对外投资金额分别为 7886.58 百万美元、5105.23 百万美元、3859.37 百万美元。中西部地区对外直接投资交易金额流向排名前三位的目的地为俄罗斯、开曼群岛、智利，其对外投资金额分别为 11 934.83 百万美元、4291.14 百万美元、4068.40 百万美元。[①]

---

①附表 4.7—4.8 汇总了 2018—2020 年中国各省份对外投资金额和数量排名前五位的目的地。

表4.6　2018—2020年中国四大地区对外直接投资交易金额排名前五位的目的地

单位：百万美元，起

目的地	区域	交易金额	交易数量	目的地	区域	交易金额	交易数量
印度尼西亚	环渤海地区	20 301.40	8	文莱	长三角地区	13 650.00	1
百慕大	环渤海地区	15 631.33	7	美国	长三角地区	9768.84	181
法国	环渤海地区	7002.77	24	开曼群岛	长三角地区	6498.07	20
美国	环渤海地区	6614.32	153	德国	长三角地区	5457.20	27
尼日利亚	环渤海地区	6348.40	10	印度	长三角地区	3968.21	52
中国香港	珠三角地区	7886.58	30	俄罗斯	中西部地区	11 934.83	9
印度尼西亚	珠三角地区	5105.23	2	开曼群岛	中西部地区	4291.14	40
美国	珠三角地区	3859.37	68	智利	中西部地区	4068.40	2
德国	珠三角地区	2533.06	24	几内亚	中西部地区	3741.90	6
开曼群岛	珠三角地区	2355.46	4	中国香港	中西部地区	2796.80	30

四、外部冲击对中国各地区对外直接投资的影响

自2018年中美贸易摩擦升级为贸易战以来，中美关系对世界经济格局、贸易格局和投资格局产生了重要影响。如表4.2至表4.4所示，2018—2020年中国的对外直接投资金额和项目数量总体上呈现下降趋势。2019年环渤海地区、长三角地区、珠三角地区、中西部地区的对外直接投资额较2018年分别环比下降44.50%、61.71%、18.26%、3.63%；项目数量除珠三角地区环比上升8.96%外，环渤海地区、长三角地区、中西部地区项目数量分别环比下降 27.48%、29.89%、36.26%。相比2019年，2020年四大地区对外直接投资项目数量分别环比下降40.99%、21.13%、37.66%、19.27%。2020年相较2019年对外直接投资项目数量环比下降率要大于2019年相较2018年的环比下降率。可见2018—2020年对外直接投资金额与对外投资项目数量的变化幅度成反比。这可能是因为受到2020年新冠肺炎疫情影响，许多投资金额较小的项目停滞。新冠肺炎疫情的发生对我国的对外直接投资发展产生较大影响。新冠肺炎疫情影响下，投资环境不断恶化、投资风险和不确定性不断增大、人员和货物流动性下降，都给对外直接投资造成了不利影响。

2018—2020年，中国参与的对外直接投资项目目的地为美国的省份分别为18个、11个、9个，其中2018—2020年中国有8个省（市）连续3年参加过对美直接投资，分别为北京市、天津市、上海市、江苏省、浙江省、福建省、山东省、广东

省。由此可见，2018 年中美贸易摩擦升级为贸易战对我国对美直接投资产生了较大影响，同时 2020 年参与对美直接投资的省份数量减少是由于受到新冠肺炎疫情的影响。2018—2020 年，中国参与对外直接投资项目的省份分别为 29 个、28 个、24个。2018—2020 年，中国参与的对外直接投资项目目的地个数分别为 107 个、98 个、94 个。此外，2018 年四大地区参与对外直接投资项目目的地的个数分别为 87 个、61 个、56 个、51 个；2019 年四大地区参与对外直接投资项目目的地的个数分别为77 个、52 个、63 个、48 个；2020 年四大地区参与对外直接投资项目目的地的个数分别为 66 个、44 个、54 个、30 个。2020 年新冠肺炎疫情发生后，受疫情影响，国内许多省份参与对外直接投资项目的目的地选择有所减少。随着国内疫情和全球疫情的不断蔓延，许多省份处于严格管控状态，对外交流不便，出入境管制较为严格，影响对外直接投资项目的推进，甚至导致部分投资合作项目暂时停工。

第二节　中国各省份对外绿地投资

一、中国各省份对外绿地投资总体情况

如附表 4.9 至附表 4.11 所示，在 2018—2020 年间，中国各省份对外绿地投资总额与对外绿地投资项目数量是成正比的，对外绿地投资总额多的地区，其对外绿地投资项目数量也相应较多。具体来看，2018—2020 年对外绿地投资总额和对外绿地投资项目总数量均呈下降趋势，投资总额分别为 92 485.75 百万美元、61 554.26 百万美元、46 238.01 百万美元；投资项目总数量依次为 842 起、668 起、385 起。以2018 年为例，如图 4.4 所示，环渤海地区对外绿地投资金额为 47 911.36 百万美元；长三角地区对外绿地投资金额为 21 431.92 百万美元；珠三角地区及中西部地区对外绿地投资金额分别为 13 523.13 百万美元和 9617.34 百万美元。

从各省份企业对外绿地投资金额和项目数量来看（见图 4.5、图 4.6、图 4.8、图4.9、图 4.11、图 4.12），2018—2020 年，北京、广东、浙江、上海、江苏、山东、福建一直是对外绿地投资金额和项目数量排名前十位的省份，是中国对外绿地投资的重要省份（对外绿地投资未标明省份的项目用"未标明"表示）。具体来看，如图4.5和图 4.6 所示，以 2018 年为例，对外绿地投资金额排名前十位的省份分别为北京、

广东、浙江、河北、上海、江苏、山东、新疆、福建、云南，投资金额分别为 35 802.58 百万美元、11 702.62 百万美元、8509.32 百万美元、7353.69 百万美元、6782.18 百万美元、6140.42 百万美元、4520.32 百万美元、3355.00 百万美元、1664.41 百万美元、1266.70 百万美元。对外绿地投资项目数量排名前十位的省份分别为北京、广东、浙江、上海、江苏、山东、福建、河北、安徽、新疆，投资项目数量分别为 277 起、159 起、109 起、80 起、50 起、37 起、16 起、15 起、13 起、12 起。由上述数据可以看出，各省对外绿地投资金额和项目数量存在较大差距。其中，北京、广东、上海、浙江等省份投资金额和项目数量成正比，二者都较大。但也有部分省份的对外绿地投资项目数量和对外绿地投资金额成反比，如云南的投资金额较大但投资项目数量较少，说明云南参与投资的项目以大项目为主。此外，安徽的项目数量较多但投资金额相对较少，说明安徽参与投资的项目较小。

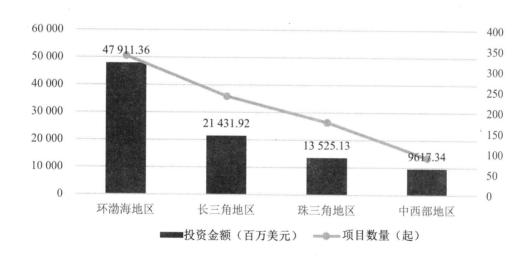

图 4.4　2018 年分地区中国各企业对外绿地投资金额和项目数量

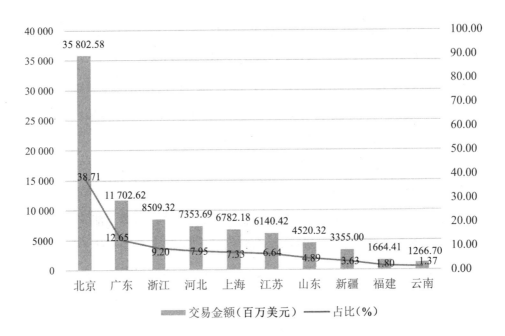

图 4.5 2018 年中国对外绿地投资金额排名前十位的省份

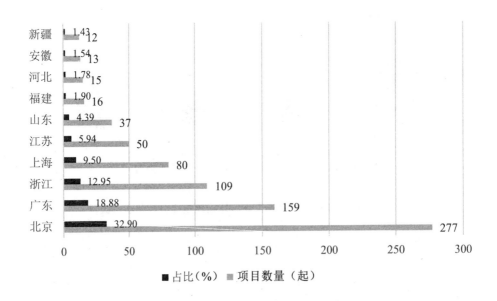

图 4.6 2018 年中国对外绿地投资项目数量排名前十位的省份

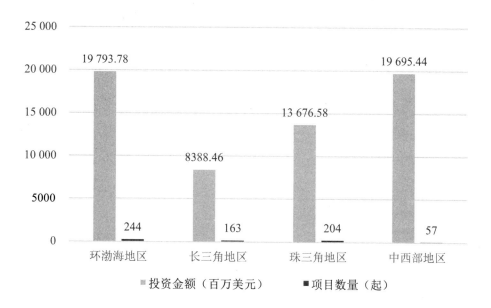

图 4.7　2019 年分地区中国各企业对外绿地投资金额和项目数量

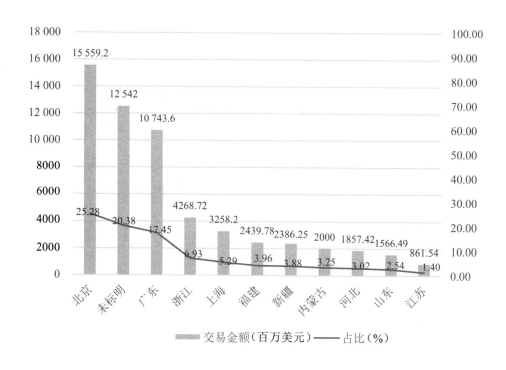

图 4.8　2019 年中国对外绿地投资金额排名前十位的省份

注：对外绿地投资项目未标明的省份项目以"未标明"表示。图 4.9、图 4.11、图 4.12 同。

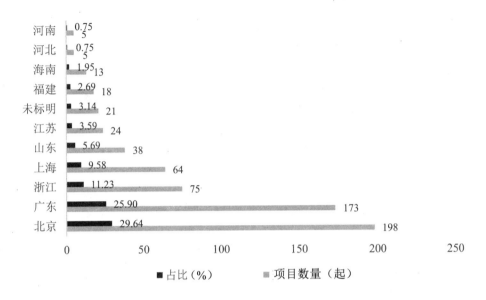

图 4.9   2019 年中国对外绿地投资项目数量排名前十位的省份

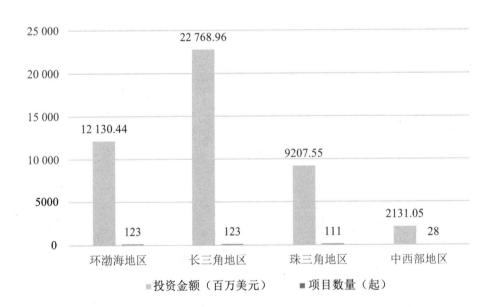

图 4.10   2020 年分地区中国各企业对外绿地投资金额和项目数量

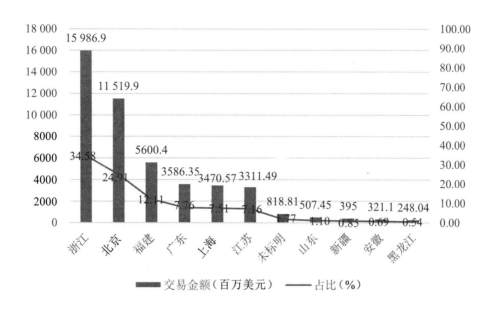

图 4.11　2020 年中国对外绿地投资金额排名前十位的省份

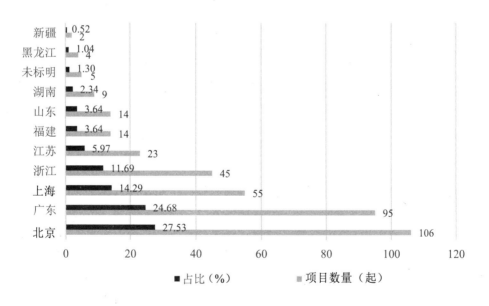

图 4.12　2020 年中国对外绿地投资项目数量排名前十位的省份

二、中国各省份对外绿地投资行业分布

如附表 4.12 至附表 4.14 所示，从 2018—2020 年中国各省份企业对外绿地投资标的分行业的投资金额和项目数量分布汇总表中可以看出，北京、江苏、上海、浙

江、福建等省份的企业进行对外绿地投资时涉及的行业更加多元化，但部分中西部地区（如青海、山西、甘肃、内蒙古等省份）对外绿地投资行业类别较为单一。以2018年为例，浙江、北京、江苏各有6个行业进行对外绿地投资活动，但青海、贵州、甘肃、云南等中西部地区对外绿地投资涉及的行业仅各有1个。

2018—2020年，中国企业对一般服务业绿地投资金额最多，其次是一般制造业、高技术服务业和高技术制造业，四个行业对外绿地投资涉及的交易金额分别为91 136.36百万美元、49 257.14百万美元、22 103.29百万美元、14 850.24百万美元。类似地，2018—2020年，中国企业对一般服务业绿地投资项目数量最多，其次是一般制造业、高技术服务业和高技术制造业，四个行业对外绿地投资涉及的项目数量分别为703起、457起、329起、180起。分省份来看，以2019年为例，北京、广东、上海的一般服务业绿地投资金额位于前三名，其交易金额分别为9809.52百万美元、2480.36百万美元、645.64百万美元，项目数量分别为68起、26起、14起。广东、北京、内蒙古一般制造业的绿地投资金额位于前三名，其交易金额分别为3471.45百万美元、2344.55百万美元、2000.00百万美元，交易数量分别为88起、52起、1起。

在地区层面，从对外绿地投资交易金额来看（见图4.13至图4.24），以2019年为例进行分析，2019年环渤海地区、长三角地区、珠三角地区以及中西部地区对外绿地投资交易涉的行业分别有33个、39个、27个以及23个。其中，环渤海地区对外投资额排名前五位的行业分别为水上运输业、汽车制造业、生态保护和环境治理业、装卸搬运和仓储业、化学原料和化学制品制造业，其交易金额分别为3187.50百万美元、2696.60百万美元、1987.01百万美元、1462.20百万美元、1310.30百万美元。长三角地区对外投资额排名前五位的行业分别为汽车制造业（2364.83百万美元），纺织服装、服饰业（1149.66百万美元），计算机、通信和其他电子设备制造业（681.53百万美元），专用设备制造业（496.47百万美元），住宿业（425.10百万美元）。珠三角地区对外投资额排名前五位的行业分别为计算机、通信和其他电子设备制造业（2555.80百万美元），电气机械和器材制造业（2129.30百万美元），家具制造业（2039.90百万美元），土木工程建筑业（1899.30百万美元），电信、广播电视和卫星传输服务（1020.70百万美元）。中西部地区对外投资额排名前五位的行业分别为管道运输业、化学原料和化学制品制造业、黑色金属冶炼和压延加工业、有色金属冶炼和压延加工业、汽车制造业，其交易金额分别为11 100.00百万美元、2408.44百万美元、2021.70百万美元、939.18百万美元、743.43百万美元。

在投资数量方面（如附表4.15至附表4.17所示），以2020年为例进行分析。在一般服务业行业，环渤海地区、长三角地区、珠三角地区以及中西部地区的投资数量都比较多，分别为68起、68起、69起、10起。环渤海地区在高技术服务业的对外绿地投资项目有37起，约占2020年高技术服务业投资总量的71%。珠三角地区和长三角地区在高技术制造业的对外绿地投资项目分别为18起和14起，分别占2020年高技术制造业投资总量的45%和35%。以上数据进一步说明珠三角和长三角地区在高技术制造业方面占据投资优势，而环渤海地区在高技术服务业方面占据投资优势。

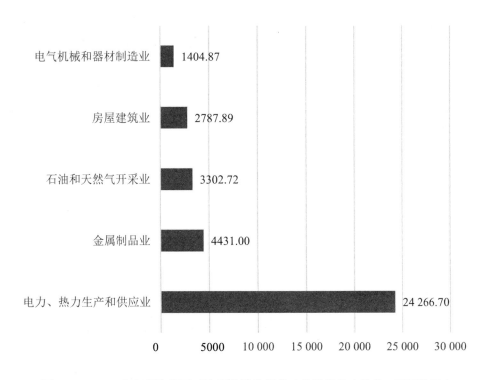

图4.13   2018年环渤海地区对外绿地投资额前五位的行业（单位：百万美元）

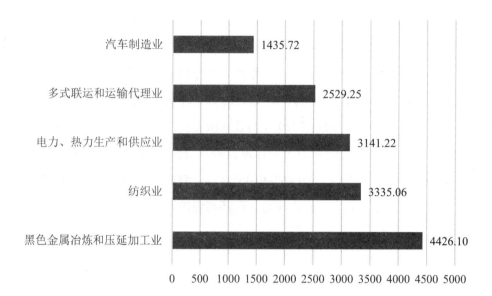

图 4.14　2018 年长三角地区对外绿地投资额前五位的行业（单位：百万美元）

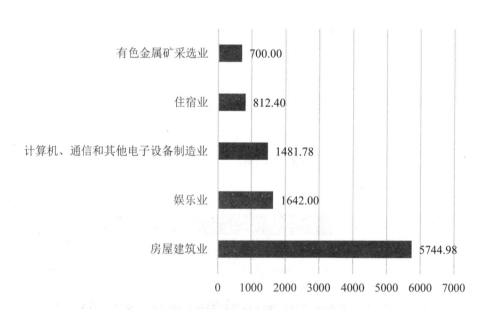

图 4.15　2018 年珠三角地区对外绿地投资额前五位的行业（单位：百万美元）

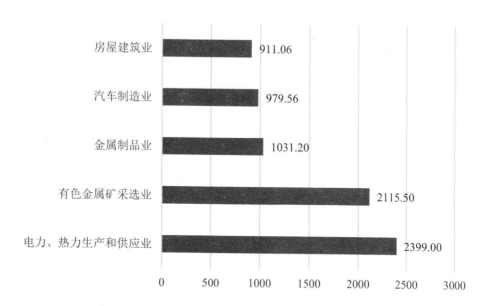

图 4.16 2018 年中西部地区对外绿地投资额前五位的行业（单位：百万美元）

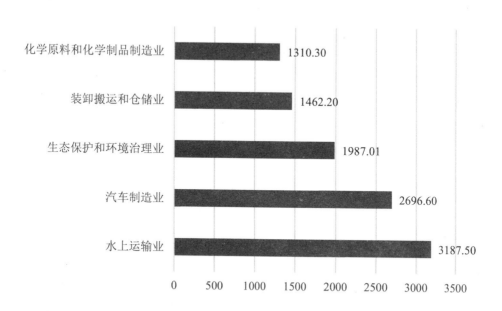

图 4.17 2019 年环渤海地区对外绿地投资额前五位的行业（单位：百万美元）

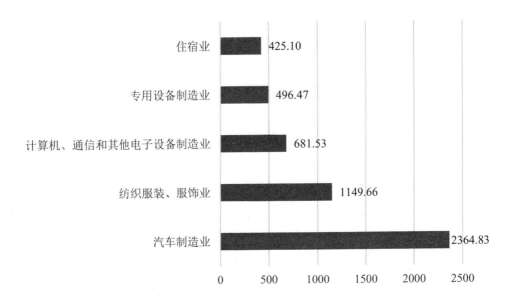

图 4.18 2019 年长三角地区对外绿地投资额前五位的行业（单位：百万美元）

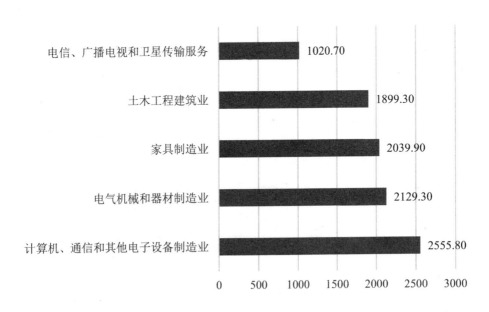

图 4.19 2019 年珠三角地区对外绿地投资额前五位的行业（单位：百万美元）

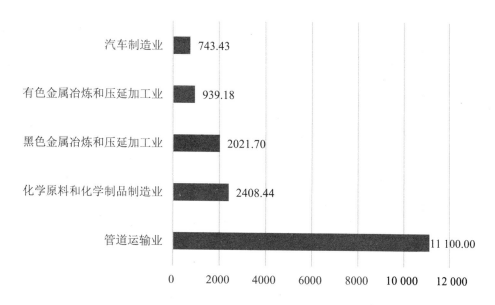

图 4.20 2019 年中西部地区对外绿地投资额前五位的行业（单位：百万美元）

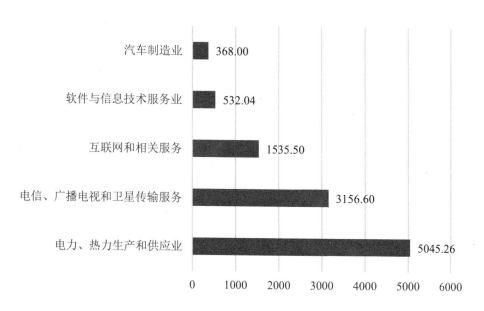

图 4.21 2020 年环渤海地区对外绿地投资额前五位的行业（单位：百万美元）

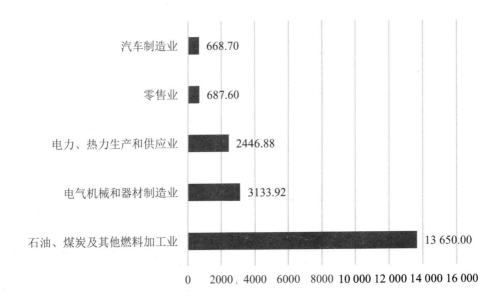

图 4.22　2020 年长三角地区对外绿地投资额前五位的行业（单位：百万美元）

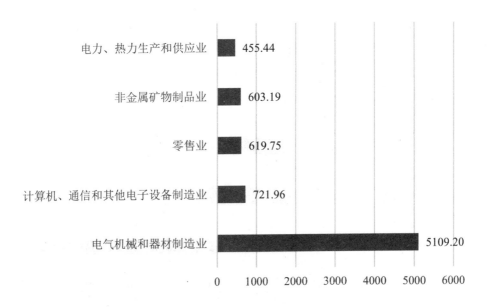

图 4.23　2020 年珠三角地区对外绿地投资额前五位的行业（单位：百万美元）

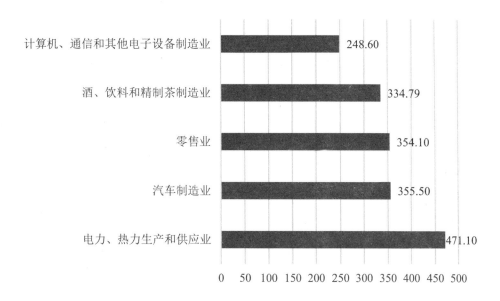

图 4.24 2020 年中西部地区对外绿地投资额前五位的行业（单位：百万美元）

三、中国各省份对外绿地投资模式分析

如图 4.25 至图 4.27 所示，2018—2020 年新建模式下的投资金额和项目数量一直在中国对外绿地投资模式中居首位，其次是扩张和托管模式。在此期间，新建模式对外绿地投资金额分别为 84 873.66 百万美元、54 302.13 百万美元、29 739.29 百万美元，新建模式的对外投资项目数量分别为 748 起、589 起、336 起。以 2018 年为例，中国对外绿地投资总金额和项目数量分别为 92 485.74 百万美元和 842 起，新建模式对外绿地投资金额和项目数量占比分别高达 91.77% 和 88.84%。2018—2020 年扩张模式和托管模式的对外投资金额分别为 7313.88 百万美元、298.20 百万美元，分别占 2018 年投资总额的 7.91%、0.32%，项目数量分别为 89 起、5 起，分别占 2018 年项目数量的 10.57%、0.59%。由此可见，我国企业在进行对外绿地投资时倾向于选择新建模式。

附表 4.18 至附表 4.20 进一步汇总了各省份通过新建模式进行对外投资的情况。按照采取新建模式进行对外绿地投资金额进行排序，北京、广东、上海、江苏在 2018—2020 年皆位于前列，而排在末位的省份每年都在变化。以 2020 年为例，新建模式下投资金额排名前五位的省份为北京、福建、上海、江苏、广东，交易金额分别为 10 092.82 百万美元、5555.40 百万美元、3443.07 百万美元、3277.59 百万美元、3245.92 百万美元，占新建模式对外绿地投资总额的 86% 左右。排名末五位的省份为辽宁、河南、江西、海南、广西，五个省份之和仅占中国企业新建模式投资总额的 0.03%。

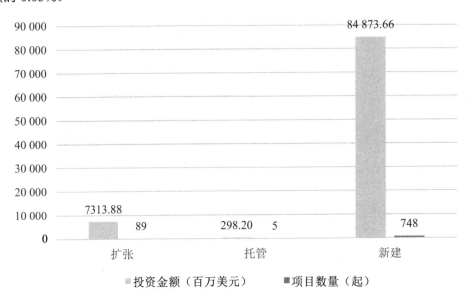

图 4.25　2018 年中国不同投资模式企业对外绿地投资金额和项目数量

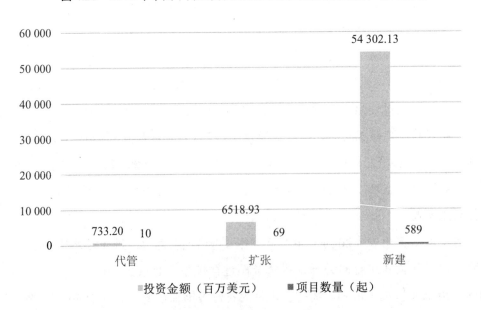

图 4.26　2019 年中国不同投资模式企业对外绿地投资金额和项目数量

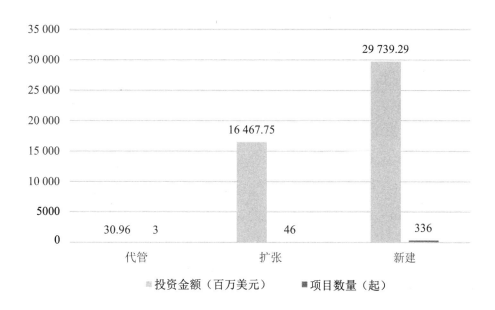

图 4.27　2020 年中国不同投资模式企业对外绿地投资金额和项目数量

如附表 4.18 至附表 4.20 所示，就扩张模式而言，浙江连续三年皆排在采取扩张模式进行绿地投资交易金额的前两位。北京通过扩张模式进行绿地投资的金额仅次于新建模式。以 2020 年为例，浙江和北京通过扩张模式进行对外绿地投资的金额分别为 14 038.20 百万美元、1404.70 百万美元，分别占 2020 年通过扩张模式进行对外绿地投资总额的 85% 和 8.5%。此外，北京和浙江在 2020 年通过扩张进行对外投资的项目数量分别为 15 起和 9 起。由此可见，2020 年浙江通过扩张模式进行对外投资的项目较大，而北京参与的项目较小。

如附表 4.18 至附表 4.20 所示，通过托管模式进行对外绿地投资的省份较少，2018—2020 年分别发生 5 起、10 起和 3 起，每年通过托管模式进行投资的省份分别有 5 个、5 个和 2 个。其中广东省每年都通过托管模式进行对外绿地投资。分省份比较进一步说明，我国企业进行对外绿地投资时普遍倾向于选择新建模式，其投资金额和项目数量远超其他投资模式。

四、中国各省份对外绿地投资境外创造就业情况

2018—2020 年，中国各省份对外绿地投资境外创造就业总岗位数分别为 213 505 个、199 606 个以及 63 547 个。环渤海地区、长三角地区以及珠三角地区的

对外绿地投资项目均为创造境外就业岗位做出了巨大的贡献，而中西部地区境外创造就业岗位数较少，可能与中西部对外绿地投资项目较少有关（见图4.28至图4.30）。以2019年为例，如图4.29所示，环渤海地区、长三角地区、珠三角地区、中西部地区创造的境外就业岗位数分别为58 126个、53 075个、58 780个、29 625个，分别占2019年境外创造就业岗位总数的29.12%、26.59%、29.45%、14.84%。由此可见，环渤海地区、长三角地区以及珠三角地区是创造海外就业岗位的重要力量。

在中国各省份企业对外绿地投资创造的境外就业岗位方面（附表4.21至附表4.23），2018—2020年排名均位列前十位的省份有广东、浙江、北京、山东、上海、江苏、福建、河北，可见沿海地区为创造境外就业岗位做出了巨大的贡献，这与沿海地区参与对外绿地投资项目较多有关。以2020年为例，除上述8个省份外，排名前十位的省份还有湖南、安徽和陕西。十个省份2020年境外创造就业岗位占总数的93.71%。其中，广东、北京、浙江、上海、江苏的境外就业创造岗位数分别为17 178个、10 463个、10 167个、6079个、5702个，占2020年全部境外创造就业岗位总量数的78%。

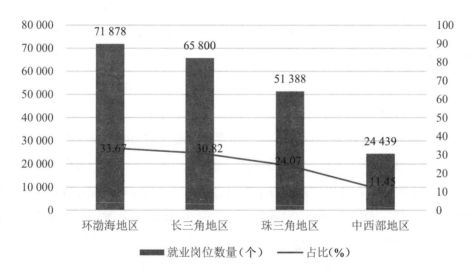

图4.28 2018年中国各地区企业对外绿地投资创造的境外就业岗位数量及占比

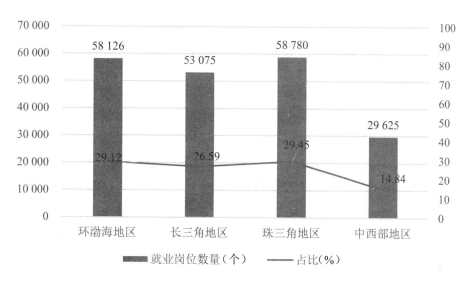

图 4.29　2019 年中国各地区企业对外绿地投资创造的境外就业岗位数量及占比

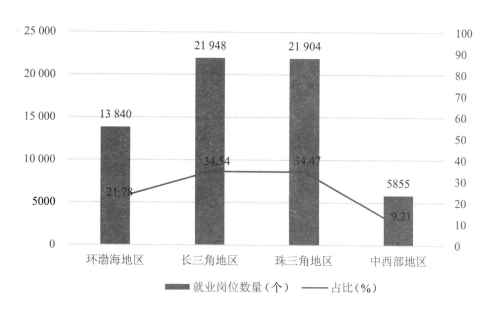

图 4.30　2020 年中国各地区企业对外绿地投资创造的境外就业岗位数量及占比

第三节　中国各省份对外并购投资

一、中国各省份对外并购投资总体情况

如图 4.31 至图 4.33 所示，2018—2020 年，在对外并购投资总额方面，环渤海地区居于首位，是我国对外并购投资的重要参与者。具体来看，2018—2020 年对外并购投资总额和对外并购投资项目总数量均呈下降趋势，投资总额分别为 54 758.70 百万美元、29 404.12 百万美元、27 065.55 百万美元；投资项目总数量依次为 360 起、259 起、246 起。以 2020 年为例具体分析，环渤海地区对外并购投资金额为 13 286.00 百万美元；其次是长三角地区，对外并购投资金额为 8486.54 百万美元；而后是珠三角地区及中西部地区，分别为 2639.69 百万美元和 2653.32 百万美元。从投资项目数量来看，2020 年长三角地区对外并购投资项目数量为 86 起，其次是环渤海地区、中西部地区及珠三角地区，分别为 67 起、60 起及 33 起。根据上述数据可以看出，环渤海地区的对外并购投资金额处于首位，但项目数量仅为 67 起，而中西部地区的对外并购投资金额约占环渤海地区的 1/5，项目数量却有 60 起，可见环渤海地区的对外并购投资项目相对较大，而中西部地区的项目较小。

从各省份企业对外并购投资的项目金额和数量来看（见附表 4.24 至附表 4.26），2018—2020 年间，北京、广东、浙江、上海一直是积极参与对外并购投资项目的省份，是中国参与"走出去"的重要省份。具体来看，根据附表 4.24，以 2018 年为例，根据对外并购投资金额排序，排名位居前列的省份分别为北京、广东、浙江、上海、四川、山东、安徽、江苏、广西，投资金额分别为 14 283.50 百万美元、7989.67 百万美元、7881.91 百万美元、5610.80 百万美元、4066.00 百万美元、2281.10 百万美元、1482.23 百万美元、1378.24 百万美元、871.75 百万美元。根据各省份对外并购投资数量排序，位于前列的省份分别为北京、上海、广东、浙江、江苏、山东、安徽、福建，投资数量分别为 91 起、90 起、30 起、28 起、21 起、7 起、6 起、6 起。由上述数据可以看出，中国各省份对外并购投资差距较大，对外并购投资的发起项目大小也存在较大差异。

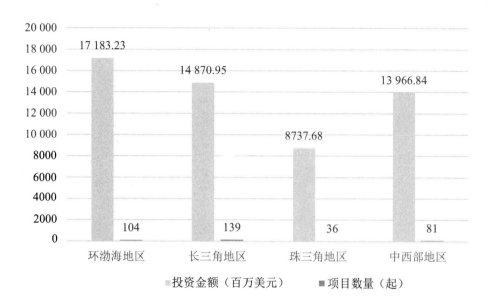

图 4.31　2018 年分地区中国各企业对外并购投资金额和项目数量

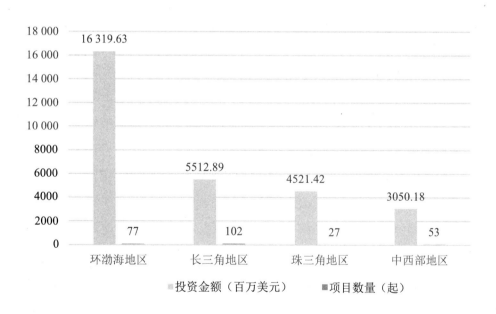

图 4.32　2019 年分地区中国各企业对外并购投资金额和项目数量

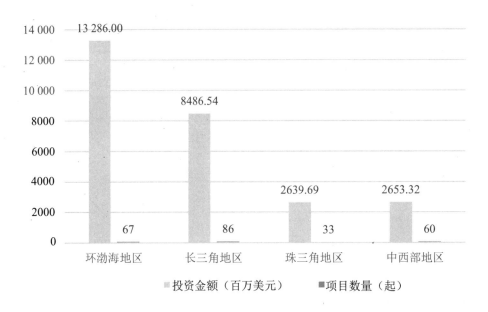

图 4.33　2020 年分地区中国各企业对外并购投资金额和项目数量

二、中国各省份对外并购投资行业分布

从 2018—2020 年中国各省份企业对外并购投资标的行业投资金额和项目数量分布汇总表（附表 4.27 至附表 4.29）中可以看出，北京、广东、上海等省份的企业进行对外并购投资时涉及的行业更加多元化，但部分中西部地区（如青海、新疆、四川、西藏等省份）对外并购的投资行业类别较为单一。以 2020 年为例，北京、上海、广东分别各有 7 个、5 个、5 个行业进行对外并购投资活动，但西藏、广西、四川等中西部地区对外并购投资涉及的行业均仅有 1 个。

在对外并购投资行业中，2018—2020 年中国企业对一般服务业并购投资金额最多，其次是高技术服务业，电、煤气、蒸汽和水供应业，以及高技术制造业，上述行业对外并购投资金额分别为 55 325.62 百万美元、24 917.27 百万美元、12 701.31 百万美元、8701.49 百万美元。在对外并购投资行业中，2018—2020 年中国企业对一般服务业并购投资项目数量最多，其次是高技术服务业、一般制造业，以及电、煤气、蒸汽和水供应业，上述行业对外并购投资项目数量分别为 572 起、92 起、85 起、59 起。

以各省份并购标的行业为分析对象，以 2019 年为例（见附表 4.28），具体而言，北京、广东、江苏一般服务业的并购投资金额位于前三名，其交易金额分别为6329.18百万美元、3532.46百万美元、2579.42百万美元。此外，上述三个省份的项目数量分别为53起、19起、11起。北京、河北高技术服务业的并购投资金额较高，分别为7443.43百万美元、1089.62百万美元，项目数量分别为6起、1起。在一般制造业行业，广东和北京的并购投资金额较高，分别为726.14百万美元、384.20百万美元，项目数量分别为2起、4起。由此可见，中国沿海地区是中国对外投资并购的主要地区，也是在一般服务业、一般制造业以及高技术服务业方面投资并购的主体。

在地区层面，从对外并购投资金额来看，以2018年为例进行分析。2018年环渤海地区、长三角地区、珠三角地区及中西部地区对外并购投资交易涉及的行业分别有36个、33个、28个及24个。

如表4.7所示，2018年中国企业对外并购比较活跃，对外并购金额处于前四位的行业分别为软件与信息技术服务业、汽车制造业、化学原料和化学制品制造业、燃气生产和供应业。其中，环渤海地区在燃气生产和供应业投资金额巨大，为5552.11百万美元，且只有1起并购。属于高技术服务业的软件与信息技术服务业，在长三角地区、中西部地区和环渤海地区对外并购投资金额分别为3151.98百万美元、2741.33百万美元、1224.70百万美元，且并购项目数量分别为46起、12起、50起，可见中西部地区参与的软件与信息服务业并购项目较大。汽车制造业的对外并购项目主要集中在长三角地区，对外投资金额为6200.37百万美元，并购项目数量为6起。化学原料和化学制品制造业的对外并购项目主要集中在中西部地区，对外投资金额为6461.09百万美元，并购项目数量为4起。

表4.7 2018—2020年中国跨境并购发起方投资额前四位的行业地区分布 单位：百万美元，起

年份	行业	环渤海地区		长三角地区		珠三角地区		中西部地区	
		投资金额	项目数量	投资金额	项目数量	投资金额	项目数量	投资金额	项目数量
2018	软件与信息技术服务业	1224.70	50	3151.98	46	922.00	5	2741.33	12
	汽车制造业	1312.20	4	6200.37	6			61.17	2
	化学原料和化学制品制造业	733.17	3			241.49	2	6461.09	4

年份	行业	环渤海地区		长三角地区		珠三角地区		中西部地区	
		投资金额	项目数量	投资金额	项目数量	投资金额	项目数量	投资金额	项目数量
2019年	燃气生产和供应业	5552.11	1						
	电气机械和器材制造业	8093.15	2	38.00	2	171.57	2	24.87	2
	软件与信息技术服务业	1664.77	37	3322.91	44	1214.70	8	526.79	12
	房地产业	1127.47	2			2209.70	3		
	邮政业	2800.00	2						
2020	电气机械和器材制造业	7722.85	4	123.32	4	140.96	4	105.81	5
	软件与信息技术服务业	854.19	23	3109.31	35	169.96	9	232.62	12
	电力、热力生产和供应业	2230.00	1						
	基层医疗卫生服务			1924.01	1	143.00	1		

三、中国各省份对外并购投资支付方式分析

中国各省份对外并购投资支付方式主要有现金、股份、债务及延期支付4种，空缺数据以"其他"记录。如附表4.30至附表4.32所示，2018—2020年以现金、股份、债务及延期支付4种支付方式进行对外并购投资的项目数量分别为260起、20起、16起、8起，可见现金支付方式在并购投资中占比很大。2018—2020年，以现金、股份、债务以及延期支付4种支付方式进行对外并购投资的金额分别为21 164.80百万美元、27 986.47百万美元、8227.75百万美元、1755.69百万美元。以股份进行支付的投资项目的平均交易金额为1399.30百万美元，而以现金进行支付的投资项目的平均交易金额为81.40百万美元，可见以股份进行支付的对外投资项目多为大项目，而以现金进行支付的投资项目相对较小。

由于以现金和股份方式进行支付的对外并购投资总金额占对外并购投资总金额

的 44%，占剔除"其他"支付方式之外的对外并购投资总金额的 83%，下面将主要对以现金和股份作为支付方式进行并购的情况进行分析。2018—2020 年，四大区域都使用了现金支付的方式参与对外并购项目。在 2018 年，环渤海地区、长三角地区、珠三角地区及中西部地区均使用了股份支付的方式进行对外并购投资，在 2019 年环渤海地区和长三角地区均通过股份支付的方式进行对外并购投资，2020 年环渤海地区、珠三角地区及中西部地区均使用股份支付的方式参与对外并购项目。

具体而言，以 2019 年为例进行分析，在中国企业对外并购以现金支付的 2828.06 百万美元中，珠三角地区通过此方式支付的对外并购金额居第一，为 1015.73 百万美元，占 2019 年现金支付投资总额的 35.92%。其次分别为长三角地区、中西部地区及环渤海地区，对外并购投资金额分别为 754.49 百万美元、736.73 百万美元、321.09 百万美元，分别占现金支付投资总额的 26.68%、26.05% 和 11.35%。根据现金支付方式涉及的对外并购投资项目数量进行排序，依次为长三角地区、中西部地区、环渤海地区及珠三角地区，分别为 34 起、22 起、18 起、10 起。其中，珠三角地区以现金方式参与并购的投资金额较高，但项目数量最少，反映出珠三角地区以现金方式参与的并购项目较其他地区更大。中国企业对外并购以股份进行支付的地区有环渤海地区和珠三角地区，其投资金额分别为 8093.15 百万美元、2101.93 百万美元，项目数量分别为 2 起、1 起。

以省份为分析对象，对 2018—2020 年现金支付涉及的对外并购投资金额进行排序，北京、四川、广东、上海、山东排在前五位，其通过现金进行对外并购的投资金额分别为 4161.40 百万美元、4130.09 百万美元、2258.27 百万美元、1823.27 百万美元、1321.75 百万美元，占现金支付投资总额的比例分别为 19.66%、19.51%、10.67%、8.61%、6.25%。同时，上述 5 个省份的项目数量分别为 45 起、3 起、24 起、44 起、6 起。其中四川通过现金支付的平均并购投资金额为 1376.70 百万美元，远大于其他省份，可见四川通过现金进行支付的并购项目较大。2018—2020 年，对股份支付涉及的对外并购投资金额进行排序，排名前五位的省份为山东、北京、广东、上海和安徽，分别为 8419.57 百万美元、7003.53 百万美元、6150.33 百万美元、2450.90 百万美元、1196.09 百万美元，其参与并购项目数量分别为 2 起、1 起、3 起、3 起、2 起。由此可见，通过股份支付参与并购的项目平均交易金额通常大于现金支付项目的平均交易金额，说明较大的项目可能更倾向于采用股份支付方式。

四、中国各省份对外并购投资融资渠道分析

中国各省份对外并购投资融资渠道主要有杠杆收购、注资、增资、创业投资、配售、私募基金 6 种方式，未标明的数据以"其他"记录。如附表 4.33 至附表 4.35 所示，根据 2018—2020 年对外并购投资交易金额对 6 种融资方式进行排序，分别为配售、创业投资、私募基金、杠杆收购、增资、注资，交易金额分别为 22 224.77 百万美元、6647.64 百万美元、5250.97 百万美元、2421.22 百万美元、1761.56 百万美元、989.16 百万美元，可见配售是并购投资的重要融资渠道。2018—2020 年，以配售、创业投资、私募基金、杠杆收购、增资、注资 6 种融资方式进行对外并购投资的项目数量分别为 21 起、231 起、47 起、4 起、43 起、17 起。通过配售进行融资的投资项目的平均投资金额为 1058 百万美元，可见通过配售进行融资的对外投资项目多为大项目。

由于通过配售进行融资的对外并购投资总金额占剔除"其他"支付方式之外的对外并购投资总金额的 56.56%，下面主要对通过配售方式进行并购投资的情况进行分析。2018 年，四大区域都采取了配售的方式参与对外并购项目融资，2019 年环渤海地区、珠三角地区以及中西部地区均使用配售的方式进行对外并购融资，2020 年环渤海地区及长三角地区通过配售的方式进行对外并购融资。2018—2020 年，环渤海地区、长三角地区、珠三角地区以及中西部地区通过配售进行融资的对外并购投资金额分别为 10 429.47 百万美元、4121.16 百万美元、6150.32 百万美元、1523.81 百万美元，分别占配售融资方式总投资金额的 46.93%、18.54%、27.67%、6.86%。

以省份为分析对象，对 2018—2020 年以配售为融资方式的对外并购投资金额进行排序，山东、广东、上海、安徽、河北排在前五位，其通过配售进行融资的对外并购投资金额分别 9339.85 百万美元、6150.33 百万美元、2450.90 百万美元、1196.09 百万美元、1089.62 百万美元，占融资总额（22 224.77 百万美元）的比例分别为 42.02%、27.67%、11.03%、5.38%、4.90%。同时，上述 5 个省份的项目数量分别为 3 起、3 起、3 起、2 起、1 起。其中山东通过配售进行融资的项目平均并购投资金额为 3113.28 百万美元，远高于其他省份，可见山东通过配售进行融资的并购项目较大。

第五章

2018—2020 年中国不同所有制

企业对外直接投资

摘　要

本章将企业划分为国有企业和非国有企业，从不同所有制角度描述和分析企业对外直接投资的不同特征。[①]本章首先总体分析不同所有制企业的对外直接投资，包括投资金额和项目数量、投资企业来源省份分布、投资行业分布和投资目的地分布；然后分析对外直接投资的绿地投资情况，并描述了不同所有制企业对外绿地投资的模式和海外创造就业岗位情况；最后分析对外直接投资的并购投资情况，并描述了不同所有制企业对外并购投资的支付方式和融资类型。

---

① 本章企业所有制的划分方法如下：首先，通过公开信息确定企业中文名称（FDI Markets 绿地投资数据库中企业名称来自"investing company"；BvD-Zephyr 并购数据库中企业名称来自"acquiror name"）和企业类型；然后，将国有独资或国有控股的有限责任公司（分公司）和股份有限公司（分公司）以及事业单位划分为国有企业，将其他企业划分为非国有企业。

第一节   不同所有制企业对外直接投资分析

一、不同所有制企业对外直接投资总体情况

2018—2020 年，中国企业对外直接投资金额为 3505.25 亿美元，完成交易 3252 起。其中，2018 年投资金额为 1611.84 亿美元，交易 1401 起；2019 年投资金额为 1030.32 亿美元，环比下降 36.08%，交易 1100 起，环比下降 21.48%；2020 年投资金额为 863.09 亿美元，环比下降 16.23%，交易 751 起，环比下降 31.73%。2020 年，第一季度投资金额为 151.22 亿美元，交易 205 起；第二季度投资金额为 171.47 亿美元，环比上升 13.39%，交易 198 起，环比下降 3.41%；第三季度投资金额为 256.15 亿美元，环比上升 49.39%，交易 190 起，环比下降 4.04%；第四季度投资金额为 284.25 亿美元，环比上升 10.97%，交易 158 起，环比下降 16.84%。

2018—2020 年，国有企业主导对外直接投资金额为 1041.01 亿美元，占比 29.70%，交易 372 起，占比 11.44%，平均交易金额为 2.80 亿美元（见表 5.1）。其中，2018 年投资金额为 747.37 亿美元，交易 234 起；2019 年投资金额为 169.57 亿美元，环比下降 77.31%，交易 85 起，环比下降 63.68%；2020 年投资金额为 124.07 亿美元，环比下降 26.83%，交易 53 起，环比下降 37.65%。2020 年，第一季度投资金额为 26.55 亿美元，交易 15 起；第二季度投资金额为 66.76 亿美元，环比上升 151.44%，交易 14 起，环比下降 6.67%；第三季度投资金额为 7.42 亿美元，环比下降 88.88%，交易 8 起，环比下降 42.86%；第四季度投资金额为 23.34 亿美元，环比上升 214.31%，交易 16 起，环比上升 100%（见图 5.1）。

表 5.1   2018—2020 年国有企业与非国有企业对外直接投资概况表   单位：亿美元，起，%

年份	国有企业				非国有企业			
	金额	占比	数量	占比	金额	占比	数量	占比
2018	747.37	46.37	234	16.70	864.47	53.63	1167	83.30
2019	169.57	16.46	85	7.73	860.75	83.54	1015	92.27
2020	124.07	14.38	53	7.06	739.02	85.62	698	92.94

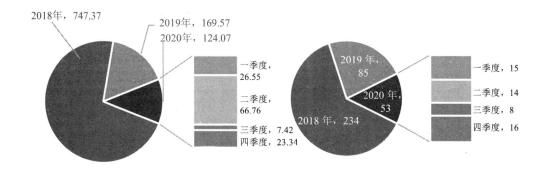

（a）投资金额（亿美元）　　　　　　（b）项目数量（起）

图 5.1　2018—2020 年国有企业对外直接投资概况

同一时期，非国有企业主导对外直接投资金额为 2464.24 亿美元，占比 70.30%，交易 2880 起，占比 88.56%，平均交易金额为 0.86 亿美元（见表 5.1）。其中，2018年投资金额为 864.47 亿美元，交易 1167 起；2019 年投资金额为 860.75 亿美元，环比下降 0.43%，交易 1015 起，环比下降 13.02%；2020 年投资金额为 739.02 亿美元，环比下降 14.14%，交易 698 起，环比下降 31.23%。2020 年，第一季度投资金额为124.67 亿美元，交易 190 起；第二季度投资金额为 104.71 亿美元，环比下降 16.01%，交易 184 起，环比下降 3.16%；第三季度投资金额为 248.73 亿美元，环比上升137.54%，交易 182 起，环比下降 1.09%；第四季度投资金额为 260.91 亿美元，环比上升 4.90%，交易 142 起，环比下降 21.98%（见图 5.2）。

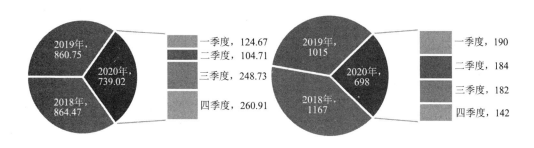

（a）投资金额（亿美元）　　　　　　（b）项目数量（起）

图 5.2　2018—2020 年非国有企业对外直接投资概况

2018—2020 年，中国企业对外直接投资金额和项目数量均呈下降趋势，降幅接近 50%（2020 年中国企业对外直接投资金额仅为 2019 年的 83.77%、2018 年的

53.55%，对外直接投资项目数量仅为 2019 年的 68.27%、2018 年的 53.60%），原因之一是新冠肺炎疫情的全球大流行，导致全球范围内要素流动和产品流通阻力加大，限制了经贸活动的开展和进行。

从不同所有制的角度分析，2020 年国有企业的投资来源省份由 2018 年的 22 个缩减为 12 个，投资行业由 2018 年的 43 个缩减为 29 个，投资目的地由 2018 年的 64 个缩减为 23 个，投资活动受疫情影响较大；非国有企业的投资来源省份由 2018 年的 28 个缩减为 24 个，投资行业由 2018 年的 64 个缩减为 59 个，投资目的地由 2018 年的 96 个缩减为 91 个，投资活动受疫情影响较小（关于不同所有制企业的来源省份分布、投资行业分布和投资目的地分布的具体分析见下文）。国有企业 2020 年对外直接投资金额仅为 2019 年的 73.17%、2018 年的 16.60%，2020 年的对外直接投资项目数量仅为 2019 年的 62.35%、2018 年的 22.65%，下降幅度较大；非国有企业 2020 年对外直接投资金额仅为 2019 年的 85.86%、2018 年的 85.49%，2020 年对外直接投资项目数量仅为 2019 年的 68.77%、2018 年的 59.81%，下降较为缓和。2020 年的季度数据表明，国有企业的对外直接投资尚未稳定，波动较大；非国有企业的对外直接投资在金额上扭转了下降趋势，呈现出上升态势。总体而言，非国有企业的投资金额和项目数量远高于国有企业，国有企业的单笔交易平均规模远大于非国有企业；在疫情的冲击下，非国有企业的对外直接投资表现出了较强的韧性。

二、各省份不同所有制企业对外直接投资情况

2018—2020 年，中国 25 个省（自治区、直辖市）的国有企业参与了对外直接投资，29 个省（自治区、直辖市）的非国有企业参与了对外直接投资（见表 5.2）。

表 5.2   2018—2020 年部分省份国有企业与非国有企业对外直接投资明细表 单位：亿美元，起

省份	国有企业			非国有企业		
	金额	数量	平均规模	金额	数量	平均规模
北京	494.57	139	3.56	458.33	685	0.67
广东	98.61	29	3.40	311.02	509	0.61
浙江	13.38	15	0.89	375.82	292	1.29
上海	27.67	39	0.71	244.90	408	0.60

续表

省份	国有企业			非国有企业		
	金额	数量	平均规模	金额	数量	平均规模
江苏	29.21	7	4.17	136.51	142	0.96
山东	3.88	8	0.49	158.71	99	1.60
福建	15.26	4	3.82	101.97	54	1.89
河北	51.97	7	7.42	60.02	21	2.86
新疆	0.88	2	0.44	61.79	18	3.43
四川	2.82	4	0.71	46.67	9	5.19
安徽	19.96	7	2.85	12.82	20	0.64
湖北	22.57	8	2.82	6.67	15	0.44
内蒙古	3.32	3	1.11	24.24	4	6.06
河南	0.00	0	—	15.07	13	1.16
云南	11.47	1	11.47	1.28	6	0.21
甘肃	12.40	3	4.13	0.30	3	0.10
辽宁	2.36	4	0.59	9.26	11	0.84
江西	2.43	2	1.22	9.00	8	1.13
黑龙江	0.00	0	—	9.32	9	1.04
海南	0.67	2	0.34	6.72	17	0.40
天津	2.26	2	1.13	4.13	22	0.19
重庆	1.01	2	0.51	4.38	14	0.31
湖南	0.81	2	0.41	4.21	22	0.19
陕西	0.19	1	0.19	2.74	10	0.27
西藏	0.00	0	—	2.31	5	0.46
吉林	1.00	1	1.00	1.14	2	0.57
山西	0.64	1	0.64	1.06	3	0.35
广西	0.00	0	—	1.17	3	0.39
贵州	0.12	1	0.12	0.00	0	—
青海	0.00	0	—	0.06	2	0.03

国有企业对外直接投资中，投资金额排名前十位的省份包括北京、广东、河北、江苏、上海、湖北、安徽、福建、浙江、甘肃，达785.60亿美元，占比75.47%；项目数量排名前十位的省份包括北京、上海、广东、浙江、湖北、山东、河北、江苏、安徽、福建，达263起，占比70.70%（见图5.3）。2018—2020年，有4个省份（北京、广东、河北、上海）稳居投资金额排名前十位，4个省份（北京、上海、广东、河北）稳居投资项目数量排名前十位。

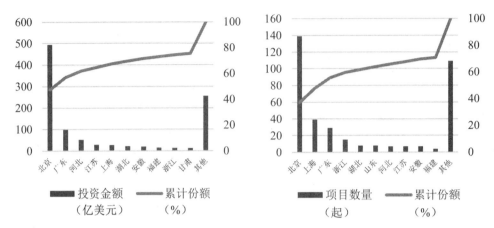

图 5.3　2018—2020 年部分省份国有企业对外直接投资概况（单位：亿美元，起，%）

　　非国有企业对外直接投资中，金额排名前十位的省份包括北京、浙江、广东、上海、山东、江苏、福建、新疆、河北、四川，达 1955.75 亿美元，占比 79.37%；项目数量排名前十位的省份包括北京、广东、上海、浙江、江苏、山东、福建、湖南、天津、河北，达 2254 起，占比 78.26%（见图 5.4）。2018—2020 年，有 8 个省份（北京、浙江、广东、上海、山东、江苏、福建、新疆）稳居投资金额排名前十位，7 个省份（北京、广东、上海、浙江、江苏、山东、福建）稳居投资项目数量排名前十位。

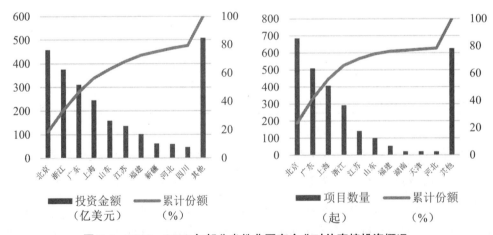

图 5.4　2018—2020 年部分省份非国有企业对外直接投资概况

　　总体而言，非国有企业对外直接投资金额和项目数量的省份分布较为集中，并且数量结构和金额结构更加稳定；国有企业对外直接投资金额和项目数量的省份分布较为分散，并且数量结构和金额结构较不稳定。不论国有企业还是非国有企业，以北京、上海和广东为代表的东部地区仍然是对外直接投资最为活跃的地区。

三、不同所有制企业对外直接投资行业分布

2018—2020年，中国国有企业对外直接投资涉及54个行业大类。投资金额排名前十的行业包括电力、热力生产和供应业（44）[①]，商务服务业（72），燃气生产和供应业（45），房地产业（70），金属制品业（33），专业技术服务业（74），汽车制造业（36），石油和天然气开采业（07），软件和信息技术服务业（65），邮政业（60），金额达752.35亿美元，占比72.27%。项目数量排名前十位的行业包括电力、热力生产和供应业（44），汽车制造业（36），计算机通信和其他电子设备制造业（39），软件和信息技术服务业（65），商务服务业（72），电信、广播电视和卫星传输服务（63），研究和试验发展（73），电气机械和器材制造业（38），房屋建筑业（47），资本市场服务（67），项目数达205起，占比55.11%（见图5.5）。2018—2020年，有一个行业（电力、热力生产和供应业）稳居投资金额排名前十位，4个行业（电力、热力生产和供应业，计算机通信和其他电子设备制造业，软件和信息技术服务业，商务服务业）稳居项目数量排名前十位。

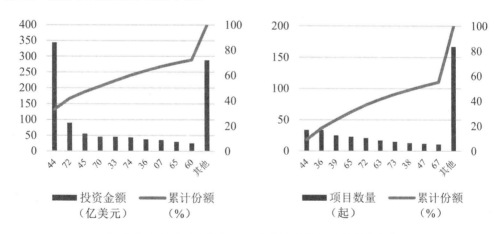

图 5.5　2018—2020年国有企业对外直接投资行业分布

注：横轴数字为行业大类代码（国民经济行业分类 GB/T 4754-2017）。本章同。

同一时期，非国有企业对外直接投资涉及81个行业大类。交易金额排名前十的行业包括电气机械和器材制造业（38），软件和信息技术服务业（65），汽车制造业

---

① 括号内为行业大类代码（国民经济行业分类 GB/T 4754-2017）。

（36）、电力、热力生产和供应业（44），石油、煤炭及其他燃料加工业（25），管道运输业（57），化学原料和化学制品制造业（26），计算机通信和其他电子设备制造业（39），房屋建筑业（47），专用设备制造业（35），金额达 1455.08 亿美元，占比 59.05%。交易数量排名前十位的行业包括软件和信息技术服务业（65），计算机通信和其他电子设备制造业（39），零售业（52），商务服务业（72），汽车制造业（36），专用设备制造业（35），电气机械和器材制造业（38），研究和试验发展（73），电力、热力生产和供应业（44），化学原料和化学制品制造业（26），项目数达 1795 起，占比 62.35%（见图 5.6）。2018—2020 年，有两个行业（软件和信息技术服务业、汽车制造业）稳居投资金额排名前十位，6 个行业（软件和信息技术服务业、计算机通信和其他电子设备制造业、零售业、商务服务业、专用设备制造业、研究和试验发展）稳居项目数量排名前十位。

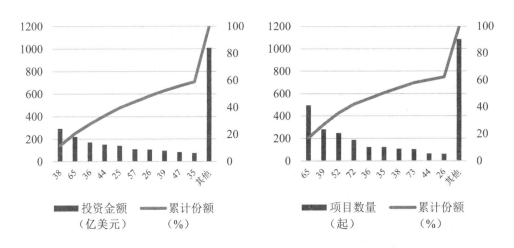

图 5.6　2018—2020 年非国有企业对外直接投资行业分布

总体而言，非国有企业对外直接投资行业的项目数量集中度较高，金额结构和数量结构更为稳定；国有企业对外直接投资行业的项目金额集中度较高。相对于非国有企业，国有企业对外直接投资更偏好公共事业。不论国有企业还是非国有企业，计算机和信息技术服务业都是对外直接投资的重点领域。

四、不同所有制企业对外直接投资区位分布

2018—2020 年，中国国有企业对外直接投资覆盖 78 个国家或地区。投资金额

排名前十位的国家和地区包括印度尼西亚、百慕大、开曼群岛、中国香港、法国、菲律宾、秘鲁、尼日利亚、维尔京群岛（英国）、印度，金额达736.73亿美元，占比70.77%；项目数量排名前十位的国家和地区包括美国、中国香港、开曼群岛、英国、百慕大、印度、新加坡、维尔京群岛（英国）、西班牙、德国，项目数达185起，占比49.73%（见图5.7）。2018—2020年，有3个国家和地区（百慕大、开曼群岛、中国香港）稳居投资金额排名前十位，3个国家和地区（中国香港、美国、英国）稳居项目数量排名前十位。

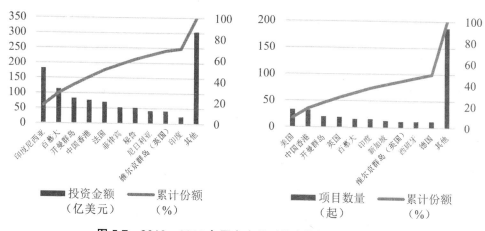

图5.7　2018—2020年国有企业对外直接投资区位分布

同一时期，非国有企业对外直接投资涵盖130个国家或地区。投资金额排名前十位的国家和地区包括美国、开曼群岛、百慕大、俄罗斯、文莱、中国香港、印度尼西亚、德国、印度、英国，金额达1299.60亿美元，占比52.74%；项目数量排名前十位的国家和地区包括美国、中国香港、印度、英国、新加坡、开曼群岛、德国、西班牙、澳大利亚、墨西哥，项目数达1500起，占比52.08%（见图5.8）。2018—2020年，有两个国家（美国、德国）稳居投资金额排名前十位，6个国家和地区（美国、印度、英国、中国香港、新加坡、德国）稳居项目数量排名前十位。

总体而言，非国有企业对外直接投资区位的项目数量集中度较高，数量结构更为稳定；国有企业对外直接投资区位的投资金额集中度较高，金额结构更为稳定。相对于非国有企业，国有企业对外直接投资更青睐国际避税地。

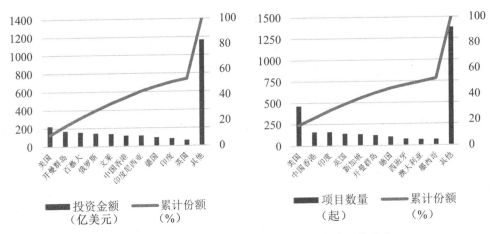

图5.8　2018—2020年非国有企业对外直接投资区位分布

在上述诸多国家或地区中，美国占据中国国有企业对外直接投资项目数量第一位、非国有企业对外直接投资项目数量和投资金额第一位的重要位置。然而，2018—2019年，美国出尔反尔、不断发难，导致中美经贸摩擦在短时间内持续升级，使中美经贸关系受到极大损害。数据表明，2019年中国企业对美直接投资在投资金额和项目数量两方面均经历了大幅下降：国有企业投资金额由2018年的17.15亿美元降为2.46亿美元，降幅达85.66%，项目数量由2018年的28起降为3起，降幅达89.29%；非国有企业投资金额由2018年的107.19亿美元降为57.49亿美元，降幅达46.37%，项目数量由2018年的215起降为124起，降幅达42.33%。虽然中美经贸摩擦在2020年1月以《中美第一阶段经贸协议》的签署为标志告一段落，但是在新冠肺炎疫情的冲击下，中国企业对美直接投资仍未恢复到2018年的水平（2020年中国国有企业对美直接投资0.11亿美元，交易2起；非国有企业对美直接投资58.02亿美元，交易127起）。

第二节　不同所有制企业对外绿地投资分析

一、不同所有制企业对外绿地投资总体情况

2018—2020年，中国企业对外绿地投资金额为2002.78亿美元，完成交易1895起。其中，2018年投资金额为924.86亿美元，交易842起；2019年投资金额为615.54

亿美元，环比下降 33.45%，交易 668 起，环比下降 20.67%；2020 年投资金额为 462.38 亿美元，环比下降 24.88%，交易 385 起，环比下降 42.37%。

2018—2020 年，中国国有企业主导对外绿地投资金额为 446.43 亿美元，占比 22.29%，交易 175 起，占比 9.23%，平均交易金额为 2.55 亿美元（见表 5.3）。其中，2018 年投资金额为 415.12 亿美元，交易 145 起；2019 年投资金额为 31.31 亿美元，环比下降 92.46%，交易 30 起，环比下降 79.31%；2020 年国有企业没有进行对外绿地投资。

同一时期，非国有企业主导对外绿地投资金额为 1556.35 亿美元，占比 77.71%，交易 1720 起，占比 90.77%，平均交易金额为 0.90 亿美元（见表 5.3）。其中，2018 年投资金额为 509.74 亿美元，交易 697 起；2019 年投资金额为 584.23 亿美元，环比上升 14.61%，交易 638 起，环比下降 8.46%；2020 年投资金额为 462.38 亿美元，环比下降 20.86%，交易 385 起，环比下降 39.66%。2020 年第一季度投资金额为 93.62 亿美元，交易 119 起；第二季度投资金额为 71.52 亿美元，环比下降 23.61%，交易 93 起，环比下降 21.85%；第三季度投资金额为 172.63 亿美元，环比上升 141.37%，交易 98 起，环比上升 5.38%；第四季度投资金额为 124.61 亿美元，环比下降 27.81%，交易 75 起，环比下降 23.47%（见图 5.9）。

表 5.3 2018—2020 年国有企业与非国有企业对外绿地投资概况 单位：亿美元，起，%

年份	国有企业				非国有企业			
	金额	占比	数量	占比	金额	占比	数量	占比
2018	415.12	44.88	145	17.22	509.74	55.12	697	82.78
2019	31.31	5.09	30	4.49	584.23	94.91	638	95.51
2020	0.00	0.00	0	0.00	462.38	100.00	385	100.00

2018—2020 年，国有企业对外绿地投资在投资金额和项目数量两个方面均呈下降趋势，在 2020 年收缩为 0；非国有企业的对外绿地投资呈波动态势。总体而言，非国有企业的投资金额和项目数量远高于国有企业，国有企业的单笔交易平均规模远大于非国有企业。

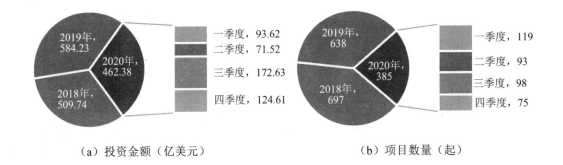

（a）投资金额（亿美元）   （b）项目数量（起）

图 5.9   2018—2020 年非国有企业对外绿地投资概况

二、不同所有制企业对外绿地投资行业分布

2018—2020 年，中国国有企业对外绿地投资涉及 30 个行业大类。投资金额排名前十位的行业包括电力、热力生产和供应业（44），金属制品业（33），石油和天然气开采业（07），汽车制造业（36），房屋建筑业（47），黑色金属冶炼和压延加工业（31），装卸搬运和仓储业（59），住宿业（61），食品制造业（14），电信、广播电视和卫星传输服务（63），金额达 420.88 亿美元，占比 94.28%。项目数量排名前十位的行业包括汽车制造业（36），电力、热力生产和供应业（44），电信广播电视和卫星传输服务（63），计算机通信和其他电子设备制造业（39），房屋建筑业（47），商务服务业（72），住宿业（61），食品制造业（14），黑色金属冶炼和压延加工业（31），装卸搬运和仓储业（59），项目数达 131 起，占比 74.86%（见图 5.10）。2018—2020 年，有 3 个行业（汽车制造业、黑色金属冶炼和压延加工业、食品制造业）稳居投资金额排名前十位，6 个行业（汽车制造业、电信广播电视和卫星传输服务、计算机通信和其他电子设备制造业、商务服务业、食品制造业、黑色金属冶炼和压延加工业）稳居项目数量排名前十位。

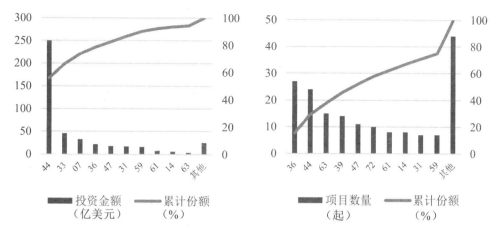

图 5.10　2018—2020 年国有企业对外绿地投资行业分布

同一时期，非国有企业对外直接投资涉及 61 个行业大类。投资金额排名前十位的行业包括电力、热力生产和供应业（44），石油、煤炭及其他燃料加工业（25），电气机械和器材制造业（38），管道运输业（57），汽车制造业（36），房屋建筑业（47），计算机通信和其他电子设备制造业（39），黑色金属冶炼和压延加工业（31），化学原料和化学制品制造业（26），电信、广播电视和卫星传输服务（63），金额达 940.66 亿美元，占比 60.44%。项目数量排名前十位的行业包括计算机通信和其他电子设备制造业（39），零售业（52），商务服务业（72），汽车制造业（36），软件和信息技术服务业（65），电气机械和器材制造业（38），专用设备制造业（35），电力、热力生产和供应业（44），电信、广播电视和卫星传输服务（63），橡胶和塑料制品业（29），项目数达 1090 起，占比 63.37%（见图 5.11）。2018—2020 年，有两个行业（汽车制造业、计算机通信和其他电子设备制造业）稳居投资金额排名前十位，4 个行业（计算机通信和其他电子设备制造业、零售业、汽车制造业、软件和信息技术服务业）稳居项目数量排名前十位。

总体而言，中国国有企业对外绿地投资行业的投资金额集中度和项目数量集中度均较高，金额结构和数量结构更为稳定；非国有企业对外绿地投资行业分布更为广泛和分散。不论国有企业还是非国有企业，传统制造业（如汽车制造业等）以及软件和信息技术服务业都是对外绿地投资的重点领域。

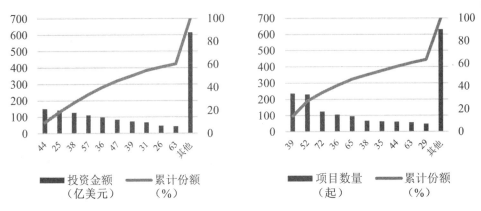

图 5.11　2018—2020 年非国有企业对外绿地投资行业分布图

三、不同所有制企业对外绿地投资区位分布

2018—2020 年，中国国有企业对外绿地投资涵盖 57 个国家或地区。投资金额排名前十位的国家或地区包括印度尼西亚、菲律宾、尼日利亚、印度、缅甸、俄罗斯、孟加拉国、美国、津巴布韦、荷兰，金额达 357.67 亿美元，占比 80.12%；项目数量排名前十位的国家和地区包括印度、美国、俄罗斯、英国、中国香港、埃及、西班牙、菲律宾、新加坡、印度尼西亚，项目数达 80 起，占比 45.71%（见图 5.12）。2018—2020 年，有两个国家（尼日利亚、印度）稳居投资金额排名前十位，4 个国家或地区（印度、英国、中国香港、埃及）稳居项目数量排名前十位。

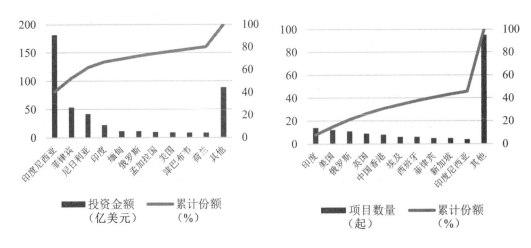

图 5.12　2018—2020 年国有企业对外绿地投资区位分布

同一时期，非国有企业对外绿地投资涵盖 122 个国家或地区。投资金额排名前十位的国家和地区包括俄罗斯、文莱、美国、印度尼西亚、印度、德国、越南、中国香港、哈萨克斯坦、菲律宾，金额达 763.12 亿美元，占比 49.03%；项目数量排名前十位的国家和地区包括美国、印度、英国、墨西哥、西班牙、俄罗斯、新加坡、德国、法国、中国香港，项目数达 811 起，占比 47.15%（见图 5.13）。2018—2020年，有 1 个国家（美国）稳居投资金额排名前十位，6 个国家（美国、英国、西班牙、俄罗斯、新加坡、德国）稳居项目数量排名前十位。

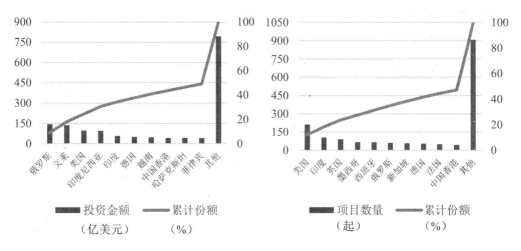

图 5.13　2018—2020 年非国有企业对外绿地投资区位分布

总体而言，非国有企业对外绿地投资区位的项目数量集中度较高，数量结构更为稳定；国有企业对外绿地投资区位的投资金额集中度较高，金额结构更为稳定。相比非国有企业，国有企业对外绿地投资更青睐非洲；相比国有企业，非国有企业对外绿地投资更集中于欧洲。

四、不同所有制企业对外绿地投资模式

在 2018—2020 年国有企业的对外绿地投资中，新建模式的投资金额占 88.76%（396.25 亿美元），项目数量占 88.00%（154 起），平均规模为 2.57 亿美元；扩张模式的投资金额占 10.87%（48.53 亿美元），项目数量占 10.86%（19 起），平均规模为 2.55 亿美元（见表 5.4）。2018—2020 年，新建模式的投资金额占比分别为 89.79%、

75.13%和 0，项目数量占比分别为 88.97%、83.33%和 0。[①]

表 5.4　2018—2020 年国有企业对外绿地投资模式　　单位：亿美元，起，%

投资模式	投资金额		项目数量		平均规模
	金额	占比	数量	占比	
新建	396.25	88.76	154	88.00	2.57
扩张	48.53	10.87	19	10.86	2.55

同一时期，非国有企业的对外绿地投资中，新建模式的投资金额占 83.07%（1292.90 亿美元），项目数量占 88.31%（1519 起），平均规模为 0.85 亿美元；扩张模式的投资金额占 16.35%（254.48 亿美元），项目数量占 10.76%（185 起），平均规模为 1.38 亿美元（见表 5.5）。2018—2020 年，新建模式的投资金额占比分别为 93.38%、88.92%和 64.32%，项目数量占比分别为 88.81%、88.40%和 87.27%。

表 5.5　2018—2020 年非国有企业对外绿地投资模式　　单位：亿美元，起，%

投资模式	投资金额		项目数量		平均规模
	金额	占比	数量	占比	
新建	1292.90	83.07	1519	88.31	0.85
扩张	254.48	16.35	185	10.76	1.38

国有企业和非国有企业在对外绿地投资模式上没有明显区别。新建模式是中国企业最主要的对外绿地投资模式；扩张模式所占比重较小，但在逐年增加。不论采取新建模式还是扩张模式，国有企业的平均规模都远大于非国有企业；国有企业新建模式投资平均规模大于扩张模式投资平均规模，但二者差距不大；非国有企业扩张模式投资平均规模大于新建模式投资平均规模，且二者差距较大。

五、不同所有制企业对外绿地投资境外创造就业

2018—2020 年，中国企业对外绿地投资境外创造就业岗位 476 658 个。其中，2018 年创造就业岗位 213 505 个；2019 年创造就业岗位 199 606 个，环比下降6.51%；2020 年创造就业岗位 63 547 个，环比下降 68.16%。

[①] 国有企业在 2020 年没有进行对外绿地投资。

2018—2020 年，国有企业对外绿地投资境外创造就业岗位 54 423 个，占比 11.42%，平均创造就业岗位 311 个。其中，2018 年创造就业岗位 45 287 个；2019 年创造就业岗位 9136 个，环比下降 79.83%；2020 年国有企业没有进行对外绿地投资。国有企业创造就业岗位排名前十位的国家和地区包括印度、乌干达、菲律宾、埃及、尼日利亚、突尼斯、哈萨克斯坦、俄罗斯、印度尼西亚、中国澳门，岗位数量达 38 992 个，占比 71.65%（见图 5.14）。2018—2020 年，有两个国家（印度、埃及）稳居创造就业岗位数量排名前十位。

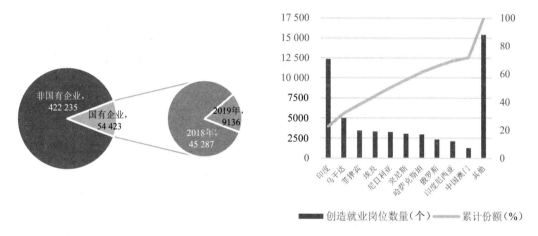

图 5.14 2018—2020 年国有企业对外绿地投资境外创造就业岗位数量及排名前十国家（地区）

同一时期，非国有企业对外绿地投资境外创造就业岗位 422 235 个，占比 88.58%，平均创造就业岗位 245 个。其中，2018 年创造就业岗位 168 218 个；2019 年创造就业岗位 190 470 个，环比上升 13.23%；2020 年创造就业岗位 63 547 个，环比下降 66.64%。2020 年，第一季度创造就业岗位 25 043 个；第二季度创造就业岗位 8138 个，环比下降 67.50%；第三季度创造就业岗位 14 499 个，环比上升 78.16%；第四季度创造就业岗位 15 867 个，环比上升 9.44%。非国有企业创造就业岗位排名前十位的国家和地区包括印度、越南、美国、墨西哥、俄罗斯、塞尔维亚、中国香港、巴西、澳大利亚、埃及，岗位数量达 219 798 个，占比 52.06%（见图 5.15）。2018—2020 年，有 4 个国家（印度、越南、美国、俄罗斯）稳居创造就业岗位排名前十位。

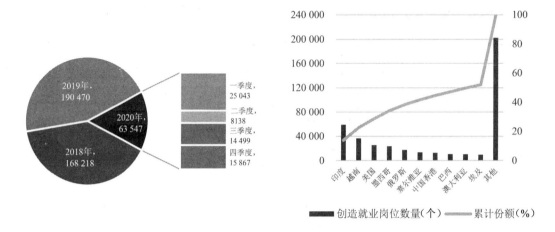

图 5.15　2018—2020 年非国有企业对外绿地投资境外创造就业岗位数量及排名前十国家（地区）

2018—2020 年，国有企业的对外绿地投资境外创造就业岗位数量呈下降趋势，在 2020 年收缩为 0；非国有企业的对外绿地投资境外创造就业岗位数量呈波动态势，在 2020 年的下半年呈现出上升趋势。总体而言，非国有企业创造就业岗位数量远高于国有企业，国有企业的单笔交易平均创造就业岗位数量远高于非国有企业。就区位分布而言，国有企业对外绿地投资境外创造就业岗位的集中度较高，相比非国有企业更倾向于非洲；非国有企业对外绿地投资境外创造就业岗位的集中度较低，相比国有企业更倾向于美洲。

第三节　不同所有制企业对外并购投资分析

一、不同所有制企业对外并购投资总体情况

2018—2020 年，中国企业对外并购投资金额为 1502.47 亿美元，完成交易 1357 起。其中，2018 年投资金额为 686.98 亿美元，交易 559 起；2019 年投资金额为 414.78 亿美元，环比下降 39.62%，交易 432 起，环比下降 22.72%；2020 年投资金额为 400.71 亿美元，环比下降 3.39%，交易 366 起，环比下降 15.28%。2020 年，第一季度投资金额为 57.60 亿美元，交易 86 起；第二季度投资金额为 99.95 亿美元，环比上升 73.53%，交易 105 起，环比上升 22.09%；第三季度投资金额为 83.53 亿美元，环比下降 16.43%，交易 92 起，环比下降 12.38%；第四季度投资金额为 159.64 亿美元，

环比上升 91.12%，交易 83 起，环比下降 9.78%。

2018—2020 年，国有企业主导对外并购投资金额为 594.58 亿美元，占比 39.57%，交易 197 起，占比 14.52%，平均交易金额为 3.02 亿美元（见表 5.6）。其中，2018 年投资金额为 332.25 亿美元，交易 89 起；2019 年投资金额为 138.26 亿美元，环比下降 58.39%，交易 55 起，环比下降 38.20%；2020 年投资金额为 124.07 亿美元，环比下降 10.26%，交易 53 起，环比下降 3.64%。2020 年，第一季度投资金额为 26.55 亿美元，交易 15 起；第二季度投资金额为 66.76 亿美元，环比上升 151.44%，交易 14 起，环比下降 6.67%；第三季度投资金额为 7.42 亿美元，环比下降 88.88%，交易 8 起，环比下降 42.86%；第四季度投资金额为 23.34 亿美元，环比上升 214.56%，交易 16 起，环比上升 100%（见图 5.16）。

表 5.6　2018—2020 年国有企业与非国有企业对外并购投资概况　单位：亿美元，起，%

年份	国有企业				非国有企业			
	金额	占比	数量	占比	金额	占比	数量	占比
2018	332.25	48.36	89	15.92	354.73	51.64	470	84.08
2019	138.26	33.33	55	12.73	276.52	66.67	377	87.27
2020	124.07	30.96	53	14.48	276.64	69.04	313	85.52

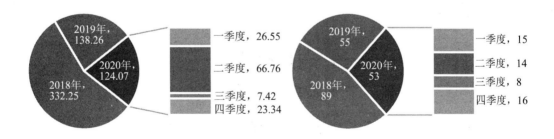

（a）投资金额（亿美元）　　　　　　　（b）项目数量（起）

图 5.16　2018—2020 年国有企业对外并购投资概况

同一时期，非国有企业主导对外并购投资金额为 907.89 亿美元，占比 60.43%，交易 1160 起，占比 85.48%，平均交易金额为 0.78 亿美元（见表 5.6）。其中，2018 年投资金额为 354.73 亿美元，交易 470 起；2019 年投资金额为 276.52 亿美元，环比下降 22.05%，交易 377 起，环比下降 19.79%；2020 年投资金额为 276.64 亿美元，环比上升 0.04%，交易 313 起，环比下降 16.98%。2020 年，第一季度投资金额为 31.05 亿美元，交易 71 起；第二季度投资金额为 33.19 亿美元，环比上升 6.90%，交易 91 起，环比上升 28.17%；第三季度投资金额为 76.10 亿美元，环比上升 129.28%，交易 84 起，环比下降 7.69%；第四季度投资金额为 136.30 亿美元，环比上升 79.11%，交易 67 起，环比下降 20.24%（见图 5.17）。

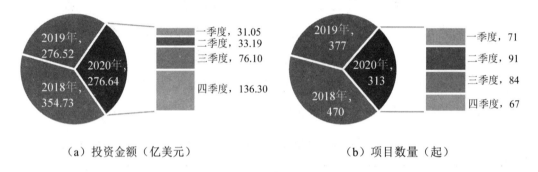

（a）投资金额（亿美元）   （b）项目数量（起）

图 5.17 2018—2020 年非国有企业对外并购投资概况

2018—2020 年，国有企业和非国有企业的对外并购投资金额和项目数量均呈下降趋势。2020 年的季度数据表明，国有企业的对外并购投资尚未稳定，波动较大；非国有企业的对外并购投资金额扭转了下降趋势，呈现出上升态势。总体而言，非国有企业的投资金额和项目数量远高于国有企业，国有企业的单笔交易平均规模远大于非国有企业。

二、不同所有制企业对外并购投资行业分布

2018—2020 年，国有企业对外并购投资涉及 46 个行业大类。投资金额排名前十位的行业包括电力、热力生产和供应业（44），商务服务业（72），燃气生产和供应业（45），房地产业（70），专业技术服务业（74），软件和信息技术服务业（65），邮政业（60），计算机通信和其他电子设备制造业（39），有色金属矿采选业（09），化学原料和化学制品制造业（26），金额达 442.37 亿美元，占比 74.40%；项目数量排名前十位的行业包括软件和信息技术服务业（65），研究和试验发展（73），商务服务业（72），计算机通信和其他电子设备制造业（39），电力、热力生产和供应业（44），其他金融业（69），专用设备制造业（35），房地产业（70），电气机械和器材制造业（38），汽车制造业（36），项目数达 110 起，占比 55.84%（见图 5.18）。2018—

2020年，有两个行业（电力、热力生产和供应业，专业技术服务业）稳居投资金额前十位，3个行业（软件和信息技术服务业、商务服务业、计算机通信和其他电子设备制造业）稳居项目数量前十位。

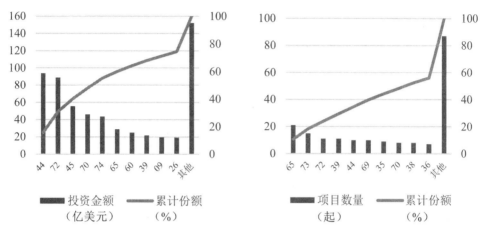

图5.18　2018—2020年国有企业对外并购投资行业分布

同一时期，非国有企业对外并购投资涉及73个行业大类。投资金额排名前十位的行业包括软件和信息技术服务业（65）、电气机械和器材制造业（38）、汽车制造业（36）、化学原料和化学制品制造业（26）、专用设备制造业（35）、燃气生产和供应业（45）、研究和试验发展（73）、货币金融服务（66）、商务服务业（72）、有色金属矿采选业（09），金额达688.13亿美元，占比75.79%。项目数量排名前十位的行业包括软件和信息技术服务业（65）、研究和试验发展（73）、商务服务业（72）、专用设备制造业（35）、其他金融业（69）、批发业（51）、计算机通信和其他电子设备制造业（39）、电气机械和器材制造业（38）、房地产业（70）、医药制造业（27），项目数达841起，占比72.56%（见图5.19）。2018—2020年，有4个行业（软件和信息技术服务业、专用设备制造业、研究和试验发展、计算机通信和其他电子设备制造业）稳居投资金额前十位，7个行业（软件和信息技术服务业、研究和试验发展、商务服务业、专用设备制造业、其他金融业、计算机通信和其他电子设备制造业、电气机械和器材制造业）稳居项目数量前十位。

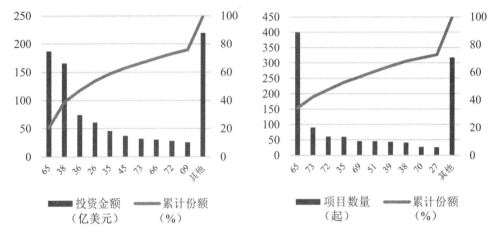

图 5.19　2018—2020 年非国有企业对外并购投资行业分布

总体而言，非国有企业对外并购投资行业的投资金额集中度和项目数量集中度较高，金额结构和数量结构更为稳定；国有企业对外并购投资行业分布更为分散。相比非国有企业，国有企业对外并购投资更偏好公共事业。不论国有企业还是非国有企业，软件和信息技术服务业都是对外并购投资的重点领域。

三、不同所有制企业对外并购投资区位分布

2018—2020 年，国有企业对外并购投资涵盖 47 个国家和地区。投资金额排名前十位的国家和地区包括百慕大、开曼群岛、中国香港、法国、秘鲁、维尔京群岛（英国）、智利、西班牙、卢森堡、哈萨克斯坦，金额达 505.42 亿美元，占比 85.01%；项目数量排名前十位的国家和地区包括中国香港、美国、开曼群岛、百慕大、维尔京群岛（英国）、英国、新加坡、以色列、德国、法国，数量达 133 起，占比 67.51%（见图 5.20）。2018—2020 年，有 6 个国家和地区［百慕大、开曼群岛、中国香港、法国、维尔京群岛（英国）、西班牙］稳居投资金额排名前十位，5 个国家和地区［中国香港、美国、开曼群岛、百慕大、维尔京群岛（英国）］稳居项目数量排名前十位。

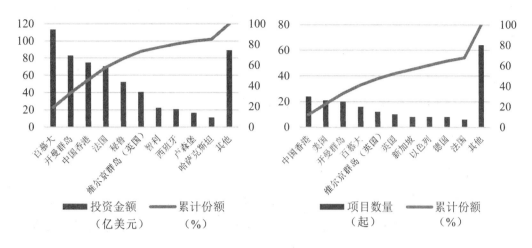

图 5.20　2018—2020 年国有企业对外并购投资区位分布图

同一时期，非国有企业对外并购投资涵盖 72 个国家和地区。投资金额排名前十位的国家和地区包括开曼群岛、百慕大、美国、中国香港、维尔京群岛（英国）、德国、智利、瑞典、英国、印度，金额达 733.13 亿美元，占比 80.75%；投资数量排名前十位的国家和地区包括美国、开曼群岛、中国香港、新加坡、印度、英国、德国、维尔京群岛（英国）、以色列、澳大利亚，项目数量达 829 起，占比 71.47%（见图 5.21）。2018—2020 年，有 4 个国家和地区（开曼群岛、美国、中国香港、英国）稳居投资金额排名前十位，7 个国家和地区（美国、中国香港、新加坡、印度、英国、开曼群岛、德国）稳居投资数量前十位。

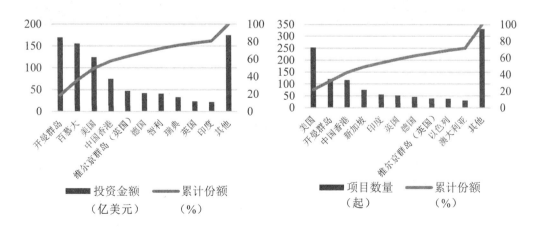

图 5.21　2018—2020 年非国有企业对外并购投资区位分布

总体而言，非国有企业对外并购投资区位的项目数量集中度较高，数量结构更为稳定；国有企业对外并购投资区位的投资金额集中度较高，金额结构更为稳定。相比非国有企业，国有企业对外并购投资更青睐国际避税地。

四、不同所有制企业对外并购投资支付方式

2018—2020 年，国有企业对外并购投资采用 9 种支付方式，非国有企业对外并购投资采用 12 种支付方式，现金支付和股票支付是二者最主要的支付方式。

在国有企业的对外并购投资中，以现金支付的投资金额占 46.28%（188.16 亿美元），项目数量占 68.67%（57 起），平均规模为 3.30 亿美元；以股票支付的投资金额占 20.71%（84.20 亿美元），项目数量占 12.05%（10 起），平均规模为 8.42 亿美元。2018—2020 年，以现金支付的投资金额占比分别为 42.56%、13.18%和 80.72%，项目数量占比分别为 60.00%、58.06%和 88.89%；以股票支付的投资金额占比分别为 28.39%、25.15%和 0.95%，项目数量占比分别为 28.00%、6.45%和 3.70%（见图 5.22）。

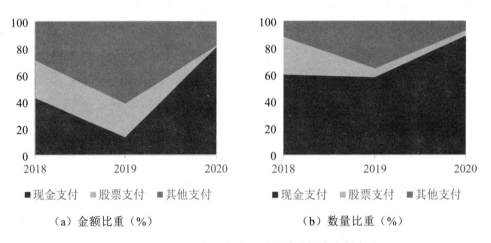

（a）金额比重（%）　　　　　　　（b）数量比重（%）

图 5.22　2018—2020 年国有企业对外并购投资支付方式

在非国有企业的对外并购投资中，以现金支付的投资金额占 39.31%（181.77 亿美元），项目数量占 82.44%（371 起），平均规模为 0.49 亿美元；以股票支付的投资金额占 28.05%（129.69 亿美元），项目数量占 4.00%（18 起），平均规模为 7.20 亿美元。2018—2020 年三年，以现金支付的投资金额占比分别为 76.63%、29.98%和 18.59%，项目数量占比分别为 83.14%、81.88%和 82.20%；以股票支付的投资金额

占比分别为 12.99%、7.20% 和 57.59%，项目数量占比分别为 4.65%、0.63% 和 7.63%（见图 5.23）。

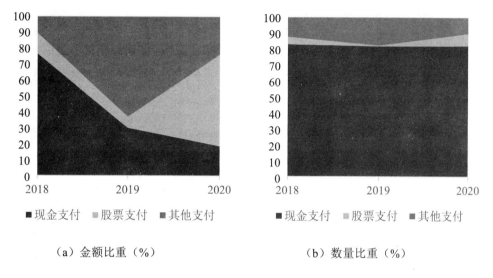

（a）金额比重（%）　　　　　　　　　　（b）数量比重（%）

图 5.23　2018—2020 年非国有企业对外并购投资支付方式

不论是现金支付还是股票支付，国有企业的平均规模都远大于非国有企业；国有企业股票支付平均规模大于现金支付平均规模，但二者差距较小；非国有企业股票支付平均规模大于现金支付平均规模，且二者差距较大。

五、不同所有制企业对外并购投资融资类型

2018—2020 年，国有企业对外并购投资涉及 15 种融资类型，非国有企业对外并购投资涉及 21 种融资类型。

在国有企业的对外并购投资中，增资、银行贷款和私募股权是最主要的融资类型。增资融资的投资金额占 44.78%（99.51 亿美元），项目数量占 32.26%（20 起），平均规模为 4.98 亿美元；银行贷款的投资金额占 19.24%（42.76 亿美元），项目数量占 12.90%（8 起），平均规模为 5.35 亿美元；私募股权融资的投资金额占 12.33%（27.39 亿美元），项目数量占 9.68%（6 起），平均规模为 4.57 亿美元。2018—2020 年，增资融资的投资金额占比分别为 67.75%、25.09% 和 33.08%，项目数量占比分别为 41.67%、26.09% 和 26.67%；银行贷款融资的投资金额占比分别为 0、30.79% 和 55.54%，项目数量占比分别为 0、21.74% 和 20.00%；私募股权融资的投资金额占比

分别为 1.35%、25.08% 和 0,项目数量占比分别为 12.50%、13.04% 和 0(见图 5.24)。[①]

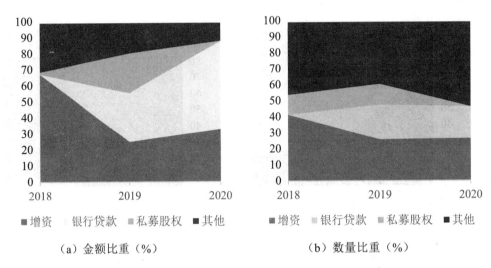

（a）金额比重（%）　　　　　　　　（b）数量比重（%）

图 5.24　2018—2020 年国有企业对外并购投资融资类型

在非国有企业的对外并购投资中,增资、私募股权和发展资本是最主要的融资类型。增资融资的投资金额占 62.34%(189.01 亿美元),项目数量占 14.02%(68 起),平均规模为 2.78 亿美元;私募股权融资的投资金额占 10.80%(32.74 亿美元),项目数量占 11.55%（56 起）,平均规模为 0.58 亿美元;发展资本融资的投资金额占 10.48%(31.79 亿美元),项目数量占 29.48%(143),平均规模为 0.22 亿美元。2018—2020 年,增资融资的投资金额占比分别为 36.24%、34.70% 和 83.30%,项目数量占比分别为 12.64%、10.92% 和 20.16%;私募股权融资的投资金额占比分别为 20.47%、20.49% 和 3.18%,项目数量占比分别为 12.09%、13.79% 和 7.75%;发展资本融资的投资金额占比分别为 15.83%、17.42%、5.83%,项目数量占比分别为 29.67%、28.74%、30.23%（见图 5.25）。

---

① 国有企业在 2018 年没有以银行贷款为融资方式的对外并购投资,在 2020 年没有以私募股权为融资方式的对外并购投资。

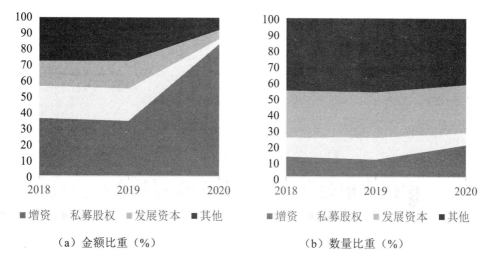

（a）金额比重（%）　　　　　　　　（b）数量比重（%）

图 5.25　2018—2020 年非国有企业对外并购投资融资类型

在国有企业最主要的三种融资类型中，银行贷款融资的平均规模最大，但三者差距较小；在非国有企业最主要的三种融资类型中，增资融资的平均规模最大，且三者差距较大。国有企业增资融资和私募股权融资的平均规模都远大于非国有企业的平均规模。国有企业对外并购投资相比非国有企业更倾向于选择银行贷款融资；非国有企业对外并购投资相比国有企业更倾向于选择发展资本融资。

第六章

中国上市企业与非上市企业对外直接投资

摘　要

本章主要介绍中国上市企业和非上市企业对外投资现状。[①]第一节简要描述了中国上市企业与非上市企业对外直接投资总体情况；第二节重点分析了中国上市企业与非上市企业对外绿地投资的行业分布和区位分布；第三节重点描述了中国上市企业与非上市企业对外并购投资的行业分布、区位分布、支付方式和融资类型。

---

① 本章企业所有制的划分方法如下：首先，通过公开信息确定企业中文名称（FDI Markets 绿地投资数据库中企业名称来自"investing company"；BvD-Zephyr 并购数据库中企业名称来自"acquiror name"）。然后，对于绿地投资数据库，根据企业中文名称在企查查、天眼查等平台，逐一确定企业上市情况；对于 BvD-Zephyr 中的并购数据，根据公开信息"acquiror ticker symbol"确定企业是否为上市企业，上市类型为 A 股、B 股和 H 股。"非上市"包括三种情况：股票代码为空的；股票代码不为空，但主要交易所信息显示"退市"的；股票代码不为空，但主要交易所信息为空且上市交易所信息为空的。企业的上市地点主要包括上海证券交易所、深圳证券交易所和香港证券交易所。

第一节　上市企业与非上市企业对外直接投资

一、上市企业与非上市企业对外直接投资总体情况

2018—2020 年，中国企业对外直接投资金额为 3505.19 亿美元，完成交易 3252 起。其中，2018 年投资金额为 1611.78 亿美元，交易 1401 起；2019 年投资金额为 1030.32 亿美元，环比下降 36.08%，交易 1100 起，环比下降 21.48%；2020 年投资金额为 863.09 亿美元，环比下降 16.23%，交易 751 起，环比下降 31.73%。2020 年，第一季度投资金额为 151.22 亿美元，交易 205 起；第二季度投资金额为 171.47 亿美元，环比上升 13.39%，交易 198 起，环比下降 3.41%；第三季度投资金额为 256.15 亿美元，环比上升 49.39%，交易 190 起，环比下降 4.04%；第四季度投资金额为 284.25 亿美元，环比上升 10.97%，交易 158 起，环比下降 16.84%。

如表 6.1 所示，2018—2020 年上市企业主导对外直接投资金额为 1716.11 亿美元，占比 48.96%，交易 1203 起，占比 36.99%，平均投资金额为 1.43 亿美元。其中，2018 年投资金额为 1014.08 亿美元，交易 585 起；2019 年投资金额为 441.70 亿美元，环比下降 56.44%，交易 350 起，环比下降 40.17%；2020 年投资金额为 260.33 亿美元，环比下降 41.06%，交易 268 起，环比下降 23.43%。

同一时期，非上市企业主导对外直接投资金额为 1789.10 亿美元，占比 51.04%，交易 2049 起，占比 63.01%，平均投资金额为 0.87 亿美元。其中，2018 年投资金额为 597.70 亿美元，交易 816 起；2019 年投资金额为 588.62 亿美元，环比下降 1.52%，交易 750 起，环比下降 8.09%；2020 年投资金额为 602.77 亿美元，环比增长 2.40%，交易 483 起，环比下降 35.60%。

2018—2020 年，上市企业的对外直接投资金额和项目数量均呈下降趋势，而非上市企业的对外直接投资尚未稳定，呈波动趋势。2020 年，非上市企业的对外投资金额扭转了下降趋势，呈现出上升状态。总体而言，非上市企业的投资金额和项目数量高于上市企业，但上市企业的单笔交易平均规模远大于非上市企业。

表 6.1　2018—2020 年中国上市企业与非上市企业对外直接投资金额和项目数量

单位：亿美元，起，%

年份	企业类型	投资金额	占比	项目数量	占比
2018	上市企业	1014.08	62.91	585	41.76
	非上市企业	597.70	37.08	816	58.24
2019	上市企业	441.70	42.87	350	31.82
	非上市企业	588.63	57.13	750	68.18
2020	上市企业	260.33	31.63	268	35.69
	非上市企业	602.77	68.37	483	64.31

二、各省份上市企业与非上市企业对外直接投资

如表 6.2 所示，2018—2020 年，中国 29 个省（自治区、直辖市）的上市企业参与了对外直接投资。投资金额排名前十位的省份包括北京、广东、上海、浙江、福建、河北、山东、江苏、四川、新疆，金额达 1457.86 亿美元，占比 84.95%；项目数量排名前十位的省份包括北京（385 起）、广东（143 起）、浙江（134 起）、上海（133 起）、山东（71 起）、江苏（55 起）、福建（30 起）、河北（14 起）、新疆（13起）、安徽（12 起），数量达 990 起，占比 82.29%。2018—2020 年，有 4 个省份（北京、广东、上海、浙江）稳居投资金额排名前十位，4 个省份（北京、广东、浙江、上海）稳居项目数量排名前十位。

同一时期，中国 29 个省（自治区、直辖市）的非上市企业参与了对外投资。投资金额排名前十位的省份包括北京、浙江、广东、上海、山东、江苏、河北、福建、新疆、内蒙古，金额达 1264.13 亿美元，占比 70.66%；项目数量排名前十位的省份包括北京（437 起）、广东（398 起）、上海（317 起）、浙江（176 起）、江苏（109 起）、山东（39 起）、福建（28 起）、河北（20 起）、天津（19 起）、湖北（14 起），达 1557起，占比 74.00%。总体而言，2018—2020 年，有 4 个省份（北京、浙江、广东、上海）稳居投资金额和项目数量前五位。不论是上市企业还是非上市企业，以北京、上海、浙江和广东为代表的东部发达地区仍然是对外直接投资最为活跃的地区。

表 6.2　中国各省份上市企业与非上市企业对外直接投资金额和项目数量　单位：亿美元，起

省份	上市企业			非上市企业		
	投资金额	项目数量	平均交易金额	投资金额	项目数量	平均交易金额
北京	647.93	385	168.29	304.87	437	69.76
广东	184.23	143	128.83	226.73	398	56.97
上海	128.02	133	96.25	145.43	317	45.88
浙江	115.52	134	86.21	274.28	176	155.84
福建	87.31	30	291.02	29.93	28	106.88
河北	76.71	14	547.94	35.87	20	179.33
山东	68.00	71	95.78	103.76	39	266.06
江苏	64.75	55	117.73	96.35	109	88.40
四川	48.14	8	601.75	1.35	5	27.09
新疆	37.25	13	286.54	25.42	7	363.12
安徽	14.36	12	119.69	15.78	14	112.72
江西	11.25	8	140.67	—	—	—
湖北	10.87	7	155.36	18.03	14	128.80
黑龙江	6.95	7	99.35	2.36	2	118.24
内蒙古	3.32	3	110.67	21.49	3	716.43
重庆	3.19	6	53.16	2.21	10	22.09
海南	2.65	10	26.53	4.74	9	52.68
湖南	1.99	12	16.58	3.03	12	25.22
陕西	1.28	4	31.97	1.65	7	23.63
云南	1.20	5	24.00	11.55	2	577.45
河南	1.14	3	38.11	8.40	—	—
吉林	1.14	2	56.75	1.00	1	100.00
山西	0.64	1	63.80	1.08	4	26.99
辽宁	0.44	1	43.70	10.89	11	99.05
天津	0.32	5	6.33	6.07	19	31.96
辽宁	0.29	3	9.68	—	—	—
甘肃	0.19	2	9.60	3.34	2	167.06
江西	0.18	2	8.85	—	—	—
广西	0.07	2	3.30	1.10	1	110.00
贵州	—	—	—	0.12	1	12.10
青海	—	—	—	0.06	2	3.20
西藏	—	—	—	2.31	5	46.29

三、上市企业与非上市企业对外直接投资总体行业分布

2018—2020 年，上市企业对外直接投资涉及 68 个行业大类（国民经济行业分类 GB/T4754-2017，下同）。投资金额排名前十位的行业包括电力、热力生产和供应业，化学原料和化学制品制造业，汽车制造业，电气机械和器材制造业，专用设备制造业，金属制品业，医药制造业，房屋建筑业，废弃资源综合利用业，房地产业，金额达 1151.53 亿美元，占比 67.10%（见图 6.1）；项目数量排名前十位的行业包括零售业，汽车制造业，计算机、通信和其他电子设备制造业，电气机械和器材制造业，电力、热力生产和供应业，商务服务业，专用设备制造业，通用设备制造业，电信、广播电视和卫星传输服务，医药制造业，数量达 701 起，占比 58.27%（见图 6.2）。2018—2020 年，电力、热力生产和供应业稳居投资金额排名前三位，5 个行业（电力、热力生产和供应业，化学原料和化学制品制造业，汽车制造业，电气机械和器材制造业，专用设备制造业）稳居项目数量前十位。

同一时期，非上市企业对外直接投资涉及 70 个行业大类。投资金额排名前十位的行业包括其他金融业，石油、煤炭及其他燃料加工业，化学原料和化学制品制造业，航空运输业，商务服务业，计算机、通信和其他电子设备制造业，电力、热力生产和供应业，黑色金属冶炼和压延加工业，电气机械和器材制造业，房地产业，金额达 1217.87 亿美元，占比 68.07%（见图 6.3）。项目数量排名前十位的行业包括其他金融业，商务服务业，计算机、通信和其他电子设备制造业，零售业，软件与信息技术服务业，汽车制造业，化学原料和化学制品制造业，软件和信息技术服务业，专用设备制造业，电信、广播电视和卫星传输服务，数量达 1464 起，占比 71.45%（见图 6.4）。2018—2020 年，有两个行业（其他金融业，石油、煤炭及其他燃料加工业）稳居投资金额排名前十位，4 个行业（其他金融业，商务服务业，计算机、通信和其他电子设备制造业，零售业）稳居项目数量排名前十位。

总体而言，上市企业与非上市企业对外投资的行业集中度、金额结构和数量结构均差距较小。相比上市企业，非上市企业对外直接投资更偏好金融行业；不论上市企业还是非上市企业，软件和信息技术服务业都是对外投资的重点领域。

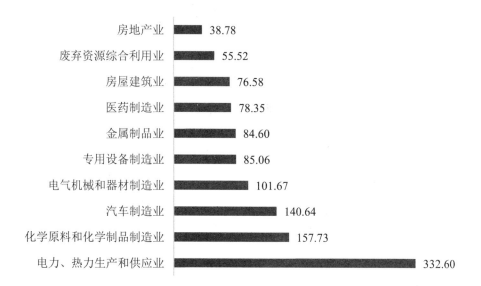

图 6.1 2018—2020 年中国上市企业对外直接投资金额前十位的行业（单位：亿美元）

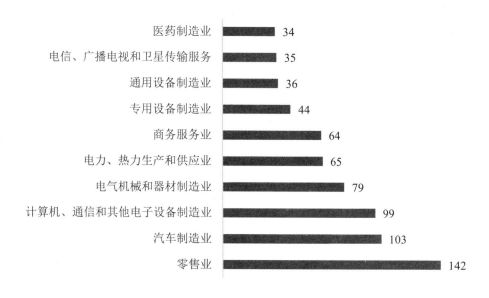

图 6.2 2018—2020 年中国上市企业对外直接投资项目数量前十位的行业（单位：起）

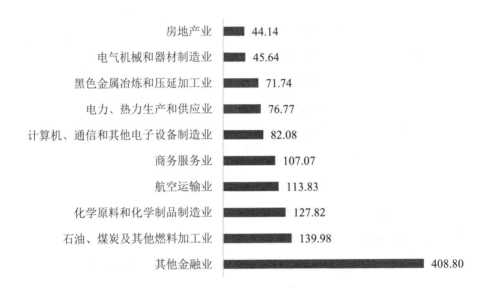

图 6.3　2018—2020 年中国非上市企业对外直接投资金额前十位的行业（单位：亿美元）

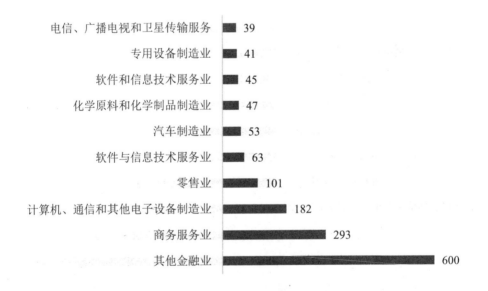

图 6.4　2018—2020 年中国非上市企业对外直接投资项目数量前十位的行业（单位：起）

四、上市企业与非上市企业对外直接投资总体区位分布

从中国上市企业在各大洲（地区）对外直接投资情况（见图 6.5）来看，2018—

2020年，上市企业在亚洲国家（地区）的对外直接投资金额最多，高达637.25亿美元，占所有上市企业对外直接投资总额的37.13%；其次是北美洲（481.69亿美元）和欧洲（296.23亿美元），占所有上市企业对外直接投资总额的比重分别为28.07%和17.26%。上市企业投资项目数量排名前三位的大洲依次是欧洲、北美洲和亚洲，分别为370起、328起和324起。2018—2020年，上市企业对外直接投资涵盖119个国家（地区）。投资金额排名前十位的国家和地区包括印度尼西亚、百慕大、开曼群岛、美国、中国香港、法国、尼日利亚、智利、德国、菲律宾，金额达1020.25亿美元，占比59.45%（见图6.6）；项目数量排名前十位的国家和地区包括美国、开曼群岛、印度、英国、中国香港、西班牙、墨西哥、德国、澳大利亚、越南，数量达572起，占比58.13%。

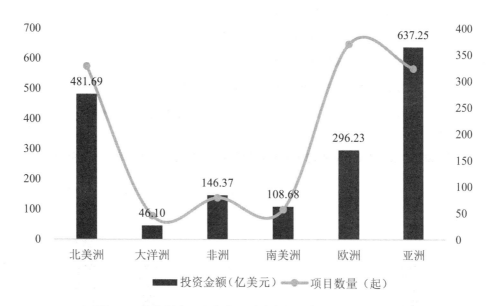

图6.5　分大洲中国上市企业对外直接投资金额和项目数量

从中国非上市企业在各大洲（地区）对外直接投资情况（见图6.7）来看，2018—2020年，非上市企业在亚洲国家（地区）的对外直接投资金额最多，高达651.28亿美元，占所有上市企业对外直接投资总额的36.03%；其次是欧洲（449.79亿美元）和北美洲（446.78亿美元），占所有上市企业对外直接投资总额的比重分别为24.89%和24.72%。非上市企业投资项目数量排名前三位的大洲依次是亚洲、北美洲和欧洲，分别为815起、537起和513起。2018—2020年，非上市企业对外直接投资涵盖117

个国家（地区）。投资金额排名前十位的国家和地区包括美国、文莱、俄罗斯、开曼群岛、中国香港、百慕大、秘鲁、印度、缅甸、维尔京群岛（英国），金额达 979.66 亿美元，占比 54.76%（见图 6.8）；项目数量排名前十位的国家和地区包括美国、中国香港、新加坡、印度、德国、开曼群岛、英国、法国、以色列、西班牙，达 1094 起，占比 57.43%。

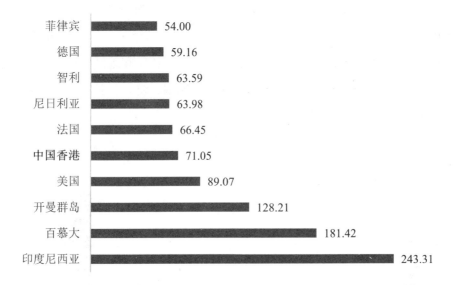

图 6.6　中国上市企业对外直接投资金额排名前十位的目的地（单位：亿美元）

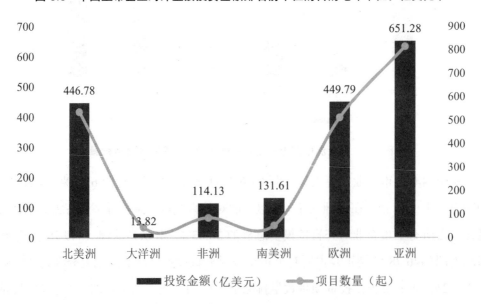

图 6.7　分大洲中国非上市企业对外直接投资金额和项目数量

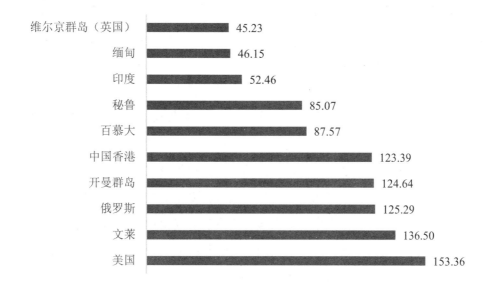

图6.8　中国非上市企业对外直接投资金额排名前十位的目的地（单位：亿美元）

五、上市企业与非上市企业对外直接投资前景与对策

随着新冠肺炎疫情在全球范围蔓延，各国采取的隔离、封锁措施导致大范围停工停产，全球经济急剧萎缩。联合国贸易和发展会议（UNCTAD）发布的《2021年世界投资报告》指出，2020年全球FDI流入量总额将比上一年下降5%～15%，或将触到2008年国际金融危机以来的最低点。报告中对大型上市企业和跨国公司的调查显示，汽车及其零部件生产业、航空业、旅游业将成为受疫情影响最为严重的行业。受疫情影响，全球市场需求普遍下滑，多数跨国企业会选择减少或推迟新投资，而这一冲击可能将延续到2021年。全球范围的经贸与投资活动减缓，也使中国上市企业和非上市企业的对外投资和海外并购活动陷入低谷，企业跨境投资面临多方面的风险与压力。此外，还应看到，疫情虽在短期内令上市和非上市海外投资企业风险增加，但从中长期来看，也带来了一些新的产业机遇。一方面，上市和非上市企业在近期内要重点做好风险防范，从容应对。另一方面，也要从中长期的角度做好规划，等待时机，展开新的投资布局。比如，未来医疗信息技术（包括远程会诊系统、自动化检测技术、医疗数据传输通信、药房自动化产品等）或将成为上市和非上市企业海外投资与并购活动的新增长点。在此次疫情中，中医药也显示出高治愈

率、低副作用的优势，得到国内外学者的重视，预计未来中医药行业的国际合作空间较大。与此同时，人工智能、大数据、云服务等新一代信息技术的相关应用领域对外投资，也将有很好的发展前景。

为带动更多企业"走出去"，积极开展对外投资业务，中国政府应给予上市和非上市对外投资企业财政方面的支持。首先，设立针对对外投资企业的专项支持资金，根据对外投资企业的行业分类进行资金需求等级划分，向投资高新技术产业的企业进行资金支持倾斜；近年来，非上市企业的对外直接投资比例大大增加，但非上市企业融资条件相对严格，对这些企业可以适当降低专项资金的申请门槛。其次，给予境外非上市投资企业税收优惠。对在境外投资且有出口业务的非上市企业，实行较低税率或者出口退税；延长对外投资企业的征税时限。针对本次疫情的突发性，可以对企业的对外投资提取风险准备金，以满足突发事件来袭时企业的应急管理需要，提升上市企业和非上市企业"走出去"的空间及其在国际产业链中的实力与影响力。

第二节　上市企业与非上市企业对外绿地投资

一、上市企业与非上市企业对外绿地投资总体情况

如表 6.3 所示，2018 年中国上市企业对外绿地投资金额达 693.66 亿美元，占所有企业对外绿地投资总额的比重为 75.00%；非上市企业对外绿地投资金额为 231.20 亿美元，占所有企业对外绿地投资金额的 25.00%。在投资项目数量方面，2018 年上市企业对外绿地投资项目数量为 476 起，占所有企业对外绿地投资项目总数的 56.53%；非上市企业的投资项目数量为 366 起，占所有企业总投资项目数量的 43.47%。2019 年，中国上市企业对外绿地投资金额达 221.18 亿美元，占所有企业对外绿地投资总额的比重为 35.93%；非上市企业对外绿地投资金额为 394.37 亿美元，占所有企业对外绿地投资金额的 64.07%。在投资项目数量方面，2019 年上市企业对外绿地投资项目数量为 270 起，占所有企业对外绿地投资项目总数的 40.42%；非上市企业的投资项目数量为 398 起，高于上市企业数量，占所有企业总投资项目数量的 59.58%。2020 年，中国上市企业对外绿地投资金额达 189.23 亿美元，占所有企

业对外绿地投资总额的比重为 40.93%；非上市企业对外绿地投资金额为 273.15 亿美元，占所有企业对外绿地投资金额的 59.07%。在投资项目数量方面，2020 年上市企业对外绿地投资项目数量为 202 起，占所有企业对外绿地投资项目总数的52.47%；非上市企业的投资项目数量低于上市企业数量，占企业总投资项目数量的47.53%。总体来看，2018—2020 年，上市企业对外绿地投资金额逐渐降低，而非上市企业对外绿地投资金额在 2019 年实现了快速增长。

表 6.3　中国上市企业与非上市企业对外绿地投资金额和项目数量　单位：亿美元，起，%

年份	企业类型	交易金额		项目数量	
		金额	占比	数量	占比
2018	上市企业	693.66	75.00	476	56.53
	非上市企业	231.20	25.00	366	43.47
2019	上市企业	221.18	35.93	270	40.42
	非上市企业	394.37	64.07	398	59.58
2020	上市企业	189.23	40.93	202	52.47
	非上市企业	273.15	59.07	183	47.53

二、上市企业与非上市企业对外绿地投资行业分布

2018—2020 年，上市企业对外绿地投资涉及 53 个行业大类。投资金额排名前十位的行业包括电力、热力生产和供应业，汽车制造业，电气机械和器材制造业，房屋建筑业，金属制品业，石油和天然气开采业，电信、广播电视和卫星传输服务，有色金属矿采选业，土木工程建筑业，纺织业，金额达 809.93 亿美元，占比 73.35%（见图 6.9）。项目数量排名前十位的行业包括零售业，计算机、通信和其他电子设备制造业，汽车制造业，电力、热力生产和供应业，电气机械和器材制造业，商务服务业，电信、广播电视和卫星传输服务，软件与信息技术服务业，专用设备制造业，房屋建筑业，数量达 608 起，占比 64.20%（见图 6.10）。

非上市企业对外绿地投资涉及 59 个行业大类。投资金额排名前十位的行业包括石油、煤炭及其他燃料加工业，管道运输业，电力、热力生产和供应业，黑色金属冶炼和压延加工业，计算机、通信和其他电子设备制造业，化学原料和化学制品制造业，电气机械和器材制造业，水上运输业，多式联运和运输代理业，软件与信

息技术服务业，金额达 599.46 亿美元，占比 66.70%（见图 6.11）。项目数量排名前十位的行业包括计算机、通信和其他电子设备制造业，零售业，商务服务业，软件与信息技术服务业，汽车制造业，电信、广播电视和卫星传输服务，化学原料和化学制品制造业，互联网和相关服务，专用设备制造业，多式联运和运输代理业，数量达 610 起，占比 64.42%（见图 6.12）。

　　总体而言，上市企业对外绿地投资行业的投资金额集中度和项目数量集中度较高，金额结构和数量结构更为稳定；非上市企业对外绿地投资行业分布更为广泛和分散。不论上市企业还是非上市企业，传统制造业（如汽车制造业、电气机械和器材制造业等）及软件与信息技术服务业都是对外绿地投资的重点领域。

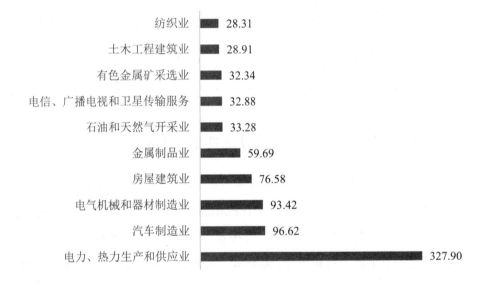

纺织业　28.31
土木工程建筑业　28.91
有色金属矿采选业　32.34
电信、广播电视和卫星传输服务　32.88
石油和天然气开采业　33.28
金属制品业　59.69
房屋建筑业　76.58
电气机械和器材制造业　93.42
汽车制造业　96.62
电力、热力生产和供应业　327.90

图 6.9　中国上市企业对外绿地投资金额前十位的行业（单位：亿美元）

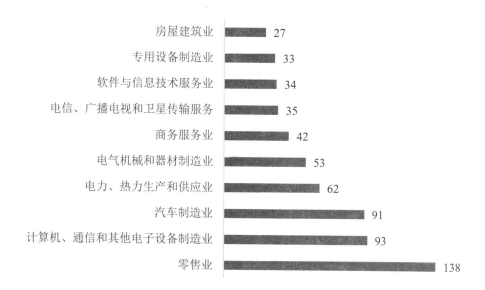

图 6.10　中国上市企业对外绿地投资项目数量前十位的行业（单位：起）

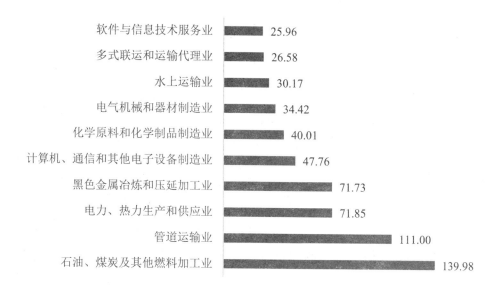

图 6.11　中国非上市企业对外绿地投资金额前十位的行业（单位：亿美元）

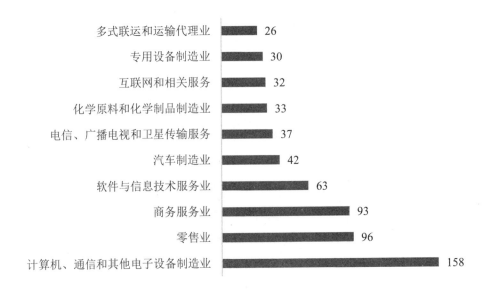

图 6.12 中国非上市企业对外绿地投资项目数量前十位的行业（单位：起）

三、上市企业与非上市企业对外绿地投资区位分布

2018—2020 年，上市企业对外绿地投资涵盖 111 个国家或地区，对外绿地投资金额排名前三位的依次是亚洲、欧洲和非洲，分别为 580.41 亿美元、189.29 亿美元和 145.42 亿美元，所对应的投资项目数量分别为 286 起、334 起和 77 起（见图 6.13）。可以看出，中国上市企业在亚洲国家（地区）的绿地投资交易金额在三个大洲之中最多，且就项目平均交易金额而言，高达 2.03 亿美元，位居三大洲平均交易金额之首，反映出中国上市企业在亚洲国家（地区）的绿地投资以大项目为主。投资金额排名前十位的国家和地区包括印度尼西亚、美国、尼日利亚、菲律宾、印度、埃及、哈萨克斯坦、澳大利亚、几内亚、墨西哥，金额达 652.12 亿美元，占比 59.07%（见图 6.14），可以看出中国企业对外绿地投资主要以发展中国家为主；项目数量排名前十位的国家和地区包括美国、印度、英国、西班牙、墨西哥、俄罗斯、越南、德国、巴西、意大利，数量达 438 起，占比 46.20%（见图 6.15）。

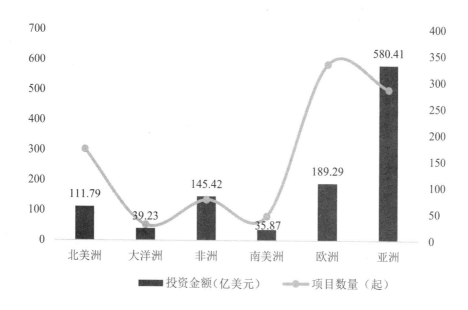

图6.13　分大洲中国上市企业对外绿地投资金额和项目数量

2018—2020年，非上市企业对外绿地投资涵盖107个国家或地区，对外绿地投资金额排名前三位的依次是亚洲、欧洲和非洲，分别为443.50亿美元、236.25亿美元和79.97亿美元，所对应的投资项目数量分别为362起、293起和67起（见图6.16）。可以看出，中国非上市企业在亚洲国家（地区）的绿地投资项目数量在三个大洲之中最多，就项目平均交易金额而言，高达1.23亿美元。中国非上市企业在南美洲国家（地区）的绿地投资单项金额高达1.72亿美元，位居所有大洲平均单个项目交易金额之首，反映出中国非上市企业在南美洲国家（地区）的绿地投资以大项目为主。投资金额排名前十位的国家或地区包括文莱、俄罗斯、缅甸、菲律宾、秘鲁、印度尼西亚、美国、印度、德国、越南，金额达530.72亿美元，占比59.05%（见图6.17）；项目数量排名前十位的国家和地区包括美国、印度、新加坡、英国、德国、俄罗斯、法国、中国香港、阿联酋、西班牙，数量达460起，占比48.57%（见图6.18）。综上所述，无论是上市企业还是非上市企业，印度尼西亚、美国、菲律宾、印度都是中国企业对外绿地投资的主要国家。

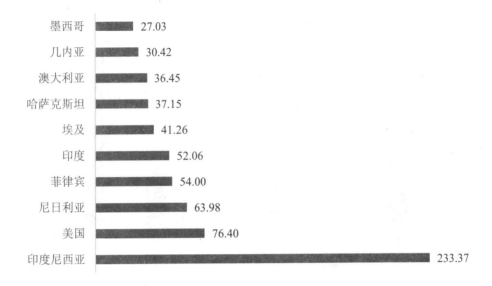

图 6.14　中国上市企业对外绿地投资金额排名前十位的目的地（单位：亿美元）

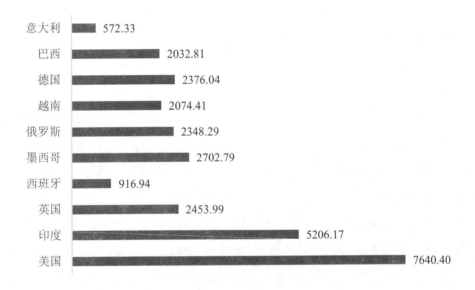

图 6.15　中国上市企业对外绿地投资项目数量排名前十位的目的地（单位：起）

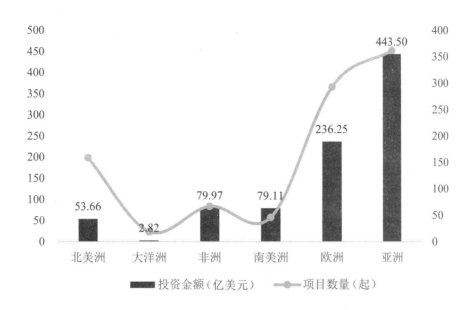

图6.16　分大洲中国非上市企业对外绿地投资金额和项目数量

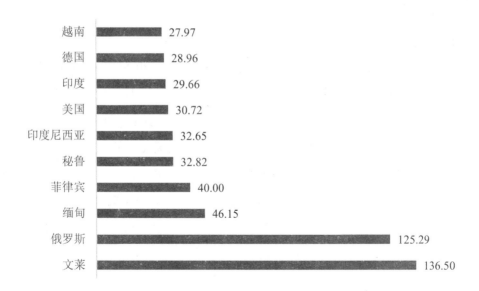

图6.17　中国非上市企业对外绿地投资金额排名前十位的目的地（单位：亿美元）

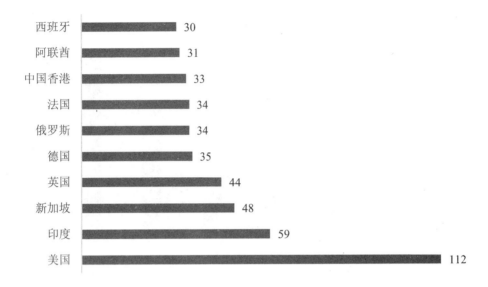

图6.18   中国非上市企业对外绿地投资项目数量排名前十位的目的地（单位：起）

四、上市企业与非上市企业对外绿地投资模式分析

如表6.4所示，2018—2020年，在上市企业的对外绿地投资中，新建模式的投资金额占87.48%（962.88亿美元），项目数量占86.77%（820起），平均规模为1.17亿美元；扩张模式的投资金额占12.27%（135.02亿美元），项目数量占12.70%（120起），平均规模为1.13亿美元。在上市企业的对外绿地投资中，托管模式的项目数量为5起，投资金额为2.81亿美元，平均规模为0.56亿美元。在非上市企业的对外绿地投资中，新建模式的投资金额占80.89%（726.27亿美元），项目数量占90.17%（853起），平均规模为0.85亿美元；扩张模式的投资金额占19.04%（170.96亿美元），项目数量占9.41%（89起），平均规模为1.92亿美元；托管模式的投资金额为0.62亿美元，项目数量为4起，平均规模为0.16亿美元。

上市企业和非上市企业在对外绿地投资模式上没有明显区别。新建模式是中国企业最主要的对外绿地投资模式；托管和扩张模式所占比重较小，但在逐年增加。不论是新建模式还是托管模式，上市企业的平均规模都远大于非上市企业，但在扩张模式下，上市企业的平均规模小于非上市企业；上市企业新建模式投资平均规模大于扩张模式投资平均规模，但二者差距不大；非上市企业扩张模式投资平均规模大于新建模式投资平均规模，且二者差距较大。

表 6.4 2018—2020 年中国不同投资模式企业对外绿地投资金额和项目数量 单位：亿美元，起

投资模式	上市企业			非上市企业		
	投资金额	项目数量	平均金额	投资金额	项目数量	平均金额
托管	2.81	5	0.56	0.62	4	0.16
扩张	135.02	120	1.13	170.96	89	1.92
新建	962.88	820	1.17	726.27	853	0.85

五、上市企业与非上市企业对外绿地投资境外创造就业岗位

2018—2020 年，中国企业对外绿地投资境外创造就业岗位 476 658 个。其中，2018 年创造就业岗位 213 505 个；2019 年创造就业岗位 199 606 个，环比下降 6.51%；2020 年创造就业岗位 63 547 个，环比下降 68.16%。

2018—2020 年，上市企业在 112 个国家对外绿地投资境外创造就业岗位 262 836 个，占比 55.14%，平均每个国家创造就业岗位约 2347 个。其中，2018 年创造就业岗位 140 310 个，2019 年创造就业岗位 93 018 个，2020 年创造就业岗位 29 508 个，上市企业对外绿地投资境外创造就业岗位数量呈下降趋势。上市企业创造就业岗位数量排名前十位的国家和地区包括印度、越南、美国、墨西哥、尼日利亚、澳大利亚、埃及、塞尔维亚、哈萨克斯坦、几内亚，数量达 152 816 个，占比 58.14%（见图 6.19）。

2018—2020 年，非上市企业在 107 个国家对外绿地投资境外创造就业岗位 213 822 个，占比 44.86%，平均每个国家创造就业岗位 1998 个。其中，2018 年创造就业岗位 73 204 个，2019 年创造就业岗位 106 579 个，2020 年创造就业岗位 34 039 个。非上市企业 2018—2020 年的对外绿地投资境外创造就业岗位数量呈波动态势，在 2020 年呈现下降趋势。非上市企业创造就业岗位数量排名前十位的国家和地区包括印度、越南、俄罗斯、美国、墨西哥、卢旺达、中国香港、菲律宾、塞尔维亚、利比里亚，达 102 163 个，占比 47.78%（见图 6.20）。总体而言，上市企业对外绿地投资境外创造就业岗位总量大于非上市企业，且平均创造就业岗位数量也大于非上市企业。

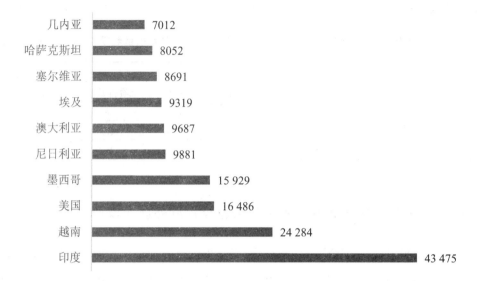

图 6.19   中国上市企业对外绿地投资创造海外就业岗位数量排名前十位的目的地（单位：个）

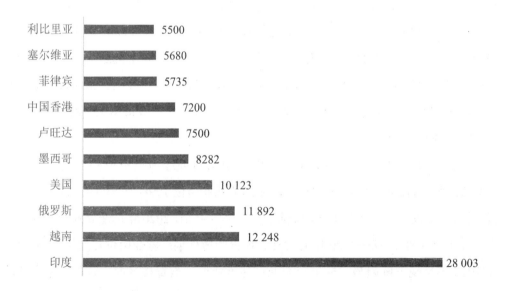

图 6.20   中国非上市企业对外绿地投资创造海外就业岗位数量排名前十位的目的地（单位：个）

第三节　上市企业与非上市企业对外并购投资

一、上市企业与非上市企业对外并购投资总体情况

如表 6.5 所示，2018—2020 年，中国企业对外并购投资金额为 1502.47 亿美元，完成交易 1357 起。其中，2018 年投资金额为 686.98 亿美元，交易 559 起；2019 年投资金额为 414.78 亿美元，环比下降 39.62%，交易 432 起，环比下降 22.72%；2020 年投资金额为 400.71 亿美元，环比下降 3.39%，交易 366 起，环比下降 15.28%。2020 年，第一季度投资金额为 57.60 亿美元，交易 86 起；第二季度投资金额为 99.95 亿美元，环比上升 73.53%，交易 105 起，环比上升 22.09%；第三季度投资金额为 83.53 亿美元，环比下降 16.43%，交易 92 起，环比下降 12.38%；第四季度投资金额为 159.63 亿美元，环比上升 91.12%，交易 83 起，环比下降 9.78%。

2018—2020 年，中国上市企业主导对外并购投资金额为 612.09 亿美元，占比 40.74%，交易 255 起，占比 18.79%，平均交易金额为 2.40 亿美元。其中，2018 年投资金额为 320.48 亿美元，交易 109 起；2019 年投资金额为 220.52 亿美元，环比下降 31.19%，交易 80 起，环比下降 26.61%；2020 年投资金额为 71.09 亿美元，环比下降 67.76%，交易 66 起，环比下降 17.50%。同一时期，非上市企业主导对外并购投资金额为 890.38 亿美元，占比 59.26%，交易 1102 起，占比 81.21%，平均交易金额为 0.81 亿美元。其中，2018 年投资金额为 366.50 亿美元，交易 450 起；2019 年投资金额为 194.26 亿美元，环比下降 47.00%，交易 352 起，环比下降 21.78%；2020 年投资金额为 329.62 亿美元，环比上升 69.68%，交易 300 起，环比下降 14.77%。2018—2020 年，总体而言，非上市企业的投资金额和项目数量远大于上市企业，上市企业的单笔交易平均规模远大于非上市企业。

表 6.5　中国上市企业与非上市企业对外并购投资金额和项目数量　单位：亿美元，起，%

年份	企业类型	投资金额	项目数量	金额占比	数量占比
2018	上市企业	320.48	109	52.36	42.75
	非上市企业	366.50	450	41.16	40.83

年份	企业类型	投资金额	项目数量	金额占比	数量占比
2019	上市企业	220.52	80	36.06	31.37
	非上市企业	194.26	352	21.82	31.94
2020	上市企业	71.09	66	11.62	25.88
	非上市企业	329.62	300	37.02	27.22

二、上市企业与非上市企业对外并购行业分布

2018—2020 年，中国上市企业对外并购投资涉及 51 个行业大类。投资金额排名前十位的行业包括化学原料和化学制品制造业、专用设备制造业、医药制造业、废弃资源综合利用业、汽车制造业、房地产业、研究和试验发展、批发业、商务服务业、金属制品业，金额达 532.19 亿美元，占比 86.95%（见图 6.21）；项目数量排名前十位的行业包括电气机械和器材制造业、商务服务业、化学原料和化学制品制造业、软件和信息技术服务业、医药制造业、汽车制造业、专用设备制造业、金属制品业、房地产业、通用设备制造业，数量达 149 起，占比 58.43%（见图 6.22）。2018—2020 年，有两个行业（化学原料和化学制品制造业、专用设备制造业）稳居投资金额排名前十位，3 个行业（电气机械和器材制造业、商务服务业、化学原料和化学制品制造业）稳居项目数量排名前十位。

同一时期，非上市企业对外并购投资涉及 52 个行业大类。投资金额排名前十位的行业包括其他金融业，商务服务业，化学原料和化学制品制造业，房地产业，通用设备制造业，计算机、通信和其他电子设备制造业，科技推广和应用服务业，批发业，专用设备制造业，汽车制造业，金额达 787.44 亿美元，占比 88.44%（见图 6.23）。项目数量排名前十位的行业包括其他金融业，商务服务业，软件和信息技术服务业，科技推广和应用服务业，批发业，计算机、通信和其他电子设备制造业，电气机械和器材制造业，研究和试验发展，化学原料和化学制品制造业，专用设备制造业，数量达 982 起，占比 89.11%（见图 6.24）。

总体而言，上市企业与非上市企业对外并购投资行业的项目数量集中度差距较小。上市企业对外并购投资的重点主要是传统制造业，而相比上市企业，非上市企业对外并购投资更偏好于金融业。不论是上市企业还是非上市企业，商务服务业、

软件和信息技术服务业都是对外并购投资的重点领域。

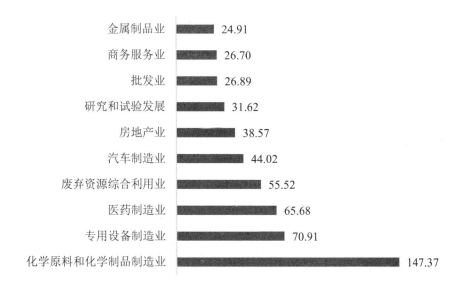

图 6.21　上市企业对外并购投资金额排名前十位的行业分布情况（单位：亿美元）

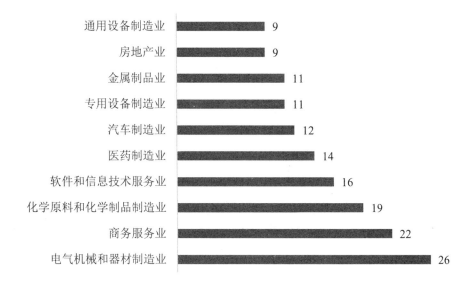

图 6.22　上市企业对外并购投资项目数量排名前十位的行业分布情况（单位：起）

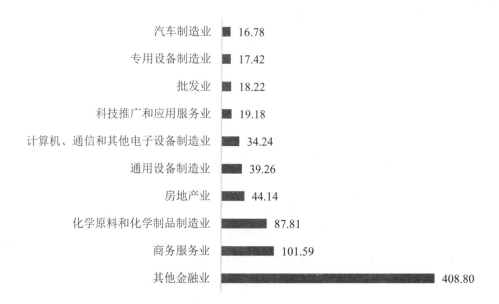

图 6.23　非上市企业对外并购投资金额排名前十位的行业分布情况（单位：亿美元）

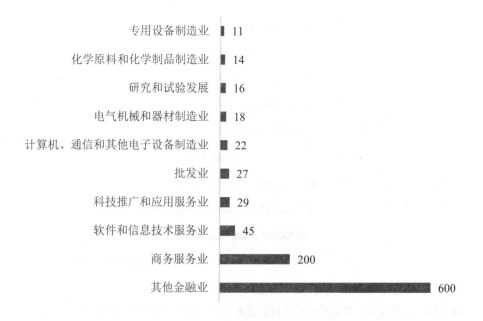

图 6.24　非上市企业对外并购投资项目数量排名前十位的行业分布情况（单位：起）

三、上市企业与非上市企业对外并购区位分布

2018—2020 年，中国上市企业对外并购投资金额排在前三位的大洲（地区）依次为北美洲、欧洲和南美洲，投资金额分别为 369.91 亿美元、106.94 亿美元和 72.82 亿美元，三者之和占中国所有上市企业对外并购投资总额的比重高达 89.80%。若按上市企业对外并购投资项目数量排序，排名前三位的大洲依次是北美洲、亚洲和欧洲，对应投资项目数量分别为 155 起、38 起、36 起（见图 6.25）。2018—2020 年，上市企业对外并购投资覆盖 33 个国家和地区。投资金额排名前十位的国家和地区包括百慕大、开曼群岛、智利、法国、中国香港、维尔京群岛（英国）、德国、美国、巴西、比利时，金额达 592.88 亿美元，占比 96.86%（见图 6.26）；项目数量排名前十位的国家和地区包括开曼群岛、美国、中国香港、百慕大、德国、澳大利亚、加拿大、维尔京群岛（英国）、法国和巴西，数量达 221 起，占比 86.67%（见图 6.27）。2018—2020 年，有 3 个国家和地区（百慕大、开曼群岛、法国）稳居投资金额排名前十位，4 个国家和地区（美国、开曼群岛、百慕大和中国香港）稳居项目数量排名前十位。

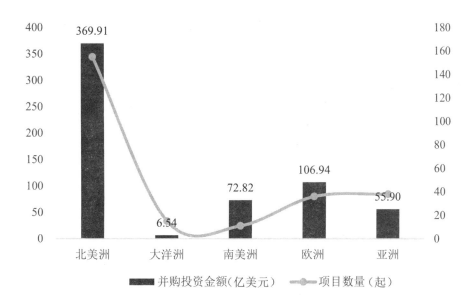

图 6.25　分大洲中国上市企业对外并购投资金额和项目数量

2018—2020 年，中国非上市企业对外并购投资金额排在前三位的大洲（地区）依次为北美洲、欧洲和亚洲，投资金额分别为 393.12 亿美元、213.54 亿美元和 207.78 亿美元，三者之和占中国所有非上市企业对外并购投资总额的比重高达 91.47%。若按非上市企业对外并购投资项目数量排序，排在前三位的大洲依次是亚洲、北美洲和欧洲，对应投资项目数量分别为 452 起、378 起、220 起（见图 6.28）。2018—2020 年，非上市企业对外并购投资覆盖 70 个国家和地区。投资金额排名前十位的国家和地区包括开曼群岛、美国、中国香港、百慕大、秘鲁、维尔京群岛（英国）、立陶宛、瑞典、法国、大不列颠联合王国，金额达 649.69 亿美元，占比 72.97%（见图 6.29）；项目数量排名前十位的国家和地区包括美国、中国香港、新加坡、开曼群岛、英国、印度、以色列、维尔京群岛（英国）、德国、印度尼西亚，数量达 777 起，占比 70.51%（见图 6.30）。总体而言，上市企业对外并购投资区位的项目数量集中度较高，数量结构更为稳定。

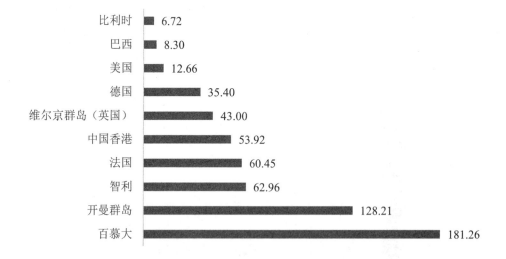

图 6.26　中国上市企业对外并购投资金额排名前十位的目的地（单位：亿美元）

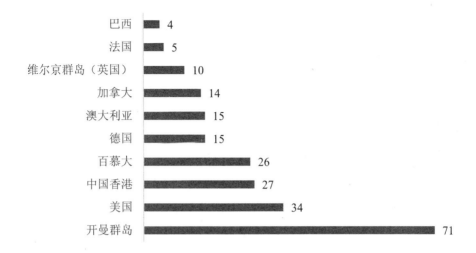

图 6.27　中国上市企业对外并购投资项目数量排名前十位的目的地（单位：起）

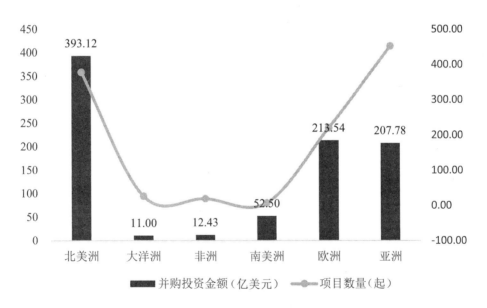

图 6.28　分大洲中国非上市企业对外并购投资金额和项目数量

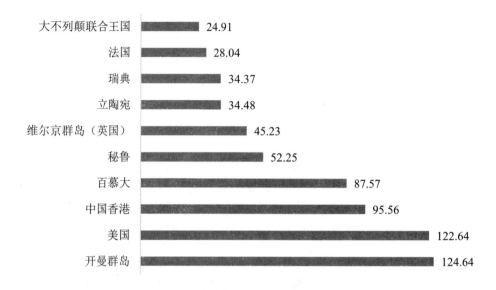

图6.29　中国非上市企业对外并购投资金额排名前十位的目的地（单位：亿美元）

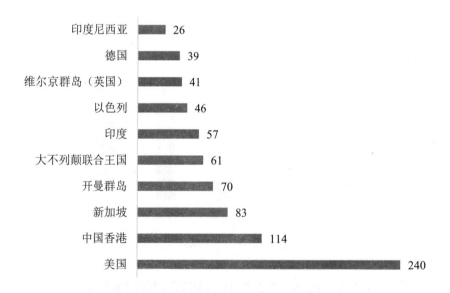

图6.30　中国非上市企业对外并购投资项目数量排名前十位的目的地（单位：起）

四、上市企业与非上市企业对外并购投资支付方式

如表6.6所示，2018—2020年，中国上市企业对外并购投资主要采用9种支付方式，非上市企业对外并购投资主要采用12种支付方式（包含"其他"支付方式），

现金支付和股票支付是二者最主要的支付方式。不考虑"其他"支付，在上市企业的对外并购投资中，以现金支付的投资金额（170.39 亿美元）占 43.09%，项目数量（94 起）占 74.02%，平均规模为 1.81 亿美元；以股票支付的投资金额（55.30 亿美元）占 13.99%，项目数量（12 起）占 9.45%，平均规模为 4.61 亿美元。不考虑"其他"支付，在非上市企业的对外并购投资中，以现金支付的投资金额（199.54 亿美元）占 42.14%，项目数量（334 起）占 82.47%，平均规模为 0.60 亿美元；以股票支付的投资金额（158.58 亿美元）占 33.49%，项目数量（16 起）占 3.94%，平均规模为 9.91 亿美元。可以看出，在以现金支付的投资中，上市企业的平均规模远大于非上市企业；而在以股票支付的投资中，上市企业的平均规模远小于非上市企业。不论上市企业还是非上市企业，以现金支付的投资金额和项目数量均大于以股票支付的投资。与非上市企业相比，上市企业并未使用经营资产、可转债、服务三种支付方式。

表 6.6　2018—2020 年中国企业对外并购投资支付方式　　单位：亿美元，起

支付类型	上市企业			非上市企业		
	并购投资金额	项目数量	平均金额	并购投资金额	项目数量	平均金额
债券	0.07	1	0.07	15.15	3	5.05
现金	170.39	94	1.81	199.54	334	0.60
现金储备	21.59	9	2.40	11.69	24	0.49
延期支付	12.96	3	4.32	14.85	6	2.48
盈利能力支付计划	0.81	1	0.81	9.50	1	9.50
债务承担	64.23	6	10.70	25.70	12	2.14
股票	55.30	12	4.61	158.58	16	9.91
第三方股份	70.04	1	70.04	37.47	2	18.73
经营资产	—	—	—	0.20	2	0.10
可转债	—	—	—	0.77	4	0.19
服务	—	—	—	0.02	1	0.02
其他	216.70	218	2.19	416.78	696	0.76

五、上市企业与非上市企业对外并购投资融资类型

2018—2020 年，在上市企业的对外并购投资中，增资、私募股权和并购贷款是最主要的融资类型。增资融资的投资金额（67.64 亿美元）占 49.83%，项目数量（21

起）占 23.33%，平均规模为 3.22 亿美元；私募股权融资的投资金额（30.08 亿美元）占 22.16%，项目数量（10 起）占 11.11%，平均规模为 3.01 亿美元；并购贷款融资的投资金额（22.93 亿美元）占 16.90%，项目数量（9 起）占 10.00%，平均规模为 2.55 亿美元（见图 6.31）。

在非上市企业的对外并购投资中，增资、创业投资和并购贷款是最主要的融资类型。增资融资的投资金额（220.88 亿美元）占 56.68%，项目数量（67 起）占 14.11%，平均规模为 3.30 亿美元；创业投资融资的金额（71.52 亿美元）占 18.35%，项目数量（301 起）占 65.86%，平均规模为 0.24 亿美元；并购贷款融资的投资金额（34.64 亿美元）占 8.89%，项目数量（12 起）占 2.63%，平均规模为 2.89 亿美元（见图 6.32）。

在上市企业最主要的三种融资类型中，增资融资的平均规模最大，但三者差距相对较小；在非上市企业最主要的三种融资类型中，增资融资的平均规模最大，且三者差距相对较大。非上市企业增资融资和并购贷款融资的平均规模都大于上市企业的平均规模。上市企业对外并购投资，较非上市企业更倾向于私募基金融资；非上市企业对外并购投资较上市企业更倾向于创业投资融资。

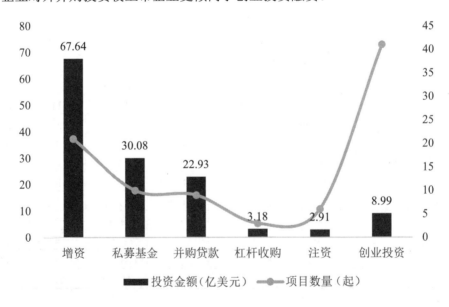

图 6.31　2018—2020 年中国上市企业对外并购投资融资方式

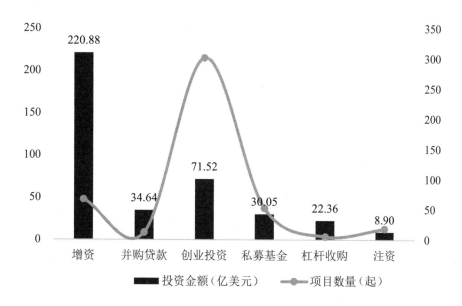

图 6.32　2018—2020 年中国非上市企业对外并购投资融资方式

附　表

附表 2.1　2018 年中国各行业不同对外绿地投资模式的投资金额和项目数量　单位：百万美元，起

行业分类	新建		扩张		托管	
	数量	金额	数量	金额	数量	金额
水上运输业	1	24.20	—	—	—	—
管道运输业	1	85.70	—	—	—	—
文教、工美、体育和娱乐用品制造业	1	12.80	—	—	—	—
保险业	1	43.70	—	—	—	—
建筑装饰、装修和其他建筑业	1	125.00	—	—	—	—
石油、煤炭及其他燃料加工业	2	122.66	—	—	—	—
仪器仪表制造业	1	10.74	1	2.65	—	—
酒、饮料和精制茶制造业	2	47.50	—	—	—	—
木材加工和木、竹、藤、棕、草制品业	3	26.02	—	—	—	—
娱乐业	5	1826.10	—	—	—	—
造纸和纸制品业	6	1117.21	—	—	—	—
石油和天然气开采业	5	989.70	2	3302.72	—	—
土木工程建筑业	6	517.00	1	134.00	—	—
非金属矿物制品业	4	302.00	3	113.60	—	—
家具制造业	6	142.70	1	34.01	—	—
装卸搬运和仓储业	6	212.10	2	358.10	—	—
有色金属矿采选业	8	3324.45	—	—	—	—
铁路、船舶、航空航天和其他运输设备制造业	7	243.00	2	10.28	—	—
纺织业	9	3385.46	—	—	—	—
黑色金属冶炼和压延加工业	7	5295.25	2	93.50	—	—
互联网和相关服务	9	762.10	—	—	—	—
航空运输业	7	220.50	5	171.70	—	—
金属制品业	12	5868.52	1	9.60	1	116.1
化学原料和化学制品制造业	10	483.97	4	420.30	—	—
电信、广播电视和卫星传输服务	17	253.68	—	—	1	115.5
住宿业	18	2146.38	1	0.40	—	—
医药制造业	17	858.12	4	170.80	—	—
通用设备制造业	18	283.30	4	15.71	—	—
橡胶和塑料制品业	16	2056.23	6	89.60	—	—
食品制造业	20	1273.88	3	49.00	—	—
专用设备制造业	17	578.14	6	18.27	1	11.3
多式联运和运输代理业	28	2672.01	1	57.10	—	—
资本市场服务	29	917.20	2	67.60	—	—
房屋建筑业	37	10 043.83	—	—	1	5.3
电气机械和器材制造业	38	1593.18	4	366.80	—	—

续表

行业分类	新建		扩张		托管	
	数量	金额	数量	金额	数量	金额
电力、热力生产和供应业	47	30 171.82	—	—	—	—
软件与信息技术服务业	42	994.20	7	521.83	—	—
商务服务业	48	300.53	4	18.90	—	—
汽车制造业	50	2687.88	10	909.12	1	50
计算机、通信和其他电子设备制造业	80	1897.08	12	320.39	—	—
零售业	106	957.82	1	57.90	—	—

附表2.2　2019年中国各省份企业不同对外绿地投资模式的投资金额和项目数量　单位：百万美元，起

行业分类	新建		扩张		托管	
	数量	金额	数量	金额	数量	金额
计算机、通信和其他电子设备制造业	123	3190.96	14	973.44	—	—
电信、广播电视和卫星传输服务	24	821.20	4	267.90		
资本市场服务	11	222.50	1	2.30		
食品制造业	9	474.19	—	—		
专业技术服务业	8	114.90	—	—		
软件与信息技术服务业	21	894.20	2	38.60		
橡胶和塑料制品业	9	670.32	2	96.00		
化学原料和化学制品制造业	27	4063.37	2	70.00		
零售业	41	463.30	1	6.00		
生态保护和环境治理业	2	2033.75	—	—		
住宿业	7	658.10	—	—		
汽车制造业	41	4812.74	12	1665.48	3	137.90
农业	4	120.90	—	—		
有色金属冶炼和压延加工业	8	1857.09	2	12.90	1	33.53
专用设备制造业	26	2249.97	5	141.65	1	1.20
黑色金属冶炼和压延加工业	4	2353.80	3	694.00	—	—
航空运输业	10	155.39	—	—		
造纸和纸制品业	3	99.18	1	200.00		
装卸搬运和仓储业	7	1371.86	2	276.40		
铁路、船舶、航空航天和其他运输设备制造业	4	679.61	—	—		
仪器仪表制造业	4	59.20				
通用设备制造业	13	500.31	3	42.80	1	0.67

续表

行业分类	新建		扩张		托管	
	数量	金额	数量	金额	数量	金额
家具制造业	12	2545.00	—	—	—	—
土木工程建筑业	8	3082.08	—	—	—	—
商务服务业	66	506.75	4	41.40	1	1.40
电气机械和器材制造业	10	152.30	5	1898.80	1	307.40
教育	6	237.60	2	11.40	—	—
石油和天然气开采业	4	31.50	—	—	—	—
纺织服装、服饰业	28	2504.78	1	10.00	1	11.10
机动车、电子产品和日用产品修理业	2	32.00	—	—	—	—
电力、热力生产和供应业	14	1386.01	1	7.00	—	—
医药制造业	4	101.90	—	—	1	240.00
皮革、毛皮、羽毛及其制品和制鞋业	1	5.57	—	—	—	—
非金属矿物制品业	7	513.00	2	62.86	—	—
纺织业	3	24.00	—	—	—	—
农副食品加工业	1	18.30	—	—	—	—
渔业	1	43.20	—	—	—	—
房屋建筑业	2	95.30	—	—	—	—
管道运输业	1	11 100.00	—	—	—	—
石油、煤炭及其他燃料加工业	1	180.00	—	—	—	—
互联网和相关服务	4	479.60	—	—	—	—
货币金融服务	2	41.20	—	—	—	—
水上运输业	3	3187.50	—	—	—	—
金属制品、机械和设备修理业	1	28.10	—	—	—	—
研究和试验发展	2	139.60	—	—	—	—

附表 2.3　2020 年中国各省份企业不同对外绿地投资模式的金额和项目数量　单位：百万美元，起

行业分类	新建		扩张		托管	
	数量	金额	数量	金额	数量	金额
软件与信息技术服务业	25	933.44	—	—	—	—
计算机、通信和其他电子设备制造业	17	1074.86	7	89.80	—	—
零售业	84	1791.31	1	45.00	—	—
汽车制造业	10	780.60	6	932.70	—	—
电力、热力生产和供应业	22	8048.54	3	370.14	—	—
电气机械和器材制造业	11	8352.15	3	113.31	—	—

行业分类	新建		扩张		托管	
	数量	金额	数量	金额	数量	金额
专用设备制造业	5	24.90	2	42.80	—	—
互联网和相关服务	20	826.00	11	970.70	1	4.80
研究和试验发展	11	362.40	1	3.55	—	—
装卸搬运和仓储业	11	673.70	1	38.60	—	—
保险业	1	16.80	—	—	—	—
橡胶和塑料制品业	14	784.35	2	23.00	—	—
商务服务业	11	43.20	1	0.30	—	—
黑色金属冶炼和压延加工业	2	83.22	1	12.50	—	—
医药制造业	5	156.20	1	8.20	—	—
广播、电视、电影和录音制作业	2	13.10	—	—	—	—
家具制造业	5	196.60	—	—	—	—
通用设备制造业	9	177.76	—	—	—	—
石油、煤炭及其他燃料加工业	2	155.60	2	13 669.95	—	—
货币金融服务	6	124.90	—	—	—	—
电信、广播电视和卫星传输服务	26	3171.69	—	—	—	—
非金属矿物制品业	10	559.90	1	45.00	1	3.79
金属制品业	1	5.96	—	—	—	—
教育	1	31.00	—	—	—	—
其他制造业	—	—	1	6.70	—	—
农副食品加工业	3	109.30	1	75.00	—	—
废弃资源综合利用业	1	16.32	—	—	—	—
资本市场服务	5	312.40	—	—	—	—
铁路运输业	1	58.00	—	—	—	—
房地产业	—	—	1	20.50	—	—
金属制品、机械和设备修理业	1	11.90	—	—	—	—
仪器仪表制造业	1	20.00	—	—	—	—
纺织服装、服饰业	2	31.40	—	—	—	—
水上运输业	1	108.20	—	—	—	—
造纸和纸制品业	2	252.60	—	—	—	—
有色金属冶炼和压延加工业	1	8.10	—	—	—	—
木材加工和木、竹、藤、棕、草制品业	1	13.40	—	—	—	—
航空运输业	5	74.70	—	—	—	—
水的生产和供应业	—	—	—	—	1	22.37
酒、饮料和精制茶制造业	1	334.79	—	—	—	—

附表 2.4　2018 年中国各部门对外并购投资支付方式分布　　单位：百万美元，起，%

部门描述	支付方式	投资金额		项目数量	
		金额	占比	数量	占比
采掘业	其他	430.23	0.63	7	1.25
	现金	696.17	1.01	4	0.72
	现金储备	405.15	0.59	1	0.18
	延期支付	87.50	0.13	1	0.18
电、煤气、蒸汽和水供应业	负债	6362.00	9.26	2	0.36
	其他	5362.22	7.81	21	3.76
	现金	7213.35	10.50	15	2.68
	现金储备	1.53	0.00	1	0.18
高技术服务业	股份	3728.07	5.43	1	0.18
	其他	10 818.16	15.75	169	30.23
	现金	1418.37	2.06	43	7.69
	现金储备	68.83	0.10	1	0.18
	债券	27.02	0.04	1	0.18
高技术制造业	股份	2112.89	3.08	3	0.54
	其他	11 102.24	16.16	77	13.77
	现金	7100.51	10.34	34	6.08
	现金储备	142.00	0.21	1	0.18
	延期支付	236.26	0.34	1	0.18
	转债	5.57	0.01	1	0.18
建筑业	第三方股份	1.91	0.00	1	0.18
	负债	2.00	0.00	1	0.18
	其他	83.25	0.12	1	0.18
	现金	192.63	0.28	7	1.25
农业	其他	0	0.00	2	0.36
一般服务业	负债	61.28	0.09	2	0.36
	股份	2080.69	3.03	10	1.79
	其他	3358.58	4.89	69	12.34
	现金	2673.87	3.89	42	7.51
	现金储备	76.30	0.11	4	0.72
	延期支付	99.15	0.14	1	0.18
	盈利能力支付计划	80.78	0.12	1	0.18
一般制造业	负债	96.91	0.14	2	0.36
	其他	2166.96	3.15	18	3.22
	现金	403.30	0.59	13	2.33
	现金储备	2.10	0.00	1	0.18

附表2.5   2019年中国各部门对外并购投资支付方式分布   单位：百万美元，起，%

部门描述	支付方式	投资金额		项目数量	
		金额	占比	数量	占比
采掘业	其他	25.14	0.06	3	0.69
采掘业	现金	207.32	0.50	4	0.93
采掘业	转债	1.59	0.00	1	0.23
电、煤气、蒸汽和水供应业	负债	1267.18	3.06	2	0.46
电、煤气、蒸汽和水供应业	股份	2101.93	5.07	1	0.23
电、煤气、蒸汽和水供应业	其他	4506.19	10.86	13	3.01
电、煤气、蒸汽和水供应业	现金	699.72	1.69	13	3.01
电、煤气、蒸汽和水供应业	现金储备	0.76	0.00	2	0.46
电、煤气、蒸汽和水供应业	延期付款	229.50	0.55	1	0.23
电、煤气、蒸汽和水供应业	债券	1410.00	3.40	1	0.23
电、煤气、蒸汽和水供应业	转债	45.13	0.11	1	0.23
高技术服务业	其他	7837.59	18.90	131	30.32
高技术服务业	现金	315.33	0.76	42	9.72
高技术服务业	现金储备	37.82	0.09	3	0.69
高技术服务业	债券	7.20	0.02	1	0.23
高技术服务业	转债	24.64	0.06	1	0.23
高技术制造业	第三方股份	7003.53	16.88	1	0.23
高技术制造业	负债	229.08	0.55	2	0.46
高技术制造业	股份	1089.62	2.63	1	0.23
高技术制造业	其他	1168.13	2.82	31	7.18
高技术制造业	现金	1554.65	3.75	28	6.48
高技术制造业	现金储备	605.39	1.46	3	0.69
高技术制造业	延期付款	134.42	0.32	1	0.23
高技术制造业	业务资产	13.87	0.03	1	0.23
建筑业	其他	23.72	0.06	3	0.69
建筑业	现金	1.86	0.00	1	0.23
农业	现金	100.00	0.24	1	0.23
一般服务业	负债	928.85	2.24	4	0.93
一般服务业	股份	0	0.00	1	0.23
一般服务业	其他	4081.19	9.84	49	11.34
一般服务业	现金	2191.90	5.28	45	10.42
一般服务业	现金储备	1632.32	3.94	8	1.85
一般服务业	盈利能力支付计划	950.00	2.29	1	0.23
一般服务业	债券	78.34	0.19	1	0.23
一般制造业	负债	45.78	0.11	2	0.46

部门描述	支付方式	投资金额		项目数量	
		金额	占比	数量	占比
一般制造业	其他	350.73	0.85	11	2.55
一般制造业	现金	566.50	1.37	15	3.47
一般制造业	现金储备	5.00	0.01	1	0.23
一般制造业	业务资产	6.00	0.01	1	0.23

附表 2.6　2020 年中国各部门对外并购投资支付方式分布　单位：百万美元，起，%

部门描述	支付方式	投资金额		项目数量	
		金额	占比	数量	占比
采掘业	其他	787.64	1.97	3	0.82
采掘业	现金	1622.47	4.05	3	0.82
电、煤气、蒸汽和水供应业	第三方股份	3745.03	9.35	1	0.27
电、煤气、蒸汽和水供应业	其他	600.69	1.50	7	1.91
电、煤气、蒸汽和水供应业	现金	6129.30	15.30	12	3.28
电、煤气、蒸汽和水供应业	现金储备	4.67	0.01	1	0.27
高技术服务业	负债	0	0.00	1	0.27
高技术服务业	其他	5800.30	14.47	122	33.33
高技术服务业	现金	427.98	1.07	23	6.28
高技术制造业	股份	7972.77	19.90	2	0.55
高技术制造业	其他	3110.32	7.76	44	12.02
高技术制造业	现金	1459.30	3.64	24	6.56
高技术制造业	现金储备	37.53	0.09	3	0.82
高技术制造业	延期支付	1109.62	2.77	1	0.27
建筑业	股份	147.06	0.37	1	0.27
建筑业	其他	230.14	0.57	2	0.55
建筑业	现金	344.46	0.86	2	0.55
农业	其他	0	0.00	1	0.27
一般服务业	服务	1.73	0.00	1	0.27
一般服务业	股份	2098.87	5.24	7	1.91
一般服务业	其他	1202.66	3.00	30	8.20
一般服务业	现金	1642.51	4.10	51	13.93
一般服务业	现金储备	24.11	0.06	1	0.27
一般服务业	延期支付	867.95	2.17	2	0.55
一般制造业	其他	371.22	0.93	12	3.28
一般制造业	现金	30.78	0.08	6	1.64
一般制造业	现金储备	285.35	0.71	2	0.55
一般制造业	延期支付	17.00	0.04	1	0.27

附表 2.7　2018 年中国各行业对外并购融资渠道分布　　单位：百万美元，起，%

部门描述	融资方式	投资金额		项目数量	
		金额	占比	数量	占比
采掘业	其他	566.75	0.82	10	1.79
	银行贷款	680.15	0.99	2	0.36
	注资	372.15	0.54	1	0.18
电、煤气、蒸汽和水供应业	C 轮融资	65.38	0.10	1	0.18
	发展基金	5.00	0.01	1	0.18
	其他	17 346.40	25.25	36	6.44
	企业风险投资	1522.32	2.22	1	0.18
高技术服务业	A 轮融资	68.80	0.10	7	1.25
	B 轮融资	107.90	0.16	5	0.89
	C 轮融资	71.00	0.10	3	0.54
	D 轮融资	261.00	0.38	2	0.36
	发展基金	46.13	0.07	12	2.15
	风险资本	133.45	0.19	24	4.29
	其他	8764.78	12.76	111	19.86
	企业风险投资	686.48	1.00	17	3.04
	私募股权	1594.12	2.32	15	2.68
	天使投资	64.79	0.09	8	1.43
	银行贷款	68.83	0.10	1	0.18
	增资	4139.35	6.03	3	0.54
	种子轮融资	38.82	0.06	6	1.07
	注资	15.00	0.02	1	0.18
高技术制造业	A 轮融资	117.20	0.17	4	0.72
	B 轮融资	23.00	0.03	1	0.18
	C 轮融资	0	0.00	1	0.18
	D 轮融资	250.00	0.36	1	0.18
	发展基金	9.54	0.01	3	0.54
	风险资本	67.00	0.10	6	1.07
	杠杆收购	77.15	0.11	1	0.18
	其他	16 446.86	23.94	76	13.60
	企业风险投资	197.15	0.29	7	1.25
	私募股权	73.50	0.11	3	0.54
	天使投资	15.00	0.02	1	0.18
	增资	3162.98	4.60	9	1.61
	注资	260.08	0.38	4	0.72

续表

部门描述	融资方式	投资金额		项目数量	
		金额	占比	数量	占比
建筑业	其他	253.92	0.37	9	1.61
	银行贷款	25.87	0.04	1	0.18
农业	其他	0	0.00	2	0.36
一般服务业	A 轮融资	28.53	0.04	3	0.54
	B 轮融资	0	0.00	1	0.18
	C 轮融资	16.00	0.02	1	0.18
	发展基金	302.27	0.44	3	0.54
	风险资本	13.00	0.02	4	0.72
	其他	5487.42	7.99	84	15.03
	企业风险投资	13.00	0.02	2	0.36
	私募股权	127.80	0.19	6	1.07
	天使投资	0.65	0.00	1	0.18
	银行贷款	51.00	0.07	1	0.18
	增资	2362.45	3.44	19	3.40
	种子轮融资	10.76	0.02	2	0.36
	注资	17.76	0.03	2	0.36
一般制造业	风险资本	4.25	0.01	1	0.18
	杠杆收购	738.31	1.07	1	0.18
	其他	1383.48	2.01	25	4.47
	私募股权	89.00	0.13	1	0.18
	天使投资	5.00	0.01	1	0.18
	银行贷款	306.25	0.45	2	0.36
	增资	137.98	0.20	2	0.36
	注资	5.00	0.01	1	0.18

附表 2.8　2019 年中国各行业对外并购融资渠道分布　单位：百万美元，起，%

部门描述	融资方式	投资金额		项目数量	
		金额	占比	数量	占比
采掘业	其他	232.45	0.56	7	1.62
采掘业	增资	1.59	0.00	1	0.23
电、煤气、蒸汽和水供应业	发展基金	0	0.00	1	0.23
电、煤气、蒸汽和水供应业	风险资本	1.49	0.00	2	0.46
电、煤气、蒸汽和水供应业	杠杆收购	1531.83	3.69	3	0.69

部门描述	融资方式	投资金额		项目数量	
		金额	占比	数量	占比
电、煤气、蒸汽和水供应业	其他	3589.60	8.65	18	4.17
电、煤气、蒸汽和水供应业	企业风险投资	57.00	0.14	1	0.23
电、煤气、蒸汽和水供应业	私募股权	2918.47	7.04	3	0.69
电、煤气、蒸汽和水供应业	增资	2147.24	5.18	5	1.16
电、煤气、蒸汽和水供应业	注资	14.79	0.04	1	0.23
高技术服务业	A轮融资	136.23	0.33	14	3.24
高技术服务业	B轮融资	141.74	0.34	5	1.16
高技术服务业	C轮融资	0	0.00	1	0.23
高技术服务业	E轮融资	18.00	0.04	1	0.23
高技术服务业	对冲基金	85.00	0.20	1	0.23
高技术服务业	发展基金	218.60	0.53	12	2.78
高技术服务业	风险资本	383.55	0.92	32	7.41
高技术服务业	其他	6161.20	14.85	67	15.51
高技术服务业	企业风险投资	393.50	0.95	15	3.47
高技术服务业	私募股权	474.01	1.14	15	3.47
高技术服务业	天使投资	176.85	0.43	9	2.08
高技术服务业	种子轮融资	9.25	0.02	5	1.16
高技术服务业	注资	24.64	0.06	1	0.23
高技术制造业	C轮融资	197.80	0.48	2	0.46
高技术制造业	发展基金	0	0.00	1	0.23
高技术制造业	风险资本	40.00	0.10	2	0.46
高技术制造业	杠杆收购	10.81	0.03	2	0.46
高技术制造业	其他	9280.98	22.38	44	10.19
高技术制造业	私募股权	60.79	0.15	4	0.93
高技术制造业	天使投资	12.00	0.03	1	0.23
高技术制造业	银行贷款	736.54	1.78	4	0.93
高技术制造业	增资	1433.95	3.46	6	1.39
高技术制造业	注资	25.81	0.06	2	0.46
建筑业	其他	25.58	0.06	4	0.93
农业	E轮融资	100.00	0.24	1	0.23
一般服务业	A轮融资	6.54	0.02	1	0.23
一般服务业	B轮融资	125.00	0.30	1	0.23
一般服务业	发展基金	97.80	0.24	5	1.16
一般服务业	风险资本	52.50	0.13	5	1.16
一般服务业	其他	6071.62	14.64	72	16.67
一般服务业	企业风险投资	30.00	0.07	1	0.23

部门描述	融资方式	投资金额		项目数量	
		金额	占比	数量	占比
一般服务业	私募股权	134.67	0.32	4	0.93
一般服务业	天使投资	0	0.00	1	0.23
一般服务业	银行贷款	2556.35	6.16	4	0.93
一般服务业	增资	675.56	1.63	11	2.55
一般服务业	种子轮融资	2.00	0.00	1	0.23
一般服务业	注资	110.55	0.27	3	0.69
一般制造业	发展基金	0	0.00	1	0.23
一般制造业	其他	932.57	2.25	23	5.32
一般制造业	私募股权	0	0.00	1	0.23
一般制造业	增资	11.64	0.03	2	0.46
一般制造业	种子轮融资	0	0.00	1	0.23
一般制造业	注资	29.79	0.07	2	0.46

附表 2.9　2020 年中国各行业对外并购融资渠道分布　单位：百万美元，起，%

部门描述	融资方式	投资金额		项目数量	
		金额	占比	数量	占比
采掘业	其他	2410.11	5.81	6	1.64
电、煤气、蒸汽和水供应业	其他	6522.86	15.73	16	4.37
电、煤气、蒸汽和水供应业	增资	3914.83	9.44	4	1.09
电、煤气、蒸汽和水供应业	注资	42.00	0.10	1	0.27
高技术服务业	A 轮融资	47.60	0.11	10	2.73
高技术服务业	B 轮融资	239.96	0.58	6	1.64
高技术服务业	C 轮融资	60.00	0.14	1	0.27
高技术服务业	发展基金	71.40	0.17	8	2.19
高技术服务业	风险资本	86.63	0.21	19	5.19
高技术服务业	杠杆并购	195.76	0.47	1	0.27
高技术服务业	其他	5101.30	12.30	79	21.58
高技术服务业	企业风险投资	64.90	0.16	8	2.19
高技术服务业	私募股权	69.36	0.17	5	1.37
高技术服务业	天使投资	8.10	0.02	3	0.82
高技术服务业	银行贷款	272.69	0.66	1	0.27
高技术服务业	种子轮融资	10.58	0.03	5	1.37
高技术制造业	A 轮融资	0	0.00	1	0.27

部门描述	融资方式	投资金额		项目数量	
		金额	占比	数量	占比
高技术制造业	B轮融资	15.00	0.04	1	0.27
高技术制造业	发展基金	5.71	0.01	1	0.27
高技术制造业	风险资本	35.82	0.09	7	1.91
高技术制造业	家族办公室	50.00	0.12	1	0.27
高技术制造业	其他	4743.65	11.44	42	11.48
高技术制造业	企业风险投资	257.25	0.62	3	0.82
高技术制造业	私募股权	30.12	0.07	2	0.55
高技术制造业	天使投资	9.13	0.02	1	0.27
高技术制造业	银行贷款	252.70	0.61	2	0.55
高技术制造业	增资	8020.27	19.34	7	1.91
高技术制造业	种子轮融资	12.68	0.03	2	0.55
高技术制造业	注资	257.20	0.62	4	1.09
建筑业	其他	232.21	0.56	3	0.82
建筑业	增资	489.45	1.18	2	0.55
农业	其他	0	0.00	1	0.27
一般服务业	A轮融资	0	0.00	1	0.27
一般服务业	B轮融资	26.06	0.06	1	0.27
一般服务业	E轮融资	515.00	1.24	1	0.27
一般服务业	发展基金	37.33	0.09	1	0.27
一般服务业	风险资本	20.20	0.05	3	0.82
一般服务业	其他	1608.62	3.88	62	16.94
一般服务业	企业风险投资	30.00	0.07	1	0.27
一般服务业	私募股权	440.80	1.06	3	0.82
一般服务业	银行贷款	807.39	1.95	3	0.82
一般服务业	增资	2352.43	5.67	16	4.37
一般制造业	发展基金	0	0.00	1	0.27
一般制造业	风险资本	3.00	0.01	1	0.27
一般制造业	其他	541.41	1.31	13	3.55
一般制造业	企业风险投资	135.00	0.33	1	0.27
一般制造业	天使投资	12.60	0.03	2	0.55
一般制造业	增资	2.00	0.00	1	0.27
一般制造业	种子轮融资	4.30	0.01	1	0.27
一般制造业	注资	6.05	0.01	1	0.27

附表 3.1 2018 年中国企业不同对外绿地投资模式投资金额和项目数量国别（地区）分布汇总

单位：百万美元，起

目的地国家（地区）	新建		扩张		托管	
	金额	数量	金额	数量	金额	数量
阿尔及利亚	126.60	3	—	—	—	—
阿根廷	248.30	2	—	—	—	—
阿联酋	203.70	18	206.20	2	—	—
埃及	1772.90	13	60.00	1	—	—
埃塞俄比亚	169.48	4	134.00	1	—	—
爱尔兰	461.20	2	7.00	1	—	—
安道尔	3.70	1	—	—	—	—
奥地利	23.70	3	117.00	1	—	—
澳大利亚	2257.03	17	382.00	1	116.10	1
巴基斯坦	298.30	7	1.30	1	—	—
巴拉圭	31.00	1	—	—	—	—
巴拿马	13.50	2	—	—	—	—
巴西	699.01	11	—	—	—	—
白俄罗斯	201.50	7	—	—	—	—
比利时	209.21	5	200.50	1	—	—
波兰	392.54	11	—	—	—	—
波黑	24.20	1	—	—	—	—
丹麦	74.00	5	5.50	1	—	—
德国	479.01	21	61.90	3	—	—
多米尼加	129.80	2	—	—	—	—
俄罗斯	1969.13	32	9.02	1	—	—
法国	321.76	21	53.80	4	—	—
菲律宾	9299.30	15	57.90	1	—	—
芬兰	57.64	6	—	—	—	—
刚果（金）	458.30	3	—	—	—	—
哥伦比亚	15.60	3	—	—	—	—
哥斯达黎加	1.25	2	2.50	1	—	—
哈萨克斯坦	3994.20	16	33.80	1	—	—
韩国	1792.31	10	—	—	—	—
荷兰	1697.70	10	18.20	3	—	—
吉尔吉斯斯坦	110.00	2	—	—	—	—
几内亚	3041.90	5	—	—	—	—
加拿大	647.55	9	333.52	2	—	—
加纳	102.50	2	—	—	—	—
加蓬	225.60	2	—	—	—	—
柬埔寨	620.30	7	—	—	—	—

目的地国家（地区）	新建		扩张		托管	
	金额	数量	金额	数量	金额	数量
捷克	115.60	8	—	—	—	—
津巴布韦	795.30	2	80.00	1	—	—
卡塔尔	6.20	1	—	—	—	—
科特迪瓦	39.00	1	—	—	—	—
科威特	7.50	1	—	—	—	—
克罗地亚	243.50	2	—	—	—	—
肯尼亚	131.80	4	25.00	1	—	—
拉脱维亚	3.70	1	—	—	—	—
老挝	645.30	2	—	—	—	—
立陶宛	—	—	7.10	1	—	—
利比里亚	30.70	1	—	—	—	—
卢森堡	0.90	2	—	—	—	—
马拉维	742.80	3	—	—	—	—
马来西亚	1570.64	15	—	—	—	—
马里	54.02	1	—	—	—	—
美国	5116.30	81	1051.20	25	132.10	3
蒙古国	40.00	1	—	—	—	—
孟加拉国	1215.60	4	—	—	—	—
秘鲁	0.60	1	—	—	—	—
缅甸	1161.70	2	—	—	—	—
摩洛哥	112.90	4	—	—	—	—
墨西哥	84.93	12	128.70	3	50.00	1
南非	192.20	7	16.80	1	—	—
尼日利亚	262.70	4	3000.00	1	—	—
挪威	12.60	1	—	—	—	—
葡萄牙	4.20	1	—	—	—	—
日本	146.40	9	—	—	—	—
瑞典	25.60	1	—	—	—	—
瑞士	198.20	4	—	—	—	—
塞尔维亚	1845.20	6	34.01	1	—	—
沙特阿拉伯	9.20	2	—	—	—	—
斯里兰卡	533.80	2	—	—	—	—
斯洛伐克	—	—	6.00	1	—	—
斯洛文尼亚	—	—	37.70	1	—	—
泰国	615.90	10	10.50	1	—	—
坦桑尼亚	73.90	1	—	—	—	—

目的地国家（地区）	新建		扩张		托管	
	金额	数量	金额	数量	金额	数量
突尼斯	222.30	4	—	—	—	—
土耳其	29.60	5	0.20	1	—	—
乌干达	10.00	1	—	—	—	—
乌克兰	40.80	2	—	—	—	—
乌兹别克斯坦	937.10	10	—	—	—	—
西班牙	209.60	23	—	—	—	—
希腊	3.70	1	—	—	—	—
新加坡	925.60	30	306.10	2	—	—
新西兰	276.20	4	—	—	—	—
匈牙利	389.84	8	—	—	—	—
牙买加	92.60	1	—	—	—	—
亚美尼亚	5.00	1	—	—	—	—
伊朗	399.80	3	—	—	—	—
以色列	24.77	4	6.20	1	—	—
意大利	96.40	11	25.60	1	—	—
印度	3419.55	51	555.10	5	—	—
印度尼西亚	22027.00	14	13.50	1	—	—
英国	2002.59	35	292.23	14	—	—
越南	958.20	15	—	—	—	—
赞比亚	49.50	2	—	—	—	—
智利	47.00	4	—	—	—	—
中国香港	4116.50	36	33.80	1	—	—
中国台湾	11.80	3	—	—	—	—
中国澳门	365.60	2	—	—	—	—

附表 3.2 2019 年中国企业不同对外绿地投资模式投资金额和项目数量国别（地区）分布汇总

单位：百万美元，起

目的地国家（地区）	新建		扩张		托管	
	金额	数量	金额	数量	金额	数量
阿尔及利亚	249.17	1	—	—	—	—
阿根廷	263.70	3	—	—	—	—
阿联酋	813.25	15	—	—	—	—
阿曼	40.60	4	—	—	—	—
阿塞拜疆	300.00	1	—	—	—	—
埃及	2365.20	7	—	—	—	—
爱尔兰	83.46	4	—	—	240.00	1

目的地国家（地区）	新建		扩张		托管	
	金额	数量	金额	数量	金额	数量
安哥拉	1.50	2	1.00	1	—	—
奥地利	136.86	6	45.50	2	—	—
澳大利亚	186.10	12	—	—	—	—
巴基斯坦	634.50	7	—	—	—	—
巴林	50.00	1	—	—	—	—
巴拿马	2.60	2	—	—	—	—
巴西	1681.98	19	88.16	2	307.40	1
白俄罗斯	5.30	1	—	—	—	—
比利时	167.02	6	—	—	—	—
波兰	118.90	6	13.68	2	—	—
玻利维亚	2394.15	4	—	—	—	—
丹麦	31.70	1	—	—	—	—
德国	260.80	13	1788.00	3	85.70	1
俄罗斯	12 855.18	25	4.66	1	—	—
法国	262.87	10	80.00	2	—	—
菲律宾	10.20	3	—	—	—	—
芬兰	51.60	6	319.30	2	25.90	1
哥伦比亚	17.10	6	—	—	—	—
哥斯达黎加	2.20	2	—	—	1.20	1
格鲁吉亚	290.60	2	—	—	—	—
哈萨克斯坦	722.70	3	—	—	—	—
韩国	109.68	5	172.40	1	—	—
荷兰	96.00	6	1.40	1	33.53	1
吉尔吉斯斯坦	13.55	1	—	—	—	—
几内亚	700.00	1	—	—	—	—
加拿大	324.50	7	188.60	1	—	—
加纳	247.00	6	58.20	1	—	—
加蓬	120.20	1	—	—	—	—
柬埔寨	8.30	1	—	—	—	—
捷克	41.70	4	—	—	—	—
津巴布韦	97.30	2	—	—	—	—
喀麦隆	70.18	2	—	—	—	—
克罗地亚	173.99	3	—	—	—	—
肯尼亚	2103.41	10	—	—	—	—
拉脱维亚	21.40	1	—	—	—	—
黎巴嫩	7.30	1	—	—	—	—

续表

目的地国家 （地区）	新建		扩张		托管	
	金额	数量	金额	数量	金额	数量
利比里亚	2003.30	1	—	—	—	—
卢旺达	341.40	1	—	—	—	—
罗马尼亚	46.71	5	—	—	—	—
马耳他	14.80	1	—	—	—	—
马来西亚	360.97	10	66.40	1	—	—
美国	1189.20	44	1587.80	11	—	—
蒙古国	54.30	2	—	—	—	—
秘鲁	3725.90	7	—	—	—	—
缅甸	127.80	3	—	—	—	—
墨西哥	1710.24	31	41.57	3	—	—
南非	381.10	4	122.35	2	—	—
尼日利亚	2235.30	6	—	—	—	—
挪威	22.90	1	—	—	—	—
葡萄牙	33.40	5	—	—	—	—
日本	121.30	9	—	—	—	—
瑞典	12.90	1	—	—	—	—
瑞士	9.60	2	8.00	1	—	—
塞尔维亚	403.54	12	409.10	5	—	—
沙特阿拉伯	1350.90	5	—	—	—	—
斯里兰卡	113.70	4	—	—	—	—
斯洛伐克	18.30	1	—	—	—	—
斯洛文尼亚	16.00	1	4.30	1	—	—
泰国	608.62	9	107.00	2	—	—
坦桑尼亚	118.00	1	—	—	—	—
土耳其	2.30	1	—	—	—	—
瓦努阿图	43.20	1	—	—	—	—
危地马拉	0.60	1	—	—	—	—
委内瑞拉	—	—	374.00	1	—	—
乌干达	405.00	5	—	—	—	—
乌兹别克斯坦	656.91	6	—	—	—	—
西班牙	364.85	24	105.26	5	0.67	1
希腊	29.60	2	224.00	1	—	—
新加坡	459.10	20	—	—	—	—
新西兰	10.60	3	—	—	—	—
匈牙利	224.39	3	55.20	1	—	—
伊朗	95.00	1	—	—	—	—

目的地国家（地区）	新建		扩张		托管	
	金额	数量	金额	数量	金额	数量
以色列	37.30	2	—	—	—	—
意大利	157.40	12	203.50	1	11.10	1
印度	3346.60	47	391.32	7	—	—
印度尼西亚	419.80	7	—	—	—	—
英国	726.94	22	25.53	5	27.70	2
约旦	36.50	2	—	—	—	—
越南	3597.11	21	24.40	2	—	—
赞比亚	31.10	3	—	—	—	—
智利	216.20	6	—	—	—	—
中国台湾	2.00	1	—	—	—	—
中国香港	285.70	10	8.30	1	—	—

附表 3.3　2020 年中国企业不同对外绿地投资模式投资金额和项目数量国别（地区）分布汇总

单位：百万美元，起

目的地国家（地区）	新建		扩张		托管	
	金额	数量	金额	数量	金额	数量
阿联酋	357.70	11	—	—	—	—
阿曼	121.30	1	—	—	—	—
埃及	303.50	2	—	—	—	—
埃塞俄比亚	35.30	2	—	—	—	—
爱尔兰	935.64	3	95.90	1	—	—
爱沙尼亚	2.90	1	—	—	—	—
安哥拉	20.00	1	—	—	—	—
奥地利	10.50	1	—	—	—	—
澳大利亚	925.67	8	8.10	1	—	—
中国澳门	7.30	1	—	—	—	—
巴林	166.40	1	—	—	—	—
巴西	510.50	6	307.84	4	—	—
百慕大群岛	16.80	1	—	—	—	—
比利时	68.40	3	38.60	1	—	—
冰岛	6.80	1	—	—	—	—
波兰	35.40	6	—	—	—	—
丹麦	14.20	2	—	—	—	—
德国	2592.33	16	3.90	2	—	—
俄罗斯	653.69	11	122.01	2	3.79	1
厄瓜多尔	2.40	1	—	—	—	—

续表

目的地国家 （地区）	新建		扩张		托管	
	金额	数量	金额	数量	金额	数量
法国	1341.84	15	—	—	22.37	1
菲律宾	32.50	2	—	—	—	—
芬兰	6.80	1	—	—	—	—
刚果（布）	286.30	4	—	—	—	—
哥伦比亚	155.30	4	—	—	—	—
格鲁吉亚	18.32	2	—	—	—	—
哈萨克斯坦	269.49	2	—	—	—	—
韩国	38.60	3	—	—	—	—
荷兰	29.10	4	12.00	1	—	—
黑山	288.10	1	—	—	—	—
吉布提	94.40	1	—	—	—	—
加拿大	45.90	3	647.15	2	—	—
加纳	246.40	2	—	—	—	—
加蓬	94.40	1	—	—	—	—
柬埔寨	25.50	1	—	—	—	—
喀麦隆	97.50	2	—	—	—	—
卡塔尔	7.30	1	—	—	—	—
科特迪瓦	94.40	1	—	—	—	—
肯尼亚	41.10	4	—	—	—	—
拉脱维亚	13.40	1	—	—	—	—
立陶宛	58.80	1	—	—	—	—
罗马尼亚	54.13	1	—	—	—	—
马达加斯加	94.40	1	—	—	—	—
马来西亚	262.40	4	—	—	—	—
毛里求斯	7.30	1	—	—	—	—
美国	1271.90	46	364.30	15	—	—
孟加拉国	74.80	1	—	—	—	—
秘鲁	0.70	1	—	—	—	—
缅甸	3446.40	3	—	—	—	—
摩洛哥	18.20	2	—	—	—	—
莫桑比克	191.90	3	—	—	—	—
墨西哥	594.60	13	869.30	6	—	—
南非	92.20	2	12.40	1	—	—
尼泊尔	102.00	1	—	—	—	—
尼日利亚	1002.40	3	—	—	—	—
葡萄牙	356.33	2	—	—	—	—

目的地国家	新建		扩张		托管	
（地区）	金额	数量	金额	数量	金额	数量
日本	385.10	7	—	—	—	—
瑞典	208.25	3	—	—	—	—
瑞士	21.20	1	—	—	—	—
萨尔瓦多	1.50	1	—	—	—	—
塞内加尔	292.30	3	—	—	—	—
沙特阿拉伯	285.30	2	—	—	—	—
斯里兰卡	147.00	1	—	—	—	—
苏丹	94.40	1	—	—	—	—
索马里	94.40	1	—	—	—	—
中国台湾	2.60	1	—	—	—	—
泰国	63.70	4	—	—	—	—
坦桑尼亚	94.40	1	—	—	—	—
文莱	—	—	13 650.00	1	—	—
乌克兰	1053.35	2	75.00	1	—	—
乌兹别克斯坦	55.00	2	—	—	—	—
西班牙	741.97	18	—	—	4.80	1
希腊	6.80	1	—	—	—	—
中国香港	22.10	3	28.70	2	—	—
新加坡	230.50	9	134.30	2	—	—
匈牙利	302.62	4	—	—	—	—
意大利	439.63	6	—	—	—	—
印度	459.40	9	—	—	—	—
印度尼西亚	5304.30	6	—	—	—	—
英国	751.80	17	98.25	4	—	—
约旦	6.90	1	—	—	—	—
越南	291.22	6	—	—	—	—
赞比亚	612.01	4	—	—	—	—
智利	129.70	3	—	—	—	—
总计	29 739.29	336	16 467.75	46	30.96	3

附表 3.4　2018 年中国对外并购投资支付方式国别（地区）分布汇总

单位：百万美元，起，%

目的地国家（地区）	支付方式	交易金额		项目数量	
		金额	占比	数量	占比
阿根廷	延期支付	87.50	0.13	1	0.18
阿联酋	其他	315.46	0.46	5	0.89
爱尔兰	股份	—	—	1	0.18
	其他	30.00	0.04	2	0.36
爱沙尼亚	其他	51.00	0.07	1	0.18
安哥拉	债务承担	2.00	0.00	1	0.18
奥地利	其他	18.27	0.03	1	0.18
澳大利亚	现金	0.27	0.00	1	0.18
	其他	259.05	0.38	11	1.97
巴基斯坦	现金	16.50	0.02	2	0.36
	其他	0.61	0.00	2	0.36
巴西	现金	2.00	0.00	1	0.18
	盈利能力支付计划	80.78	0.12	1	0.18
	其他	—	—	1	0.18
百慕大群岛	现金	7400.37	10.77	9	1.61
	其他	73.54	0.11	5	0.89
保加利亚	现金	36.62	0.05	1	0.18
比利时	其他	135.44	0.20	2	0.36
丹麦	其他	—	—	1	0.18
德国	现金	250.55	0.36	7	1.25
	其他	3010.44	4.38	13	2.33
俄罗斯	其他	5.10	0.01	3	0.54
法国	债务承担	5552.11	8.08	1	0.18
	其他	766.95	1.12	6	1.07
菲律宾	现金	12.25	0.02	1	0.18
	其他	—	—	1	0.18
芬兰	现金	62.96	0.09	2	0.36
	其他	23.00	0.03	2	0.36
古巴	其他	60.00	0.09	1	0.18
哈萨克斯坦	其他	1100.00	1.60	2	0.36
韩国	其他	181.83	0.26	3	0.54
荷兰	现金	0.12	0.00	1	0.18
	延期支付	236.26	0.34	1	0.18
	其他	—	—	1	0.18
加拿大	现金	33.92	0.05	4	0.72
	其他	222.91	0.32	4	0.72

目的地国家（地区）	支付方式	交易金额		项目数量	
		金额	占比	数量	占比
柬埔寨	其他	0.70	0.00	1	0.18
捷克	其他	—	—	1	0.18
开曼群岛	股份	623.21	0.91	5	0.89
	现金	3542.28	5.16	30	5.37
	其他	7466.81	10.87	37	6.62
科威特	其他	0.51	0.00	1	0.18
克罗地亚	现金	37.81	0.06	1	0.18
	其他	19.18	0.03	1	0.18
肯尼亚	其他	70.00	0.10	1	0.18
卢森堡	股份	916.80	1.33	1	0.18
	其他	2491.30	3.63	2	0.36
马耳他	其他	187.11	0.27	3	0.54
马来西亚	现金	149.37	0.22	5	0.89
	债务承担	96.91	0.14	2	0.36
	其他	21.00	0.03	3	0.54
马绍尔群岛	其他	—	—	1	0.18
毛里求斯	其他	14.00	0.02	1	0.18
美国	现金	1431.61	2.08	22	3.94
	其他	4703.64	6.85	112	20.04
蒙古国	其他	1.53	0.00	1	0.18
墨西哥	其他	142.00	0.21	1	0.18
南非	其他	3.81	0.01	2	0.36
尼日利亚	其他	0.05	0.00	1	0.18
葡萄牙	其他	179.18	0.26	3	0.54
日本	现金	117.01	0.17	1	0.18
	其他	14.19	0.02	4	0.72
瑞典	其他	3216.97	4.68	1	0.18
瑞士	现金	30.53	0.04	1	0.18
	其他	243.38	0.35	3	0.54
塞尔维亚	其他	350.00	0.51	1	0.18
塞舌尔	现金	53.58	0.08	2	0.36
泰国	现金	50.00	0.07	1	0.18
	其他	14.80	0.02	3	0.54
土耳其	其他	67.71	0.10	1	0.18

目的地国家（地区）	支付方式	交易金额		项目数量	
		金额	占比	数量	占比
维尔京群岛（英国）	股份	1516.42	2.21	3	0.54
	现金	28.77	0.04	3	0.54
	债务承担	61.28	0.09	2	0.36
	其他	150.83	0.22	8	1.43
委内瑞拉	其他	—	—	1	0.18
西班牙	其他	1367.79	1.99	4	0.72
新加坡	现金	197.11	0.29	11	1.97
	其他	683.36	0.99	23	4.11
新西兰	现金	0.66	0.00	1	0.18
	其他	19.05	0.03	2	0.36
匈牙利	现金	134.98	0.20	1	0.18
以色列	现金	41.10	0.06	4	0.72
	其他	284.35	0.41	18	3.22
意大利	现金	409.97	0.60	4	0.72
	其他	485.75	0.71	6	1.07
印度	现金	8.24	0.01	3	0.54
	其他	294.82	0.43	18	3.22
印度尼西亚	现金	13.97	0.02	3	0.54
	其他	1521.60	2.21	6	1.07
英国	现金	661.01	0.96	7	1.25
	其他	198.01	0.29	9	1.61
约旦	其他	502.00	0.73	1	0.18
越南	现金	5.00	0.01	1	0.18
智利	现金	4066.00	5.92	1	0.18
中国台湾	现金	2.17	0.00	1	0.18
	其他	32.65	0.05	4	0.72
中国香港	股份	4922.11	7.16	5	0.89
	现金	901.47	1.31	26	4.65
	延期支付	99.15	0.14	1	0.18
	债务承担	809.89	1.18	1	0.18
	其他	2993.46	4.36	23	4.11

附表 3.5　2019 年中国对外并购投资支付方式国别（地区）分布汇总

单位：百万美元，起，%

目的地国家（地区）	支付方式	交易金额		项目数量	
		金额	占比	数量	占比
阿根廷	现金	—	—	1	0.23
	其他	8.00	0.02	1	0.23
阿联酋	现金	—	—	2	0.46
阿曼	其他	6.00	0.01	1	0.23
埃及	其他	42.00	0.10	1	0.23
爱尔兰	盈利能力支付计划	950.00	2.29	1	0.23
	其他	5.47	0.01	1	0.23
安提瓜和巴布达	其他	8.00	0.02	1	0.23
澳大利亚	现金	90.56	0.22	4	0.93
	延期支付	229.50	0.55	1	0.23
	债务承担	4.12	0.01	1	0.23
	其他	645.76	1.56	13	3.01
巴哈马	其他	—	—	1	0.23
巴林	现金	0.90	0.00	2	0.46
巴西	其他	747.39	1.80	1	0.23
白俄罗斯	现金	1.90	0.00	1	0.23
百慕大群岛	股份	2101.93	5.07	1	0.23
	现金	145.06	0.35	5	1.16
	其他	7670.75	18.49	8	1.85
比利时	现金	0.13	0.00	1	0.23
	其他	508.81	1.23	1	0.23
波兰	其他	—	—	2	0.46
丹麦	其他	2.66	0.01	2	0.46
德国	现金	209.45	0.50	7	1.62
	延期支付	134.42	0.32	1	0.23
	其他	862.90	2.08	13	3.01
法国	现金	100.26	0.24	1	0.23
	其他	1427.68	3.44	5	1.16
芬兰	现金	98.58	0.24	1	0.23
哥伦比亚	其他	0.46	0.00	1	0.23
韩国	现金	40.00	0.10	2	0.46
	其他	78.50	0.19	3	0.69
荷兰	现金	474.96	1.15	1	0.23
	债务承担	704.95	1.70	2	0.46
	其他	55.73	0.13	5	1.16

目的地国家（地区）	支付方式	交易金额		项目数量	
		金额	占比	数量	占比
加拿大	现金	15.67	0.04	2	0.46
	其他	43.18	0.10	4	0.93
柬埔寨	现金	1.00	0.00	1	0.23
开曼群岛	股份	1089.62	2.63	1	0.23
	现金	307.27	0.74	12	2.78
	债务承担	41.65	0.10	1	0.23
	其他	2817.57	6.79	19	4.40
肯尼亚	其他	200.00	0.48	2	0.46
卢森堡	现金	39.59	0.10	1	0.23
罗马尼亚	其他	8.34	0.02	1	0.23
马来西亚	现金	79.58	0.19	3	0.69
	其他	39.00	0.09	6	1.39
美国	现金	213.85	0.52	20	4.63
	其他	3004.00	7.24	52	12.04
秘鲁	其他	1635.00	3.94	2	0.46
纳米比亚	现金	106.50	0.26	1	0.23
尼日利亚	现金	50.00	0.12	1	0.23
	其他	160.00	0.39	2	0.46
葡萄牙	其他	1.23	0.00	1	0.23
日本	现金	32.67	0.08	4	0.93
	其他	5.12	0.01	4	0.93
瑞典	其他	135.06	0.33	2	0.46
瑞士	现金	538.72	1.30	3	0.69
	其他	515.46	1.24	2	0.46
萨摩亚群岛	现金	52.00	0.13	1	0.23
塞尔维亚	债务承担	10.64	0.03	1	0.23
	其他	——	——	1	0.23
塞浦路斯	其他	24.16	0.06	1	0.23
塞舌尔	其他	10.00	0.02	1	0.23
沙特阿拉伯	其他	2.00	0.00	1	0.23
泰国	现金	91.20	0.22	3	0.69
维尔京群岛（英国）	股份	——	——	1	0.23
	现金	423.90	1.02	8	1.85
	债务承担	1165.46	2.81	2	0.46
	其他	3580.70	8.63	8	1.85
乌兹别克斯坦	现金	15.00	0.04	1	0.23

目的地国家（地区）	支付方式	交易金额		项目数量	
		金额	占比	数量	占比
西班牙	债务承担	436.88	1.05	2	0.46
	其他	57.07	0.14	4	0.93
新加坡	现金	200.63	0.48	14	3.24
	其他	103.13	0.25	17	3.94
新西兰	现金	390.06	0.94	1	0.23
以色列	现金	182.00	0.44	3	0.69
	其他	192.75	0.46	9	2.08
意大利	其他	51.75	0.12	4	0.93
印度	现金	445.70	1.07	5	1.16
	其他	433.28	1.04	17	3.94
印度尼西亚	现金	67.29	0.16	5	1.16
	其他	127.25	0.31	7	1.62
英国	现金	83.08	0.20	3	0.69
	其他	1143.57	2.76	16	3.70
越南	现金	—	—	1	0.23
	其他	0.53	0.00	1	0.23
智利	其他	25.00	0.06	1	0.23
中国台湾	现金	11.16	0.03	4	0.93
	其他	88.14	0.21	3	0.69
中国香港	现金	1128.59	2.72	24	5.56
	债务承担	107.18	0.26	1	0.23
	其他	2390.85	5.76	19	4.40

附表 3.6　2020 年中国对外并购投资支付方式国别（地区）分布汇总

单位：百万美元，起，%

目的地国家（地区）	支付方式	交易金额		项目数量	
		金额	占比	数量	占比
阿联酋	现金	—	—	1	0.27
	其他	91.50	0.23	5	1.37
阿曼	其他	—	—	1	0.27
埃及	其他	2.10	0.01	1	0.27
爱沙尼亚	其他	—	—	1	0.27
安提瓜和巴布达	现金	—	—	1	0.27
澳大利亚	其他	62.53	0.16	3	0.82
巴基斯坦	其他	7.00	0.02	1	0.27
巴拉圭	其他	—	—	1	0.27

续表

目的地国家（地区）	支付方式	交易金额		项目数量	
		金额	占比	数量	占比
百慕大群岛	股份	7502.77	18.72	1	0.27
	现金	635.43	1.59	7	1.91
	延期支付	1109.62	2.77	1	0.27
	其他	243.43	0.61	3	0.82
比利时	其他	66.20	0.17	2	0.55
德国	现金	2.12	0.01	2	0.55
	其他	7.43	0.02	11	3.01
法国	股份	470.00	1.17	1	0.27
	其他	531.86	1.33	6	1.64
芬兰	其他	—	—	1	0.27
刚果（布）	其他	550.00	1.37	1	0.27
韩国	现金	341.06	0.85	1	0.27
	其他	42.26	0.11	2	0.55
荷兰	其他	21.11	0.05	3	0.82
加拿大	现金	1224.95	3.06	3	0.82
	其他	50.95	0.13	5	1.37
柬埔寨	其他	24.11	0.06	1	0.27
开曼群岛	股份	98.34	0.25	1	0.27
	现金	422.14	1.05	16	4.37
	其他	8876.29	22.15	19	5.19
立陶宛	股份	—	—	1	0.27
马来西亚	现金	6.05	0.02	1	0.27
	其他	32.80	0.08	4	1.09
美国	股份	1924.01	4.80	1	0.27
	现金	67.60	0.17	9	2.46
	其他	2185.62	5.45	58	15.85
秘鲁	现金	3590.00	8.96	1	0.27
墨西哥	其他	40.00	0.10	2	0.55
南非	现金	5.01	0.01	1	0.27
尼日利亚	其他	20.40	0.05	3	0.82
日本	现金	28.92	0.07	3	0.82
	其他	19.77	0.05	4	1.09
瑞典	现金	30.00	0.07	1	0.27
	其他	55.00	0.14	1	0.27
瑞士	现金	—	—	1	0.27
	其他	118.74	0.30	5	1.37

目的地国家（地区）	支付方式	交易金额		项目数量	
		金额	占比	数量	占比
塞尔维亚	其他	0.57	0.00	1	0.27
沙特阿拉伯	其他	6.60	0.02	1	0.27
泰国	现金	2.00	0.00	1	0.27
	其他	42.18	0.11	4	1.09
维尔京群岛（英国）	股份	76.53	0.19	4	1.09
	现金	921.18	2.30	8	2.19
	延期支付	867.95	2.17	2	0.55
	其他	29.95	0.07	2	0.55
乌克兰	其他	—	—	1	0.27
西班牙	现金	342.39	0.85	1	0.27
	其他	11.53	0.03	4	1.09
新加坡	现金	514.37	1.28	8	2.19
	其他	134.10	0.33	11	3.01
新西兰	其他	—	—	1	0.27
以色列	现金	67.39	0.17	3	0.82
	其他	342.75	0.86	9	2.46
意大利	延期支付	17.00	0.04	1	0.27
	其他	79.51	0.20	3	0.82
印度	现金	136.03	0.34	3	0.82
	其他	964.40	2.41	12	3.28
印度尼西亚	现金	21.80	0.05	3	0.82
	其他	194.00	0.48	3	0.82
英国	现金	177.19	0.44	12	3.28
	其他	424.46	1.06	15	4.10
越南	现金	97.92	0.24	6	1.64
	其他	0.00	0.00	1	0.27
智利	现金	2230.00	5.57	1	0.27
中国台湾	现金	209.22	0.52	3	0.82
	其他	57.32	0.14	3	0.82
中国香港	股份	147.06	0.37	1	0.27
	现金	584.05	1.46	24	6.56
	债务承担	—	—	1	0.27
	其他	864.94	2.16	15	4.10

附表 3.7　2018 年中国企业对外并购融资渠道国别（地区）分布汇总

单位：百万美元，起，%

目的地国家（地区）	融资方式	交易金额		项目数量	
		金额	占比	数量	占比
阿根廷	其他	87.50	0.13	1	0.18
阿联酋	创业投资	16.00	0.02	2	0.36
	其他	299.46	0.44	3	0.54
爱尔兰	增资	—	0.00	1	0.18
	其他	30.00	0.04	2	0.36
爱沙尼亚	并购贷款	51.00	0.07	1	0.18
安哥拉	其他	2.00	0.00	1	0.18
奥地利	其他	18.27	0.03	1	0.18
澳大利亚	创业投资	2.99	0.00	1	0.18
	其他	256.32	0.37	11	1.97
巴基斯坦	私募基金	1.50	0.00	1	0.18
	其他	15.61	0.02	3	0.54
巴西	其他	82.78	0.12	3	0.54
百慕大群岛	其他	7473.92	10.88	14	2.50
保加利亚	其他	36.62	0.05	1	0.18
比利时	其他	135.44	0.20	2	0.36
丹麦	其他	—	0.00	1	0.18
德国	创业投资	32.00	0.05	4	0.72
	增资	64.97	0.09	1	0.18
	注资	6.50	0.01	1	0.18
	其他	3157.52	4.60	14	2.50
俄罗斯	创业投资	3.00	0.00	1	0.18
	其他	2.10	0.00	2	0.36
法国	创业投资	0.76	0.00	1	0.18
	杠杆收购	738.31	1.07	1	0.18
	其他	5579.99	8.12	5	0.89
菲律宾	其他	12.25	0.02	2	0.36
芬兰	创业投资	23.00	0.03	1	0.18
	其他	62.96	0.09	3	0.54
古巴	其他	60.00	0.09	1	0.18
哈萨克斯坦	其他	1100.00	1.60	2	0.36
韩国	创业投资	127.27	0.19	1	0.18
	私募基金	40.00	0.06	1	0.18
	其他	14.55	0.02	1	0.18
荷兰	其他	236.38	0.34	3	0.54

目的地国家（地区）	融资方式	交易金额		项目数量	
		金额	占比	数量	占比
加拿大	创业投资	7.07	0.01	3	0.54
	其他	249.76	0.36	5	0.89
柬埔寨	其他	0.70	0.00	1	0.18
捷克	其他	—	0.00	1	0.18
开曼群岛	并购贷款	741.27	1.08	4	0.72
	创业投资	1779.03	2.59	6	1.07
	私募基金	1049.00	1.53	6	1.07
	增资	1543.48	2.25	6	1.07
	其他	6519.50	9.49	50	8.94
科威特	其他	0.51	0.00	1	0.18
克罗地亚	其他	56.99	0.08	2	0.36
肯尼亚	其他	70.00	0.10	1	0.18
卢森堡	增资	916.80	1.33	1	0.18
	其他	2491.30	3.63	2	0.36
马耳他	创业投资	30.00	0.04	2	0.36
	其他	157.11	0.23	1	0.18
马来西亚	创业投资	41.00	0.06	3	0.54
	其他	226.29	0.33	7	1.25
马绍尔群岛	其他	—	0.00	1	0.18
毛里求斯	其他	14.00	0.02	1	0.18
美国	并购贷款	271.00	0.39	1	0.18
	创业投资	1300.45	1.89	43	7.69
	杠杆收购	77.15	0.11	1	0.18
	私募基金	351.50	0.51	10	1.79
	增资	5.00	0.01	1	0.18
	注资	42.74	0.06	3	0.54
	其他	4087.41	5.95	75	13.42
蒙古国	其他	1.53	0.00	1	0.18
墨西哥	其他	142.00	0.21	1	0.18
南非	其他	3.81	0.01	2	0.36
尼日利亚	其他	0.05	0.00	1	0.18
葡萄牙	其他	179.18	0.26	3	0.54
日本	私募基金	—	0.00	1	0.18
	其他	131.21	0.19	4	0.72
瑞典	其他	3216.97	4.68	1	0.18
瑞士	其他	273.91	0.40	4	0.72

续表

目的地国家（地区）	融资方式	交易金额		项目数量	
		金额	占比	数量	占比
塞尔维亚	其他	350.00	0.51	1	0.18
塞舌尔	创业投资	—	0.00	1	0.18
	其他	53.58	0.08	1	0.18
泰国	创业投资	14.80	0.02	2	0.36
	其他	50.00	0.07	2	0.36
土耳其	其他	67.71	0.10	1	0.18
维尔京群岛（英国）	创业投资	—	0.00	1	0.18
	增资	1516.42	2.21	3	0.54
	其他	240.87	0.35	12	2.15
委内瑞拉	其他	—	0.00	1	0.18
西班牙	创业投资	18.90	0.03	1	0.18
	其他	1348.89	1.96	3	0.54
新加坡	创业投资	146.60	0.21	19	3.40
	私募基金	272.00	0.40	1	0.18
	增资	52.00	0.08	1	0.18
	其他	409.87	0.60	13	2.33
新西兰	其他	19.70	0.03	3	0.54
匈牙利	增资	134.98	0.20	1	0.18
以色列	创业投资	137.35	0.20	10	1.79
	私募基金	58.50	0.09	2	0.36
	其他	129.60	0.19	10	1.79
意大利	增资	354.39	0.52	1	0.18
	其他	541.33	0.79	9	1.61
印度	创业投资	98.62	0.14	7	1.25
	私募基金	111.92	0.16	2	0.36
	增资	2.27	0.00	1	0.18
	其他	90.25	0.13	11	1.97
印度尼西亚	创业投资	9.97	0.01	1	0.18
	增资	3.00	0.00	1	0.18
	其他	1522.60	2.22	7	1.25
英国	创业投资	64.44	0.09	5	0.89
	增资	145.77	0.21	1	0.18
	其他	648.81	0.94	10	1.79
约旦	其他	502.00	0.73	1	0.18
越南	其他	5.00	0.01	1	0.18
智利	其他	4066.00	5.92	1	0.18

目的地国家（地区）	融资方式	交易金额		项目数量	
		金额	占比	数量	占比
中国台湾	创业投资	0.43	0.00	1	0.18
	其他	34.39	0.05	4	0.72
中国香港	并购贷款	68.83	0.10	1	0.18
	创业投资	289.74	0.42	14	2.50
	私募基金	—	0.00	1	0.18
	增资	5063.67	7.37	14	2.50
	注资	620.75	0.90	5	0.89
	其他	3683.09	5.36	21	3.76

附表 3.8　2019 年中国企业对外并购融资渠道国别（地区）汇总

单位：百万美元，起，%

目的地国家（地区）	融资方式	交易金额		项目数量	
		金额	占比	数量	占比
阿根廷	创业投资	—	—	1	0.23
	其他	8.00	0.02	1	0.23
阿联酋	创业投资	—	—	1	0.23
	私募基金	—	—	1	0.23
阿曼	其他	6.00	0.01	1	0.23
埃及	其他	42.00	0.10	1	0.23
爱尔兰	并购贷款	950.00	2.29	1	0.23
	其他	5.47	0.01	1	0.23
安提瓜和巴布达	创业投资	8.00	0.02	1	0.23
澳大利亚	创业投资	102.72	0.25	2	0.46
	可转债	1.59	0.00	1	0.23
	其他	865.63	2.09	16	3.70
巴哈马	创业投资	—	—	1	0.23
巴林	创业投资	0.90	0.00	2	0.46
巴西	其他	747.39	1.80	1	0.23
白俄罗斯	增资	1.90	0.00	1	0.23
百慕大群岛	并购贷款	603.83	1.46	2	0.46
	杠杆收购	0.06	0.00	1	0.23
	私募基金	—	—	1	0.23
	增资	2101.93	5.07	1	0.23
	其他	7211.93	17.39	9	2.08
比利时	其他	508.94	1.23	2	0.46
波兰	其他	—	—	2	0.46

目的地国家（地区）	融资方式	交易金额		项目数量	
		金额	占比	数量	占比
丹麦	创业投资	2.66	0.01	1	0.23
	其他	—	—	1	0.23
德国	并购贷款	59.86	0.14	1	0.23
	创业投资	145.00	0.35	6	1.39
	私募基金	—	—	1	0.23
	增资	134.42	0.32	1	0.23
	注资	0.11	0.00	1	0.23
	其他	867.39	2.09	11	2.55
法国	创业投资	4.00	0.01	1	0.23
	其他	1523.94	3.67	5	1.16
芬兰	并购贷款	98.58	0.24	1	0.23
哥伦比亚	其他	0.46	0.00	1	0.23
韩国	创业投资	—	—	1	0.23
	私募基金	14.50	0.03	1	0.23
	其他	104.00	0.25	3	0.69
荷兰	私募基金	2.80	0.01	1	0.23
	其他	1232.83	2.97	7	1.62
加拿大	创业投资	41.44	0.10	2	0.46
	其他	17.43	0.04	4	0.93
柬埔寨	增资	1.00	0.00	1	0.23
开曼群岛	并购贷款	34.14	0.08	1	0.23
	创业投资	37.80	0.09	2	0.46
	杠杆收购	132.58	0.32	3	0.69
	私募基金	2540.76	6.13	4	0.93
	增资	1089.62	2.63	2	0.46
	注资	—	—	1	0.23
	其他	421.21	1.02	20	4.63
肯尼亚	其他	200.00	0.48	2	0.46
卢森堡	其他	39.59	0.10	1	0.23
罗马尼亚	其他	8.34	0.02	1	0.23
马来西亚	创业投资	80.00	0.19	2	0.46
	增资	28.99	0.07	1	0.23

续表

目的地国家（地区）	融资方式	交易金额		项目数量	
		金额	占比	数量	占比
美国	创业投资	948.05	2.29	38	8.80
	对冲基金	85.00	0.20	1	0.23
	私募基金	288.50	0.70	6	1.39
	增资	2.00	0.00	1	0.23
	其他	1894.30	4.57	26	6.02
秘鲁	杠杆收购	1410.00	3.40	1	0.23
	其他	225.00	0.54	1	0.23
纳米比亚	其他	106.50	0.26	1	0.23
尼日利亚	创业投资	90.00	0.22	2	0.46
	私募基金	120.00	0.29	1	0.23
葡萄牙	其他	1.23	0.00	1	0.23
日本	创业投资	—	—	1	0.23
	私募基金	6.67	0.02	1	0.23
	增资	1.00	0.00	1	0.23
	其他	30.12	0.07	5	1.16
瑞典	其他	135.06	0.33	2	0.46
瑞士	增资	239.66	0.58	1	0.23
	其他	814.51	1.96	4	0.93
萨摩亚群岛	注资	52.00	0.13	1	0.23
塞尔维亚	其他	10.64	0.03	2	0.46
塞浦路斯	其他	24.16	0.06	1	0.23
塞舌尔	创业投资	10.00	0.02	1	0.23
沙特阿拉伯	创业投资	2.00	0.00	1	0.23
泰国	创业投资	—	—	1	0.23
	增资	10.64	0.03	1	0.23
	其他	80.56	0.19	1	0.23
维尔京群岛（英国）	并购贷款	1115.92	2.69	1	0.23
	创业投资	—	—	1	0.23
	可转债	45.13	0.11	1	0.23
	私募基金	—	—	1	0.23
	增资	323.47	0.78	2	0.46
	其他	3685.54	8.89	13	3.01

目的地国家（地区）	融资方式	交易金额		项目数量	
		金额	占比	数量	占比
西班牙	注资	24.64	0.06	1	0.23
	其他	469.31	1.13	5	1.16
新加坡	创业投资	51.39	0.12	9	2.08
	私募基金	1.50	0.00	1	0.23
	增资	0.18	0.00	2	0.46
	注资	14.79	0.04	1	0.23
	其他	235.90	0.57	18	4.17
新西兰	其他	390.06	0.94	1	0.23
以色列	创业投资	201.80	0.49	3	0.69
	私募基金	8.00	0.02	1	0.23
	其他	164.95	0.40	8	1.85
意大利	创业投资	14.79	0.04	2	0.46
	其他	36.97	0.09	2	0.46
印度	创业投资	250.67	0.60	12	2.78
	私募基金	535.21	1.29	4	0.93
	其他	93.10	0.22	6	1.39
印度尼西亚	创业投资	33.85	0.08	6	1.39
	私募基金	18.00	0.04	1	0.23
	其他	142.69	0.34	5	1.16
英国	创业投资	111.15	0.27	7	1.62
	私募基金	52.00	0.13	1	0.23
	其他	1063.50	2.56	11	2.55
越南	创业投资	—	—	1	0.23
	其他	0.53	0.00	1	0.23
智利	其他	25.00	0.06	1	0.23
中国台湾	创业投资	5.14	0.01	2	0.46
	私募基金	—	—	1	0.23
	增资	11.16	0.03	2	0.46
	其他	83.00	0.20	2	0.46
中国香港	并购贷款	430.57	1.04	1	0.23
	创业投资	58.50	0.14	12	2.78
	增资	277.28	0.67	6	1.39
	注资	114.03	0.27	4	0.93
	其他	2746.24	6.62	21	4.86

附表 3.9　2020 年中国企业对外并购融资渠道国别（地区）分布汇总

单位：百万美元，起，%

目的地国家（地区）	融资方式	交易金额		项目数量	
		金额	占比	数量	占比
阿联酋	创业投资	7.00	0.02	2	0.55
	其他	84.50	0.21	4	1.09
阿曼	其他	—	—	1	0.27
埃及	其他	2.10	0.01	1	0.27
爱沙尼亚	其他	—	—	1	0.27
安提瓜和巴布达	创业投资	—	—	1	0.27
澳大利亚	其他	62.53	0.16	3	0.82
巴基斯坦	其他	7.00	0.02	1	0.27
巴拉圭	其他	—	—	1	0.27
百慕大群岛	增资	7502.77	18.72	1	0.27
	其他	1988.47	4.96	11	3.01
比利时	其他	66.20	0.17	2	0.55
德国	创业投资	8.08	0.02	4	1.09
	其他	1.47	0.00	9	2.46
法国	创业投资	9.13	0.02	1	0.27
	增资	470.00	1.17	1	0.27
	其他	522.73	1.30	5	1.37
芬兰	其他	—	—	1	0.27
刚果（布）	其他	550.00	1.37	1	0.27
韩国	创业投资	15.96	0.04	1	0.27
	私募基金	341.06	0.85	1	0.27
	其他	26.31	0.07	1	0.27
荷兰	其他	21.11	0.05	3	0.82
加拿大	并购贷款	144.00	0.36	1	0.27
	创业投资	46.50	0.12	3	0.82
	私募基金	5.00	0.01	1	0.27
	其他	1080.39	2.70	3	0.82
柬埔寨	其他	24.11	0.06	1	0.27
开曼群岛	并购贷款	2.82	0.01	1	0.27
	创业投资	145.00	0.36	2	0.55
	杠杆收购	195.76	0.49	1	0.27
	私募基金	28.79	0.07	1	0.27
	增资	3843.37	9.59	2	0.55
	注资	195.08	0.49	1	0.27
	其他	4985.96	12.44	28	7.65
立陶宛	增资	—	—	1	0.27

目的地国家（地区）	融资方式	交易金额		项目数量	
		金额	占比	数量	占比
马来西亚	创业投资	31.00	0.08	2	0.55
	注资	6.05	0.02	1	0.27
	其他	1.80	0.00	2	0.55
美国	创业投资	458.82	1.14	27	7.38
	私募基金	9.00	0.02	1	0.27
	增资	1936.51	4.83	4	1.09
	其他	1772.90	4.42	36	9.84
秘鲁	其他	3590.00	8.96	1	0.27
墨西哥	其他	40.00	0.10	2	0.55
南非	创业投资	5.01	0.01	1	0.27
尼日利亚	创业投资	17.00	0.04	2	0.55
	其他	3.40	0.01	1	0.27
日本	创业投资	—	—	1	0.27
	增资	0.81	0.00	1	0.27
	其他	47.87	0.12	5	1.37
瑞典	创业投资	30.00	0.07	1	0.27
	其他	55.00	0.14	1	0.27
瑞士	创业投资	15.18	0.04	2	0.55
	其他	103.55	0.26	4	1.09
塞尔维亚	其他	0.57	0.00	1	0.27
沙特阿拉伯	创业投资	6.60	0.02	1	0.27
泰国	创业投资	2.00	0.00	1	0.27
	私募基金	10.00	0.02	1	0.27
	其他	32.18	0.08	3	0.82
维尔京群岛（英国）	并购贷款	904.91	2.26	2	0.55
	私募基金	71.74	0.18	1	0.27
	增资	76.53	0.19	4	1.09
	其他	842.42	2.10	9	2.46
乌克兰	其他	—	—	1	0.27
西班牙	创业投资	6.16	0.02	2	0.55
	私募基金	5.36	0.01	1	0.27
	增资	342.39	0.85	1	0.27
	其他	—	—	1	0.27

目的地国家（地区）	融资方式	交易金额		项目数量	
		金额	占比	数量	占比
新加坡	并购贷款	272.69	0.68	1	0.27
	创业投资	69.76	0.17	7	1.91
	增资	2.92	0.01	1	0.27
	其他	303.11	0.76	10	2.73
新西兰	其他	—	—	1	0.27
以色列	创业投资	45.05	0.11	6	1.64
	私募基金	40.00	0.10	1	0.27
	其他	325.09	0.81	5	1.37
意大利	其他	96.51	0.24	4	1.09
印度	创业投资	25.10	0.06	4	1.09
	注资	50.98	0.13	1	0.27
	其他	1024.35	2.56	10	2.73
印度尼西亚	创业投资	74.00	0.18	3	0.82
	增资	1.80	0.00	1	0.27
	其他	140.00	0.35	2	0.55
英国	创业投资	77.99	0.19	4	1.09
	可转债	130.00	0.32	1	0.27
	私募基金	1.34	0.00	1	0.27
	其他	392.32	0.98	21	5.74
越南	增资	45.00	0.11	3	0.82
	注资	45.90	0.11	2	0.55
	其他	7.02	0.02	2	0.55
智利	其他	2230.00	5.57	1	0.27
中国台湾	创业投资	100.00	0.25	2	0.55
	增资	101.97	0.25	1	0.27
	注资	7.25	0.02	1	0.27
	其他	57.32	0.14	2	0.55
中国香港	并购贷款	8.36	0.02	1	0.27
	创业投资	562.90	1.40	11	3.01
	私募基金	28.00	0.07	1	0.27
	增资	324.92	0.81	8	2.19
	其他	671.87	1.68	20	5.46

附表 4.1 2018 年中国各省份企业对外投资金额和项目数量 单位：百万美元，起，%

省份	投资金额		项目数量	
	金额	占比	数量	占比
北京	50 086.08	34.02	368	30.62
天津	174.00	0.12	6	0.50
河北	7895.74	5.36	18	1.50
山西	96.91	0.07	2	0.17
内蒙古	756.30	0.51	6	0.50
辽宁	137.35	0.09	5	0.42
黑龙江	431.10	0.29	3	0.25
上海	12 392.98	8.42	170	14.14
江苏	7518.66	5.11	71	5.91
浙江	16 391.23	11.13	137	11.40
安徽	2632.13	1.79	19	1.58
福建	2412.42	1.64	22	1.83
江西	545.00	0.37	4	0.33
山东	6801.42	4.62	44	3.66
河南	126.07	0.09	5	0.42
湖北	733.14	0.50	8	0.67
湖南	42.87	0.03	7	0.58
广东	19 692.29	13.37	189	15.72
广西	871.75	0.59	1	0.08
海南	158.10	0.11	1	0.08
重庆	413.09	0.28	8	0.67
四川	4786.00	3.25	8	0.67
贵州	12.10	0.01	1	0.08
云南	1266.70	0.86	6	0.50
陕西	32.11	0.02	4	0.33
甘肃	19.20	0.01	2	0.17
青海	6.40	0.00	2	0.17
西藏	197.84	0.13	1	0.08
新疆	3359.50	2.28	13	1.08
未标明	7255.96	4.93	71	5.91

附表 4.2　2019 年中国各省份企业对外投资金额和项目数量　单位：百万美元，起，%

省份	投资金额		项目数量	
	金额	占比	数量	占比
北京	29 824.10	32.79	263	28.37
天津	382.87	0.42	5	0.54
河北	3081.46	3.39	7	0.76
山西	11.03	0.01	2	0.22
内蒙古	2000.00	2.20	1	0.11
辽宁	743.83	0.82	4	0.43
吉林	113.50	0.12	1	0.11
黑龙江	252.81	0.28	2	0.22
上海	4564.96	5.02	123	13.27
江苏	3733.00	4.10	44	4.75
浙江	5603.39	6.16	98	10.57
安徽	268.18	0.29	6	0.65
福建	2439.78	2.68	18	1.94
江西	530.34	0.58	3	0.32
山东	2081.14	2.29	42	4.53
河南	814.85	0.90	5	0.54
湖北	2151.54	2.37	10	1.08
湖南	183.00	0.20	6	0.65
广东	15 199.48	16.71	199	21.47
广西	110.00	0.12	1	0.11
海南	558.74	0.61	14	1.51
重庆	1.80	0.00	1	0.11
四川	99.86	0.11	4	0.43
云南	8.20	0.01	1	0.11
陕西	142.77	0.16	2	0.22
甘肃	334.11	0.37	2	0.22
西藏	16.50	0.02	1	0.11
新疆	2512.33	2.76	5	0.54
未标明	13 194.81	14.51	57	6.15

附表 4.3　2020 年中国各省份企业对外投资金额和项目数量　单位：百万美元，起，%

省份	投资金额		项目数量	
	金额	占比	数量	占比
北京	16 563.53	22.60	158	25.04
天津	68.26	0.09	6	0.95
河北	265.05	0.36	5	0.79
辽宁	226.06	0.31	4	0.63
黑龙江	248.04	0.34	4	0.63
吉林	100.00	0.14	1	0.16
上海	10 676.22	14.56	118	18.70
江苏	3691.30	5.04	37	5.86
浙江	16 887.98	23.04	54	8.56
安徽	321.10	0.44	1	0.16
福建	6870.87	9.37	17	2.69
江西	17.70	0.02	2	0.32
山东	8293.56	11.31	17	2.69
河南	578.08	0.79	3	0.48
湖北	6.00	0.01	2	0.32
湖南	275.67	0.38	10	1.58
广东	4953.84	6.76	124	19.65
广西	1116.22	1.52	3	0.48
海南	22.54	0.03	3	0.48
陕西	93.10	0.13	2	0.32
重庆	3.90	0.01	2	0.32
四川	63.57	0.09	1	0.16
西藏	17.11	0.02	2	0.32
新疆	395.00	0.54	2	0.32
未标明	1548.88	2.11	53	8.40

附表 4.4　2018 年对外投资金额排名前四位的省份行业分布情况　单位：百万美元，起

省份	行业	金额	数量
北京	采掘业	3691.07	7
北京	一般制造业	2560.62	34
北京	一般服务业	38 414.10	217
北京	高技术制造业	1318.86	17
北京	高技术服务业	1654.76	66

省份	行业	金额	数量
北京	电、煤气、蒸汽和水供应业	2446.77	27
上海	电、煤气、蒸汽和水供应业	1209.65	20
上海	高技术制造业	1005.30	18
上海	高技术服务业	338.62	20
上海	一般制造业	2825.68	13
上海	一般服务业	7013.73	99
浙江	采掘业	147.00	1
浙江	一般制造业	2380.90	28
浙江	高技术服务业	3561.01	34
浙江	电、煤气、蒸汽和水供应业	6962.18	21
浙江	一般服务业	2853.61	45
浙江	高技术制造业	486.53	8
广东	一般制造业	1831.50	75
广东	电、煤气、蒸汽和水供应业	634.53	17
广东	高技术服务业	144.56	10
广东	高技术制造业	61.03	5
广东	一般服务业	15 367.19	67

附表 4.5　2019 年对外投资金额排名前四位的省份行业分布情况　　单位：百万美元，起

省份	行业	金额	数量
北京	农业	45.20	2
北京	采掘业	133.79	5
北京	一般制造业	2728.75	56
北京	高技术制造业	621.20	8
北京	一般服务业	16 138.70	121
北京	高技术服务业	8430.95	50
北京	电、煤气、蒸汽和水供应业	1725.48	21
广东	一般制造业	4197.59	90
广东	高技术制造业	2178.80	8
广东	一般服务业	6012.82	45
广东	高技术服务业	1616.01	39
广东	电、煤气、蒸汽和水供应业	1194.25	17
浙江	建筑业	10.87	2
浙江	一般制造业	1517.84	22

省份	行业	金额	数量
浙江	高技术制造业	401.87	13
浙江	一般服务业	1631.69	32
浙江	高技术服务业	100.85	13
浙江	电、煤气、蒸汽和水供应业	1940.27	16
上海	建筑业	28.10	1
上海	一般制造业	787.11	12
上海	高技术制造业	770.60	13
上海	一般服务业	1776.86	61
上海	高技术服务业	226.13	17
上海	电、煤气、蒸汽和水供应业	975.96	18

附表 4.6　2020 年对外投资金额排名前四位的省份行业分布情况　单位：百万美元，起

省份	行业	金额	数量
北京	农业	45.20	2
北京	采掘业	133.79	5
北京	一般制造业	2728.75	56
北京	高技术制造业	621.20	8
北京	一般服务业	16 138.70	121
北京	高技术服务业	8430.95	50
北京	电、煤气、蒸汽和水供应业	1725.48	21
广东	一般制造业	4197.59	90
广东	高技术制造业	2178.80	8
广东	一般服务业	6012.82	45
广东	高技术服务业	1616.01	39
广东	电、煤气、蒸汽和水供应业	1194.25	17
浙江	建筑业	10.87	2
浙江	一般制造业	1517.84	22
浙江	高技术制造业	401.87	13
浙江	一般服务业	1631.69	32
浙江	高技术服务业	100.85	13
浙江	电、煤气、蒸汽和水供应业	1940.27	16
上海	建筑业	28.10	1
上海	一般制造业	787.11	12
上海	高技术制造业	770.60	13

省份	行业	金额	数量
上海	一般服务业	1776.86	61
上海	高技术服务业	226.13	17
上海	电、煤气、蒸汽和水供应业	975.96	18

附表 4.7　2018—2020 年各省份对外投资金额排名前五位的目的地　单位：百万美元

省份	目的地国家（地区）	投资金额
北京	印度尼西亚	17 859.10
北京	百慕大	7947.38
北京	法国	6991.27
北京	尼日利亚	6335.00
北京	美国	5316.42
天津	秘鲁	225.00
天津	克罗地亚	112.97
天津	美国	75.00
天津	中国香港	68.59
天津	阿联酋	51.70
河北	菲律宾	4400.00
河北	印度尼西亚	2442.30
河北	开曼群岛	1284.70
河北	印度	1033.62
河北	俄罗斯	706.89
山西	马来西亚	106.41
山西	英国	1.53
内蒙古	越南	2000.00
内蒙古	印度尼西亚	325.10
内蒙古	开曼群岛	275.00
内蒙古	哈萨克斯坦	109.30
内蒙古	蒙古国	40.00
辽宁	哈萨克斯坦	600.00
辽宁	百慕大	181.19
辽宁	俄罗斯	172.20
辽宁	维尔京群岛（英国）	45.13
辽宁	俄罗斯	43.70
吉林	南非	113.50
吉林	中国台湾	100.00
黑龙江	澳大利亚	391.60

省份	目的地国家（地区）	投资金额
黑龙江	俄罗斯	248.04
黑龙江	俄罗斯	233.31
黑龙江	阿联酋	39.50
黑龙江	新加坡	19.50
上海	美国	6550.74
上海	开曼群岛	4972.48
上海	哈萨克斯坦	2501.50
上海	印度	1518.74
上海	法国	1291.34
江苏	菲律宾	3508.60
江苏	维尔京群岛（英国）	2383.02
江苏	德国	2301.01
江苏	中国香港	1081.56
江苏	荷兰	934.94
浙江	文莱	13 650.00
浙江	瑞典	3290.67
浙江	德国	3106.80
浙江	美国	2297.00
浙江	印度	2272.24
安徽	维尔京群岛（英国）	1196.09
安徽	马拉维	742.80
安徽	乌兹别克斯坦	354.41
安徽	墨西哥	321.10
安徽	中国香港	293.83
福建	印度尼西亚	5100.00
福建	德国	2064.41
福建	塞尔维亚	1250.00
福建	加拿大	1090.07
福建	马来西亚	480.00
江西	马来西亚	381.80
江西	阿根廷	301.80
江西	中国香港	200.00
江西	西班牙	141.74
江西	美国	50.00
山东	百慕大	7502.77
山东	美国	1212.90
山东	塞尔维亚	1084.20

省份	目的地国家（地区）	投资金额
山东	开曼群岛	983.81
山东	卢森堡	916.80
河南	几内亚	700.00
河南	刚果	550.00
河南	韩国	85.78
河南	尼日利亚	73.90
河南	利比里亚	30.70
湖北	秘鲁	1410.00
湖北	哈萨克斯坦	500.00
湖北	墨西哥	300.00
湖北	美国	247.30
湖北	乌兹别克斯坦	165.00
湖南	墨西哥	134.00
湖南	加纳	106.70
湖南	中国香港	70.87
湖南	美国	66.30
湖南	荷兰	44.03
广东	中国香港	7884.52
广东	美国	3405.27
广东	开曼群岛	2355.46
广东	印度	2233.60
广东	百慕大	2101.93
广西	百慕大	1109.62
广西	开曼群岛	871.75
广西	印度尼西亚	113.60
广西	尼日利亚	3.00
海南	乌干达	400.00
海南	英国	180.50
海南	新加坡	65.54
海南	阿联酋	36.00
海南	美国	19.00
重庆	美国	180.30
重庆	埃塞俄比亚	134.00
重庆	乌兹别克斯坦	87.50
重庆	英国	11.30
重庆	越南	3.90
四川	智利	4066.00

省份	目的地国家（地区）	投资金额
四川	澳大利亚	382.00
四川	俄罗斯	141.40
四川	巴基斯坦	140.00
四川	埃及	65.20
贵州	美国	12.10
云南	缅甸	1146.70
云南	美国	96.00
云南	加拿大	24.00
云南	斯里兰卡	8.20
陕西	马来西亚	125.47
陕西	印度	84.60
陕西	克罗地亚	21.50
陕西	赞比亚	17.30
陕西	墨西哥	8.50
甘肃	维尔京群岛（英国）	323.47
甘肃	以色列	19.20
甘肃	塞尔维亚	10.64
青海	美国	5.00
青海	中国香港	1.40
新疆	几内亚	3041.90
新疆	玻利维亚	2386.25
新疆	澳大利亚	370.00
新疆	加蓬	209.00
新疆	美国	118.50
西藏	中国香港	197.84
西藏	芬兰	16.50
西藏	瑞士	15.18
西藏	英国	1.93
未标明	俄罗斯	11 551.96
未标明	开曼群岛	3141.78
未标明	中国香港	1956.52
未标明	美国	1719.97
未标明	阿联酋	709.35

附表4.8　2018—2020年各省份对外投资数量排名前五位的目的地　　　单位：起

省份	目的地国家（地区）	投资数量
北京	美国	126
北京	印度	43
北京	中国香港	40
北京	英国	39
北京	新加坡	30
天津	阿联酋	3
天津	中国香港	2
天津	埃及	2
天津	尼日利亚	2
天津	秘鲁	1
河北	乌兹别克斯坦	5
河北	印度尼西亚	4
河北	印度	3
河北	开曼群岛	2
河北	俄罗斯	2
山西	马来西亚	3
山西	英国	1
内蒙古	印度尼西亚	2
内蒙古	越南	1
内蒙古	开曼群岛	1
内蒙古	哈萨克斯坦	1
内蒙古	蒙古国	1
辽宁	俄罗斯	2
辽宁	日本	2
辽宁	哈萨克斯坦	1
辽宁	百慕大	1
辽宁	维尔京群岛（英国）	1
吉林	南非	1
吉林	中国台湾	1
黑龙江	俄国	4
黑龙江	澳大利亚	2
黑龙江	俄罗斯	1
黑龙江	阿联酋	1
黑龙江	新加坡	1
上海	美国	102
上海	新加坡	35

续表

省份	目的地国家（地区）	投资数量
上海	印度	31
上海	中国香港	29
上海	英国	23
江苏	美国	39
江苏	巴西	6
江苏	新加坡	6
江苏	中国香港	5
江苏	荷兰	5
浙江	美国	40
浙江	英国	26
浙江	越南	18
浙江	德国	17
浙江	墨西哥	17
安徽	马拉维	3
安徽	维尔京群岛（英国）	2
安徽	乌兹别克斯坦	2
安徽	中国香港	2
安徽	印度	2
福建	美国	14
福建	德国	5
福建	塞尔维亚	3
福建	俄罗斯	3
福建	日本	3
江西	马来西亚	2
江西	阿根廷	2
江西	中国香港	1
江西	西班牙	1
江西	美国	1
山东	美国	25
山东	塞尔维亚	5
山东	西班牙	5
山东	澳大利亚	4
山东	墨西哥	4
河南	英国	2
河南	几内亚	1
河南	刚果	1
河南	韩国	1
河南	尼日利亚	1

续表

省份	目的地国家（地区）	投资数量
湖北	以色列	4
湖北	美国	3
湖北	印度	3
湖北	乌兹别克斯坦	2
湖北	秘鲁	1
湖南	美国	4
湖南	德国	3
湖南	加纳	2
湖南	荷兰	2
湖南	印度	2
广东	美国	51
广东	印度	49
广东	英国	35
广东	中国香港	28
广东	德国	19
广西	印度尼西亚	2
广西	百慕大	1
广西	开曼群岛	1
广西	尼日利亚	1
海南	乌干达	4
海南	美国	3
海南	英国	2
海南	阿联酋	2
海南	新加坡	1
重庆	美国	3
重庆	英国	3
重庆	越南	2
重庆	埃塞俄比亚	1
重庆	乌兹别克斯坦	1
四川	俄罗斯	2
四川	埃及	2
四川	智利	1
四川	澳大利亚	1
四川	巴基斯坦	1
贵州	美国	1
云南	美国	4
云南	缅甸	1
云南	加拿大	1

续表

省份	目的地国家（地区）	投资数量
云南	斯里兰卡	1
陕西	马来西亚	1
陕西	印度	1
陕西	克罗地亚	1
陕西	赞比亚	1
陕西	墨西哥	1
甘肃	以色列	2
甘肃	维尔京群岛（英国）	1
甘肃	塞尔维亚	1
青海	美国	1
青海	中国香港	1
新疆	几内亚	5
新疆	美国	5
新疆	玻利维亚	2
新疆	巴西	2
新疆	澳大利亚	1
西藏	中国香港	1
西藏	芬兰	1
西藏	瑞士	1
西藏	英国	1
未标明	开曼群岛	37
未标明	中国香港	22
未标明	美国	19
未标明	百慕大	12
未标明	维尔京群岛（英国）	10

附表 4.9　2018 年中国各省份企业对外绿地投资金额和项目数量　单位：百万美元，起，%

省份	投资金额		项目数量	
	金额	占比	数量	占比
北京	35 802.58	38.71	277	32.90
天津	106.47	0.12	4	0.48
河北	7353.69	7.95	15	1.78
内蒙古	481.30	0.52	5	0.59
辽宁	128.30	0.14	4	0.48
黑龙江	431.10	0.47	3	0.36

省份	投资金额		项目数量	
	金额	占比	数量	占比
上海	6782.18	7.33	80	9.50
江苏	6140.42	6.64	50	5.94
浙江	8509.32	9.20	109	12.95
安徽	1149.90	1.24	13	1.54
福建	1664.41	1.80	16	1.90
江西	457.50	0.49	3	0.36
山东	4520.32	4.89	37	4.39
河南	113.31	0.12	4	0.48
湖北	726.42	0.79	5	0.59
湖南	20.40	0.02	6	0.71
广东	11 702.62	12.65	159	18.88
海南	158.10	0.17	1	0.12
重庆	406.70	0.44	7	0.83
四川	720.00	0.78	7	0.83
贵州	12.10	0.01	1	0.12
云南	1266.70	1.37	6	0.71
陕西	23.20	0.03	2	0.24
甘肃	19.20	0.02	2	0.24
青海	1.40	0.00	1	0.12
新疆	3355.00	3.63	12	1.43
其他	433.11	0.47	13	1.54

附表 4.10　2019 年中国各省份企业对外绿地投资金额和项目数量　单位：百万美元，起，%

省份	投资金额		项目数量	
	金额	占比	数量	占比
北京	15 559.20	25.28	198	29.64
天津	112.97	0.18	1	0.15
河北	1857.42	3.02	5	0.75
山西	9.50	0.02	1	0.15
内蒙古	2000.00	3.25	1	0.15
辽宁	697.70	1.13	2	0.30
吉林	113.50	0.18	1	0.15
黑龙江	252.81	0.41	2	0.30

省份	投资金额		项目数量	
	金额	占比	数量	占比
上海	3258.20	5.29	64	9.58
江苏	861.54	1.40	24	3.59
浙江	4268.72	6.93	75	11.23
安徽	238.39	0.39	5	0.75
福建	2439.78	3.96	18	2.69
江西	330.34	0.54	2	0.30
山东	1566.49	2.54	38	5.69
河南	814.85	1.32	5	0.75
湖北	474.20	0.77	4	0.60
湖南	173.13	0.28	5	0.75
广东	10 743.60	17.45	173	25.90
广西	110.00	0.18	1	0.15
海南	493.20	0.80	13	1.95
重庆	1.80	0.00	1	0.15
四川	81.20	0.13	2	0.30
云南	8.20	0.01	1	0.15
陕西	142.77	0.23	2	0.30
西藏	16.50	0.03	1	0.15
新疆	2386.25	3.88	2	0.30
其他	12 542.00	20.38	21	3.14

附表 4.11　2020 年中国各省份企业对外绿地投资金额和项目数量　单位：百万美元，起，%

省份	投资金额		项目数量	
	金额	占比	数量	占比
北京	11 519.90	24.91	106	27.53
河北	59.40	0.13	2	0.52
辽宁	43.70	0.09	1	0.26
黑龙江	248.04	0.54	4	1.04
上海	3470.57	7.51	55	14.29
江苏	3311.49	7.16	23	5.97
浙江	15 986.90	34.58	45	11.69
安徽	321.10	0.69	1	0.26
福建	5600.40	12.11	14	3.64

省份	投资金额		项目数量	
	金额	占比	数量	占比
江西	17.70	0.04	2	0.52
山东	507.45	1.10	14	3.64
河南	25.90	0.06	1	0.26
湖南	204.80	0.44	9	2.34
广东	3586.35	7.76	95	24.68
广西	6.60	0.01	2	0.52
海南	20.80	0.04	2	0.52
陕西	93.10	0.20	2	0.52
新疆	395.00	0.85	2	0.52
其他	818.81	1.77	5	1.30

附表 4.12   2018 年中国各省份企业对外绿地投资标的行业投资金额和项目数量

单位：百万美元，起，%

省份	行业名称	投资金额		项目数量	
		金额	占比	数量	占比
北京	采掘业	3678.82	3.98	6	0.71
	一般制造业	953.56	1.03	29	3.44
	一般服务业	28 829.60	31.17	147	17.46
	高技术制造业	384.92	0.42	13	1.54
	高技术服务业	841.59	0.91	62	7.36
	电、煤气、蒸汽和水供应业	1114.13	1.20	20	2.38
天津	高技术服务业	0.80	0.00	1	0.12
天津	高技术制造业	105.27	0.11	2	0.24
天津	电、煤气、蒸汽和水供应业	0.40	0.00	1	0.12
河北	采掘业	891.60	0.96	1	0.12
河北	高技术服务业	23.20	0.03	1	0.12
河北	高技术制造业	66.30	0.07	3	0.36
河北	一般制造业	5116.99	5.53	6	0.71
河北	一般服务业	1255.60	1.36	4	0.48
内蒙古	高技术制造业	109.30	0.12	1	0.12
内蒙古	一般制造业	372.00	0.40	4	0.48
辽宁	高技术服务业	14.50	0.02	1	0.12
辽宁	一般制造业	74.50	0.08	1	0.12
辽宁	一般服务业	39.30	0.04	2	0.24
黑龙江	一般制造业	116.10	0.13	1	0.12
黑龙江	高技术制造业	39.50	0.04	1	0.12

省份	行业名称	投资金额		项目数量	
		金额	占比	数量	占比
黑龙江	采掘业	275.50	0.30	1	0.12
上海	电、煤气、蒸汽和水供应业	539.50	0.58	12	1.43
上海	高技术制造业	925.30	1.00	17	2.02
上海	高技术服务业	156.40	0.17	12	1.43
上海	一般制造业	2778.10	3.00	8	0.95
上海	一般服务业	2382.88	2.58	31	3.68
江苏	一般服务业	1191.80	1.29	19	2.26
江苏	高技术服务业	179.40	0.19	12	1.43
江苏	电、煤气、蒸汽和水供应业	72.60	0.08	3	0.36
江苏	采掘业	78.95	0.09	1	0.12
江苏	高技术制造业	731.81	0.79	7	0.83
江苏	一般制造业	3885.86	4.20	8	0.95
浙江	采掘业	147.00	0.16	1	0.12
浙江	一般制造业	2175.70	2.35	23	2.73
浙江	高技术服务业	2607.95	2.82	26	3.09
浙江	电、煤气、蒸汽和水供应业	842.32	0.91	15	1.78
浙江	一般服务业	2303.85	2.49	37	4.39
浙江	高技术制造业	432.50	0.47	7	0.83
安徽	高技术服务业	83.40	0.09	4	0.48
安徽	高技术制造业	6.90	0.01	1	0.12
安徽	电、煤气、蒸汽和水供应业	112.30	0.12	3	0.36
安徽	一般服务业	947.30	1.02	5	0.59
福建	采掘业	700.00	0.76	1	0.12
福建	高技术服务业	287.81	0.31	4	0.48
福建	高技术制造业	72.70	0.08	4	0.48
福建	一般服务业	183.80	0.20	2	0.24
福建	一般制造业	420.10	0.45	5	0.59
江西	一般制造业	193.20	0.21	1	0.12
江西	高技术服务业	50.00	0.05	1	0.12
江西	一般服务业	214.30	0.23	1	0.12
山东	高技术制造业	1148.80	1.24	4	0.48
山东	高技术服务业	1148.17	1.24	10	1.19
山东	电、煤气、蒸汽和水供应业	99.54	0.11	3	0.36
山东	一般服务业	903.20	0.98	8	0.95
山东	一般制造业	1220.61	1.32	12	1.43
河南	高技术制造业	30.70	0.03	1	0.12

省份	行业名称	投资金额		项目数量	
		金额	占比	数量	占比
河南	一般制造业	2.65	0.00	1	0.12
河南	电、煤气、蒸汽和水供应业	79.96	0.09	2	0.24
湖北	高技术制造业	61.32	0.07	2	0.24
湖北	电、煤气、蒸汽和水供应业	573.90	0.62	2	0.24
湖北	一般服务业	91.20	0.10	1	0.12
湖南	一般制造业	3.30	0.00	2	0.24
湖南	电、煤气、蒸汽和水供应业	11.30	0.01	1	0.12
湖南	高技术服务业	5.80	0.01	3	0.36
广东	一般制造业	1691.50	1.83	70	8.31
广东	电、煤气、蒸汽和水供应业	563.43	0.61	14	1.66
广东	高技术服务业	144.56	0.16	10	1.19
广东	高技术制造业	55.80	0.06	4	0.48
广东	一般服务业	9247.33	10.00	61	7.24
海南	一般服务业	158.10	0.17	1	0.12
重庆	一般服务业	221.76	0.24	3	0.36
重庆	电、煤气、蒸汽和水供应业	184.94	0.20	4	0.48
四川	一般制造业	162.00	0.18	3	0.36
四川	一般服务业	140.00	0.15	1	0.12
四川	高技术制造业	390.60	0.42	2	0.24
四川	电、煤气、蒸汽和水供应业	27.40	0.03	1	0.12
贵州	电、煤气、蒸汽和水供应业	12.10	0.01	1	0.12
云南	一般服务业	1266.70	1.37	6	0.71
陕西	电、煤气、蒸汽和水供应业	1.70	0.00	1	0.12
陕西	一般服务业	21.50	0.02	1	0.12
甘肃	电、煤气、蒸汽和水供应业	19.20	0.02	2	0.24
青海	一般制造业	1.40	0.00	1	0.12
新疆	一般服务业	789.00	0.85	2	0.24
新疆	采掘业	1745.00	1.89	3	0.36
新疆	高技术制造业	71.00	0.08	2	0.24
新疆	一般制造业	740.40	0.80	4	0.48
新疆	高技术服务业	9.60	0.01	1	0.12
其他	高技术服务业	77.80	0.08	2	0.24
其他	高技术制造业	64.63	0.07	3	0.36
其他	采掘业	100.00	0.11	1	0.12
其他	一般服务业	177.30	0.19	4	0.48
其他	一般制造业	13.38	0.01	3	0.36

附表 4.13　2019 年中国各省份企业对外绿地投资标的行业投资金额和项目数量

单位：百万美元，起，%

省份	行业分类	投资金额	占比	项目数量	占比
北京	农业	45.20	0.07	2	0.30
北京	采掘业	25.70	0.04	3	0.45
北京	一般制造业	2344.55	3.81	52	7.78
北京	高技术制造业	621.20	1.01	8	1.20
北京	一般服务业	9809.52	15.94	68	10.18
北京	高技术服务业	987.52	1.60	44	6.59
北京	电、煤气、蒸汽和水供应业	1725.48	2.80	21	3.14
天津	电、煤气、蒸汽和水供应业	112.97	0.18	1	0.15
河北	一般制造业	120.00	0.19	1	0.15
河北	高技术制造业	95.00	0.15	1	0.15
河北	电、煤气、蒸汽和水供应业	1642.42	2.67	3	0.45
山西	一般制造业	9.50	0.02	1	0.15
内蒙古	一般制造业	2000.00	3.25	1	0.15
辽宁	高技术制造业	697.70	1.13	2	0.30
吉林	电、煤气、蒸汽和水供应业	113.50	0.18	1	0.15
黑龙江	一般制造业	233.31	0.38	1	0.15
黑龙江	高技术服务业	19.50	0.03	1	0.15
上海	建筑业	28.10	0.05	1	0.15
上海	一般制造业	717.16	1.17	8	1.20
上海	高技术制造业	770.60	1.25	13	1.95
上海	一般服务业	645.64	1.05	14	2.10
上海	高技术服务业	170.90	0.28	13	1.95
上海	电、煤气、蒸汽和水供应业	925.80	1.50	15	2.25
江苏	采掘业	5.80	0.01	1	0.15
江苏	一般制造业	303.62	0.49	10	1.50
江苏	高技术制造业	148.20	0.24	3	0.45
江苏	一般服务业	274.63	0.45	3	0.45
江苏	高技术服务业	36.60	0.06	4	0.60
江苏	电、煤气、蒸汽和水供应业	92.69	0.15	3	0.45
浙江	建筑业	10.87	0.02	2	0.30
浙江	一般制造业	1486.17	2.41	19	2.84
浙江	高技术制造业	375.38	0.61	12	1.80
浙江	一般服务业	499.49	0.81	17	2.54
浙江	高技术服务业	54.00	0.09	10	1.50
浙江	电、煤气、蒸汽和水供应业	1842.81	2.99	15	2.25

省份	行业分类	投资金额	占比	项目数量	占比
安徽	农业	74.30	0.12	2	0.30
安徽	一般服务业	150.51	0.24	1	0.15
安徽	电、煤气、蒸汽和水供应业	13.58	0.02	2	0.30
福建	一般制造业	476.98	0.77	8	1.20
福建	高技术制造业	105.56	0.17	4	0.60
福建	高技术服务业	1814.60	2.95	3	0.45
福建	电、煤气、蒸汽和水供应业	42.64	0.07	3	0.45
江西	一般制造业	188.60	0.31	1	0.15
江西	一般服务业	141.74	0.23	1	0.15
山东	一般制造业	241.20	0.39	9	1.35
山东	高技术制造业	650.67	1.06	7	1.05
山东	一般服务业	82.80	0.13	8	1.20
山东	高技术服务业	235.90	0.38	11	1.65
山东	电、煤气、蒸汽和水供应业	355.92	0.58	3	0.45
河南	一般制造业	709.07	1.15	3	0.45
河南	高技术制造业	20.00	0.03	1	0.15
河南	电、煤气、蒸汽和水供应业	85.78	0.14	1	0.15
湖北	一般制造业	21.70	0.04	1	0.15
湖北	高技术制造业	150.00	0.24	1	0.15
湖北	一般服务业	300.00	0.49	1	0.15
湖北	高技术服务业	2.50	0.00	1	0.15
湖南	一般制造业	39.13	0.06	4	0.60
湖南	电、煤气、蒸汽和水供应业	134.00	0.22	1	0.15
广东	一般制造业	3471.45	5.64	88	13.17
广东	高技术制造业	2173.80	3.53	7	1.05
广东	一般服务业	2480.36	4.03	26	3.89
广东	高技术服务业	1444.45	2.35	37	5.54
广东	电、煤气、蒸汽和水供应业	1173.53	1.91	15	2.25
广西	一般制造业	110.00	0.18	1	0.15
海南	一般制造业	113.80	0.18	5	0.75
海南	高技术制造业	50.00	0.08	1	0.15
海南	一般服务业	329.40	0.54	7	1.05
重庆	一般制造业	1.80	0.00	1	0.15
四川	农业	44.60	0.07	1	0.15
四川	一般制造业	36.60	0.06	1	0.15
云南	高技术服务业	8.20	0.01	1	0.15
陕西	电、煤气、蒸汽和水供应业	142.77	0.23	2	0.30
新疆	高技术制造业	2386.25	3.88	2	0.30

省份	行业分类	投资金额	占比	项目数量	占比
西藏	一般服务业	16.50	0.03	1	0.15
其他	一般制造业	610.31	0.99	8	1.20
其他	高技术制造业	118.09	0.19	4	0.60
其他	一般服务业	11 191.10	18.18	5	0.75
其他	高技术服务业	17.49	0.03	2	0.30
其他	电、煤气、蒸汽和水供应业	605.05	0.98	2	0.30

附表 4.14 2020 年中国各省份企业对外绿地投资标的行业投资金额和项目数量

单位：百万美元，起，%

省份	行业分类	投资金额	占比	项目数量	占比
北京	一般制造业	387.40	0.84	6	1.56
北京	高技术制造业	48.81	0.11	2	0.52
北京	一般服务业	7574.98	16.38	65	16.88
北京	高技术服务业	3187.60	6.89	32	8.31
北京	电、煤气、蒸汽和水供应业	321.10	0.69	1	0.26
河北	一般制造业	12.50	0.03	1	0.26
河北	电、煤气、蒸汽和水供应业	46.90	0.10	1	0.26
辽宁	一般制造业	43.70	0.09	1	0.26
黑龙江	一般制造业	58.24	0.13	2	0.52
黑龙江	一般服务业	189.80	0.41	2	0.52
上海	建筑业	11.90	0.03	1	0.26
上海	一般制造业	31.66	0.07	3	0.78
上海	高技术制造业	141.50	0.31	6	1.56
上海	一般服务业	2251.29	4.87	33	8.57
上海	高技术服务业	769.22	1.66	7	1.82
上海	电、煤气、蒸汽和水供应业	265.00	0.57	5	1.30
江苏	建筑业	6.70	0.01	1	0.26
江苏	一般制造业	82.50	0.18	4	1.04
江苏	高技术制造业	146.10	0.32	4	1.04
江苏	一般服务业	594.39	1.29	9	2.34
江苏	高技术服务业	2384.60	5.16	2	0.52
江苏	电、煤气、蒸汽和水供应业	97.20	0.21	3	0.78
浙江	一般制造业	13 839.60	29.93	8	2.08
浙江	高技术制造业	94.30	0.20	4	1.04
浙江	一般服务业	1701.30	3.68	26	6.75
浙江	电、煤气、蒸汽和水供应业	351.70	0.76	7	1.82

省份	行业分类	投资金额	占比	项目数量	占比
安徽	电、煤气、蒸汽和水供应业	321.10	0.69	1	0.26
福建	一般制造业	209.20	0.45	3	0.78
福建	高技术制造业	125.00	0.27	2	0.52
福建	一般服务业	154.20	0.33	6	1.56
福建	高技术服务业	5112.00	11.06	3	0.78
江西	一般服务业	2.40	0.01	1	0.26
江西	高技术服务业	15.30	0.03	1	0.26
山东	一般制造业	14.47	0.03	2	0.52
山东	高技术制造业	274.14	0.59	4	1.04
山东	一般服务业	22.70	0.05	3	0.78
山东	高技术服务业	196.14	0.42	5	1.30
河南	电、煤气、蒸汽和水供应业	25.90	0.06	1	0.26
湖南	一般制造业	110.20	0.24	3	0.78
湖南	高技术制造业	31.00	0.07	2	0.52
湖南	一般服务业	63.60	0.14	4	1.04
广东	一般制造业	709.38	1.53	13	3.38
广东	高技术制造业	929.59	2.01	16	4.16
广东	一般服务业	1603.59	3.47	62	16.10
广东	高技术服务业	15.79	0.03	2	0.52
广东	电、煤气、蒸汽和水供应业	328.00	0.71	2	0.52
广西	一般制造业	6.60	0.01	2	0.52
海南	一般制造业	12.00	0.03	1	0.26
海南	一般服务业	8.80	0.02	1	0.26
陕西	一般制造业	84.60	0.18	1	0.26
陕西	电、煤气、蒸汽和水供应业	8.50	0.02	1	0.26
新疆	一般服务业	395.00	0.85	2	0.52
其他	建筑业	16.32	0.04	1	0.26
其他	一般制造业	498.79	1.08	2	0.52
其他	一般服务业	288.10	0.62	1	0.26
其他	电、煤气、蒸汽和水供应业	15.60	0.03	1	0.26

附表 4.15　2018 年中国各地区对外绿地投资项目数量排名前五位的行业

地区	部门	项目数量
环渤海地区	一般制造业	48
环渤海地区	一般服务业	161
环渤海地区	电、煤气、蒸汽和水供应业	24

地区	部门	项目数量
环渤海地区	采掘业	7
环渤海地区	高技术制造业	22
环渤海地区	高技术服务业	75
长三角地区	一般制造业	39
长三角地区	一般服务业	87
长三角地区	电、煤气、蒸汽和水供应业	30
长三角地区	采掘业	2
长三角地区	高技术制造业	31
长三角地区	高技术服务业	50
珠三角地区	一般制造业	75
珠三角地区	一般服务业	64
珠三角地区	电、煤气、蒸汽和水供应业	14
珠三角地区	采掘业	1
珠三角地区	高技术制造业	8
珠三角地区	高技术服务业	14
中西部地区	一般制造业	20
中西部地区	一般服务业	24
中西部地区	电、煤气、蒸汽和水供应业	17
中西部地区	采掘业	5
中西部地区	高技术制造业	13
中西部地区	高技术服务业	11

附表 4.16　2019 年中国各地区对外绿地投资项目数量排名前五位的行业

地区	部门	项目数量
环渤海地区	一般制造业	62
环渤海地区	一般服务业	76
环渤海地区	农业	2
环渤海地区	电、煤气、蒸汽和水供应业	28
环渤海地区	采掘业	3
环渤海地区	高技术制造业	18
环渤海地区	高技术服务业	55
长三角地区	一般制造业	37
长三角地区	一般服务业	34
长三角地区	建筑业	3
长三角地区	电、煤气、蒸汽和水供应业	33

续表

地区	部门	项目数量
长三角地区	采掘业	1
长三角地区	高技术制造业	28
长三角地区	高技术服务业	27
珠三角地区	一般制造业	101
珠三角地区	一般服务业	33
珠三角地区	电、煤气、蒸汽和水供应业	18
珠三角地区	高技术制造业	12
珠三角地区	高技术服务业	40
中西部地区	一般制造业	23
中西部地区	一般服务业	9
中西部地区	农业	3
中西部地区	电、煤气、蒸汽和水供应业	9
中西部地区	高技术制造业	8
中西部地区	高技术服务业	5

附表 4.17　2020 年中国各地区对外绿地投资项目数量排名前五位的行业

地区	部门	项目数量
环渤海地区	一般制造业	10
环渤海地区	一般服务业	68
环渤海地区	电、煤气、蒸汽和水供应业	2
环渤海地区	高技术制造业	6
环渤海地区	高技术服务业	37
长三角地区	一般制造业	15
长三角地区	一般服务业	68
长三角地区	建筑业	2
长三角地区	电、煤气、蒸汽和水供应业	15
长三角地区	高技术制造业	14
长三角地区	高技术服务业	9
珠三角地区	一般制造业	17
珠三角地区	一般服务业	69
珠三角地区	电、煤气、蒸汽和水供应业	2
珠三角地区	高技术制造业	18
珠三角地区	高技术服务业	5
中西部地区	一般制造业	10
中西部地区	一般服务业	10
中西部地区	建筑业	1

续表

地区	部门	项目数量
中西部地区	电、煤气、蒸汽和水供应业	4
中西部地区	高技术制造业	2
中西部地区	高技术服务业	1

附表 4.18　2018 年中国各省份企业不同对外绿地投资模式投资金额和项目数量

单位：百万美元，起

省份	新建		扩张		托管	
	金额	数量	金额	数量	金额	数量
北京	31 586.55	250	4100.53	26	115.50	1
天津	106.47	4	—	—	—	—
河北	7353.69	15	—	—	—	—
内蒙古	474.40	4	6.90	1	—	—
辽宁	128.30	4	—	—	—	—
黑龙江	315.00	2	—	—	116.10	1
上海	6171.58	64	599.30	15	11.30	1
江苏	6081.91	47	58.51	3	—	—
浙江	7437.37	92	1021.95	16	50.00	1
安徽	1149.90	13	—	—	—	—
福建	1635.81	15	28.60	1	—	—
江西	457.50	3	—	—	—	—
山东	4131.32	32	389.00	5	—	—
河南	110.66	3	2.65	1	—	—
湖北	719.12	4	7.30	1	—	—
湖南	20.40	6	—	—	—	—
广东	11 285.22	145	412.10	13	5.30	1
海南	—	—	158.10	1	—	—
重庆	261.66	4	145.04	3	—	—
四川	338.00	6	382.00	1	—	—
贵州	12.10	1	—	—	—	—
云南	1266.70	6	—	—	—	—
陕西	21.50	1	1.70	1	—	—
甘肃	19.20	2	—	—	—	—
青海	1.40	1	—	—	—	—
新疆	3355.00	12	—	—	—	—
其他	432.91	12	0.20	1	—	—

附表 4.19　2019 年中国各省份企业不同对外绿地投资模式投资金额和项目数量

单位：百万美元，起

省份	新建		扩张		托管	
	金额	数量	金额	数量	金额	数量
北京	14 756.67	185	802.50	13	—	—
天津	112.97	1	—	—	—	—
河北	1737.42	4	120.00	1	—	—
山西	9.50	1	—	—	—	—
内蒙古	2000.00	1	—	—	—	—
辽宁	697.70	2	—	—	—	—
吉林	—	—	113.50	1	—	—
黑龙江	252.81	2	—	—	—	—
上海	2384.34	54	606.36	7	267.50	3
江苏	634.14	20	227.40	4	—	—
浙江	2711.39	63	1445.73	10	111.60	2
安徽	230.11	4	8.28	1	—	—
福建	465.12	15	1974.66	3	—	—
江西	330.34	2	—	—	—	—
山东	1279.79	26	275.60	11	11.10	1
河南	811.35	4	3.50	1	—	—
湖北	474.20	4	—	—	—	—
湖南	139.60	4	—	—	33.53	1
广东	9492.72	153	941.40	17	309.47	3
广西	110.00	1	—	—	—	—
海南	493.20	13	—	—	—	—
重庆	1.80	1	—	—	—	—
四川	81.20	2	—	—	—	—
云南	8.20	1	—	—	—	—
陕西	142.77	2	—	—	—	—
西藏	2386.25	2	—	—	—	—
新疆	16.50	1	—	—	—	—
其他	12 542.04	21	—	—	—	—

附表 4.20　2020 年中国各省份企业不同对外绿地投资模式投资金额和项目数量

单位：百万美元，起

省份	新建		扩张		托管	
	金额	数量	金额	数量	金额	数量
北京	10 092.82	90	1404.70	15	22.37	1
河北	46.90	1	12.50	1	—	—
辽宁	43.70	1	—	—	—	—
黑龙江	146.94	3	101.10	1	—	—
上海	3443.07	53	27.50	2	—	—
江苏	3277.59	19	33.90	4	—	—
浙江	1948.70	36	14 038.20	9	—	—
安徽	—	—	321.10	1	—	—
福建	5555.40	13	45.00	1	—	—
江西	17.70	2	—	—	—	—
山东	383.14	10	124.31	4	—	—
河南	25.90	1	—	—	—	—
湖南	204.80	9	—	—	—	—
广东	3245.92	87	331.84	6	8.59	2
广西	6.60	2	—	—	—	—
海南	8.80	1	12.00	1	—	—
陕西	93.10	2	—	—	—	—
新疆	395.00	2	—	—	—	—
其他	803.21	4	15.60	1	—	—

附表 4.21　2018 年中国各省份企业对外绿地投资创造的海外就业岗位数量　单位：个，%

省份	岗位数量	占比
北京	36 357	17.03
天津	540	0.25
河北	8229	3.85
内蒙古	1351	0.63
辽宁	408	0.19
黑龙江	513	0.24
上海	14 955	7.00
江苏	11 525	5.40
浙江	39 320	18.42
安徽	3735	1.75
福建	11 077	5.19

省份	岗位数量	占比
江西	907	0.42
山东	26 344	12.34
河南	1618	0.76
湖北	4075	1.91
湖南	238	0.11
广东	40 145	18.80
海南	166	0.08
重庆	815	0.38
四川	1077	0.50
贵州	64	0.03
云南	169	0.08
陕西	201	0.09
甘肃	78	0.04
青海	6	0.00
新疆	7755	3.63
其他	1837	0.86

附表 4.22 2019 年中国各省份企业对外绿地投资创造的海外就业岗位数量 单位：个，%

省份	岗位数量	占比
北京	43 446	21.77
天津	405	0.20
河北	4578	2.29
山西	53	0.03
内蒙古	3000	1.50
辽宁	1462	0.73
吉林	585	0.29
黑龙江	1568	0.79
上海	11 264	5.64
江苏	8850	4.43
浙江	32 961	16.51
安徽	992	0.50
福建	6851	3.43
江西	502	0.25
山东	8235	4.13

省份	岗位数量	占比
河南	1245	0.62
湖北	3606	1.81
湖南	2739	1.37
广东	48 639	24.37
广西	134	0.07
海南	3290	1.65
重庆	5	0.00
四川	320	0.16
云南	103	0.05
陕西	712	0.36
新疆	4882	2.45
西藏	69	0.03
其他	9110	4.56

附表 4.23　2020 年中国各省份企业对外绿地投资创造的海外就业岗位数量　单位：个，%

省份	岗位数量	占比
北京	10 463	16.46
河北	491	0.77
辽宁	207	0.33
黑龙江	382	0.60
上海	6079	9.57
江苏	5702	8.97
浙江	10 167	16.00
安徽	1003	1.58
福建	4585	7.22
江西	65	0.10
山东	2679	4.22
河南	94	0.15
湖南	1010	1.59
广东	17 178	27.03
广西	21	0.03
海南	141	0.22
陕西	690	1.09
新疆	220	0.35
其他	2370	3.73

附表 4.24　2018 年中国各省份企业对外并购投资金额和项目数量　单位：百万美元，起，%

省份	投资金额		项目数量	
	金额	占比	数量	占比
北京	14 283.50	26.08	91	25.28
天津	67.53	0.12	2	0.56
河北	542.05	0.99	3	0.83
山西	96.91	0.18	2	0.56
内蒙古	275.00	0.50	1	0.28
辽宁	9.05	0.02	1	0.28
上海	5610.80	10.25	90	25.00
江苏	1378.24	2.52	21	5.83
浙江	7881.91	14.39	28	7.78
安徽	1482.23	2.71	6	1.67
福建	748.01	1.37	6	1.67
江西	87.50	0.16	1	0.28
山东	2281.10	4.17	7	1.94
河南	12.76	0.02	1	0.28
湖北	6.72	0.01	3	0.83
湖南	22.47	0.04	1	0.28
广东	7989.67	14.59	30	8.33
广西	871.75	1.59	1	0.28
重庆	6.40	0.01	1	0.28
四川	4066.00	7.43	1	0.28
陕西	8.91	0.02	2	0.56
青海	5.00	0.01	1	0.28
西藏	197.84	0.36	1	0.28
新疆	4.50	0.01	1	0.28
其他	6822.85	12.46	58	16.11

附表 4.25　2019 年中国各省份企业对外并购投资金额和项目数量　单位：百万美元，起，%

省份	投资金额		项目数量	
	金额	占比	数量	占比
北京	14 264.90	48.51	65	25.10
天津	269.90	0.92	4	1.54

省份	投资金额		项目数量	
	金额	占比	数量	占比
河北	1224.04	4.16	2	0.77
山西	1.53	0.01	1	0.39
辽宁	46.13	0.16	2	0.77
上海	1306.76	4.44	59	22.78
江苏	2871.46	9.77	20	7.72
浙江	1334.67	4.54	23	8.88
安徽	29.79	0.10	1	0.39
江西	200.00	0.68	1	0.39
山东	514.65	1.75	4	1.54
湖北	1677.34	5.70	6	2.32
湖南	9.87	0.03	1	0.39
广东	4455.88	15.15	26	10.04
海南	65.54	0.22	1	0.39
四川	18.66	0.06	2	0.77
甘肃	334.11	1.14	2	0.77
新疆	126.08	0.43	3	1.16
其他	652.81	2.22	36	13.90

附表 4.26 2020 年中国各省份企业对外并购投资金额和项目数量   单位：百万美元，起，%

省份	投资金额		项目数量	
	金额	占比	数量	占比
北京	5043.63	18.63	52	21.14
天津	68.26	0.25	6	2.44
河北	205.65	0.76	3	1.22
辽宁	182.36	0.67	3	1.22
吉林	100.00	0.37	1	0.41
上海	7205.65	26.62	63	25.61
江苏	379.81	1.40	14	5.69
浙江	901.08	3.33	9	3.66
福建	1270.47	4.69	3	1.22
山东	7786.11	28.77	3	1.22
河南	552.18	2.04	2	0.81
湖北	6.00	0.02	2	0.81

省份	投资金额		项目数量	
	金额	占比	数量	占比
湖南	70.87	0.26	1	0.41
广东	1367.49	5.05	29	11.79
广西	1109.62	4.10	1	0.41
海南	1.74	0.01	1	0.41
重庆	3.90	0.01	2	0.81
四川	63.57	0.23	1	0.41
西藏	17.11	0.06	2	0.81
其他	730.07	2.70	48	19.51

附表 4.27　2018 年中国各省份企业对外并购投资标的行业投资金额和项目数量

单位：百万美元，起，%

省份	行业	投资金额		项目数量	
		金额	占比	数量	占比
北京	高技术服务业	933.94	1.71	4	1.11
北京	一般制造业	1607.06	2.93	5	1.39
北京	电、煤气、蒸汽和水供应业	1332.64	2.43	7	1.94
北京	一般服务业	9584.50	17.50	70	19.44
北京	高技术制造业	813.17	1.49	4	1.11
北京	采掘业	12.25	0.02	1	0.28
天津	高技术服务业	67.53	0.12	2	0.56
河北	采掘业	372.15	0.68	1	0.28
河北	电、煤气、蒸汽和水供应业	64.97	0.12	1	0.28
河北	一般服务业	104.93	0.19	1	0.28
山西	一般制造业	96.91	0.18	2	0.56
内蒙古	采掘业	275.00	0.50	1	0.28
辽宁	一般服务业	9.05	0.02	1	0.28
上海	高技术制造业	80.00	0.15	1	0.28
上海	高技术服务业	182.22	0.33	8	2.22
上海	一般服务业	4630.85	8.46	68	18.89
上海	电、煤气、蒸汽和水供应业	670.15	1.22	8	2.22
上海	一般制造业	47.58	0.09	5	1.39
江苏	高技术服务业	910.03	1.66	4	1.11
江苏	电、煤气、蒸汽和水供应业	99.07	0.18	2	0.56
江苏	一般制造业	122.71	0.22	3	0.83
江苏	一般服务业	245.90	0.45	11	3.06

续表

省份	行业	投资金额		项目数量	
		金额	占比	数量	占比
江苏	高技术制造业	0.54	0.00	1	0.28
浙江	一般服务业	549.76	1.00	8	2.22
浙江	一般制造业	205.20	0.37	5	1.39
浙江	高技术制造业	54.03	0.10	1	0.28
浙江	电、煤气、蒸汽和水供应业	6119.86	11.18	6	1.67
浙江	高技术服务业	953.06	1.74	8	2.22
安徽	一般制造业	271.14	0.50	3	0.83
安徽	高技术制造业	1211.09	2.21	3	0.83
福建	一般制造业	46.07	0.08	1	0.28
福建	一般服务业	2.72	0.00	2	0.56
福建	高技术服务业	112.96	0.21	1	0.28
福建	高技术制造业	236.26	0.43	1	0.28
福建	采掘业	350.00	0.64	1	0.28
江西	一般制造业	87.50	0.16	1	0.28
山东	电、煤气、蒸汽和水供应业	1837.08	3.35	2	0.56
山东	一般制造业	294.21	0.54	2	0.56
山东	一般服务业	149.82	0.27	3	0.83
河南	高技术服务业	12.76	0.02	1	0.28
湖北	一般制造业	6.72	0.01	3	0.83
湖南	一般制造业	22.47	0.04	1	0.28
广东	一般服务业	4011.76	7.33	18	5.00
广东	高技术制造业	5.23	0.01	1	0.28
广东	一般制造业	140.00	0.26	5	1.39
广东	电、煤气、蒸汽和水供应业	71.11	0.13	3	0.83
广东	高技术服务业	3761.57	6.87	3	0.83
广西	一般服务业	871.75	1.59	1	0.28
重庆	一般制造业	6.40	0.01	1	0.28
四川	高技术制造业	4066.00	7.43	1	0.28
陕西	一般制造业	6.30	0.01	1	0.28
陕西	一般服务业	2.61	0.00	1	0.28
青海	一般制造业	5.00	0.01	1	0.28
新疆	一般服务业	4.50	0.01	1	0.28
西藏	高技术制造业	197.84	0.36	1	0.28
其他	高技术制造业	1277.94	2.33	5	1.39
其他	一般制造业	80.32	0.15	8	2.22
其他	采掘业	18.04	0.03	1	0.28

省份	行业	投资金额		项目数量	
		金额	占比	数量	占比
其他	高技术服务业	19.23	0.04	2	0.56
其他	电、煤气、蒸汽和水供应业	544.79	0.99	4	1.11
其他	一般服务业	4882.53	8.92	38	10.56

附表 4.28　2019 年中国各省份企业对外并购投资标的行业投资金额和项目数量

单位：百万美元，起，%

省份	行业	投资金额		项目数量	
		金额	占比	数量	占比
北京	一般制造业	384.20	1.31	4	1.54
北京	高技术服务业	7443.43	25.31	6	2.32
北京	采掘业	108.09	0.37	2	0.77
北京	一般服务业	6329.18	21.52	53	20.46
天津	一般服务业	44.90	0.15	3	1.16
天津	高技术服务业	225.00	0.77	1	0.39
河北	电、煤气、蒸汽和水供应业	134.42	0.46	1	0.39
河北	高技术服务业	1089.62	3.71	1	0.39
山西	一般服务业	1.53	0.01	1	0.39
辽宁	电、煤气、蒸汽和水供应业	1.00	0.00	1	0.39
辽宁	一般服务业	45.13	0.15	1	0.39
上海	电、煤气、蒸汽和水供应业	50.16	0.17	3	1.16
上海	其他	0.21	0.00	1	0.39
上海	高技术服务业	55.23	0.19	4	1.54
上海	一般服务业	1131.22	3.85	47	18.15
上海	一般制造业	69.95	0.24	4	1.54
江苏	高技术服务业	84.87	0.29	3	1.16
江苏	高技术制造业	56.53	0.19	3	1.16
江苏	一般制造业	50.64	0.17	2	0.77
江苏	农业	100.00	0.34	1	0.39
江苏	一般服务业	2579.42	8.77	11	4.25
浙江	一般服务业	1132.20	3.85	15	5.79
浙江	高技术服务业	46.85	0.16	3	1.16
浙江	一般制造业	31.67	0.11	3	1.16
浙江	高技术制造业	26.49	0.09	1	0.39
浙江	电、煤气、蒸汽和水供应业	97.46	0.33	1	0.39

续表

省份	行业	投资金额		项目数量	
		金额	占比	数量	占比
安徽	一般制造业	29.79	0.10	1	0.39
江西	高技术制造业	200.00	0.68	1	0.39
山东	一般服务业	500.00	1.70	1	0.39
山东	高技术制造业	6.00	0.02	1	0.39
山东	一般制造业	8.65	0.03	2	0.77
湖北	一般服务业	1662.34	5.65	5	1.93
湖北	高技术服务业	15.00	0.05	1	0.39
湖南	高技术服务业	9.87	0.03	1	0.39
广东	高技术服务业	171.57	0.58	2	0.77
广东	一般服务业	3532.46	12.01	19	7.34
广东	高技术制造业	5.00	0.02	1	0.39
广东	一般制造业	726.14	2.47	2	0.77
广东	电、煤气、蒸汽和水供应业	20.72	0.07	2	0.77
海南	一般服务业	65.54	0.22	1	0.39
四川	电、煤气、蒸汽和水供应业	18.15	0.06	1	0.39
四川	一般服务业	0.52	0.00	1	0.39
甘肃	电、煤气、蒸汽和水供应业	10.64	0.04	1	0.39
甘肃	高技术服务业	323.47	1.10	1	0.39
新疆	一般服务业	126.08	0.43	3	1.16
其他	高技术制造业	84.66	0.29	5	1.93
其他	采掘业	10.40	0.04	1	0.39
其他	高技术服务业	94.40	0.32	4	1.54
其他	电、煤气、蒸汽和水供应业	3.00	0.01	1	0.39
其他	一般制造业	57.32	0.19	3	1.16
其他	一般服务业	403.02	1.37	22	8.49

附表 4.29　2020 年中国各省份企业对外并购投资标的行业投资金额和项目数量

单位：百万美元，起，%

省份	行业	投资金额		项目数量	
		金额	占比	数量	占比
北京	一般制造业	27.43	0.10	2	0.81
北京	高技术服务业	142.96	0.53	6	2.44
北京	建筑业	9.13	0.03	1	0.41
北京	高技术制造业	109.95	0.41	4	1.63

续表

省份	行业	投资金额		项目数量	
		金额	占比	数量	占比
北京	采掘业	237.64	0.88	1	0.41
北京	电、煤气、蒸汽和水供应业	0.50	0.00	1	0.41
北京	一般服务业	4516.02	16.69	37	15.04
天津	一般服务业	68.26	0.25	6	2.44
河北	高技术服务业	195.65	0.72	2	0.81
河北	电、煤气、蒸汽和水供应业	10.00	0.04	1	0.41
辽宁	一般服务业	0.98	0.00	1	0.41
辽宁	电、煤气、蒸汽和水供应业	181.19	0.67	1	0.41
辽宁	高技术服务业	0.19	0.00	1	0.41
吉林	高技术服务业	100.00	0.37	1	0.41
上海	高技术制造业	38.79	0.14	2	0.81
上海	高技术服务业	148.94	0.55	4	1.63
上海	电、煤气、蒸汽和水供应业	1109.30	4.10	5	2.03
上海	一般制造业	708.18	2.62	4	1.63
上海	一般服务业	5200.45	19.21	48	19.51
江苏	一般制造业	29.52	0.11	3	1.22
江苏	高技术服务业	46.32	0.17	2	0.81
江苏	一般服务业	303.98	1.12	9	3.66
浙江	一般服务业	782.46	2.89	7	2.85
浙江	高技术服务业	109.00	0.40	1	0.41
浙江	电、煤气、蒸汽和水供应业	9.62	0.04	1	0.41
福建	一般服务业	90.00	0.33	1	0.41
福建	高技术服务业	108.70	0.40	1	0.41
福建	采掘业	1071.77	3.96	1	0.41
山东	高技术服务业	7502.77	27.72	1	0.41
山东	电、煤气、蒸汽和水供应业	283.34	1.05	2	0.81
河南	采掘业	550.00	2.03	1	0.41
河南	一般制造业	2.18	0.01	1	0.41
湖北	高技术制造业	3.00	0.01	1	0.41
湖北	一般制造业	3.00	0.01	1	0.41
湖南	一般服务业	70.87	0.26	1	0.41
广东	高技术制造业	17.00	0.06	1	0.41
广东	一般服务业	1112.71	4.11	18	7.32
广东	电、煤气、蒸汽和水供应业	16.44	0.06	2	0.81
广东	一般制造业	181.50	0.67	3	1.22
广东	高技术服务业	39.83	0.15	5	2.03

省份	行业	投资金额		项目数量	
		金额	占比	数量	占比
广西	一般制造业	1109.62	4.10	1	0.41
海南	高技术服务业	1.74	0.01	1	0.41
重庆	高技术服务业	3.90	0.01	2	0.81
四川	一般服务业	63.57	0.23	1	0.41
西藏	一般服务业	17.11	0.06	2	0.81
其他	高技术制造业	211.97	0.78	4	1.63
其他	电、煤气、蒸汽和水供应业	15.71	0.06	2	0.81
其他	一般制造业	2.71	0.01	2	0.81
其他	一般服务业	495.01	1.83	35	14.23
其他	高技术服务业	4.67	0.02	5	2.03

附表 4.30　2018 年中国各省份企业对外并购投资支付方式　单位：百万美元，起，%

省份	交易支付方式	投资金额		项目数量	
		金额	占比	数量	占比
北京	现金	982.68	1.79	10	2.78
北京	债务	5554.11	10.14	2	0.56
北京	未标明	7746.76	14.15	79	21.94
天津	其他	27.20	0.05	1	0.28
天津	现金	40.33	0.07	1	0.28
河北	现金	437.12	0.80	2	0.56
河北	其他	104.93	0.19	1	0.28
山西	债务	96.91	0.18	2	0.56
内蒙古	现金	275.00	0.50	1	0.28
辽宁	其他	9.05	0.02	1	0.28
上海	股份	56.89	0.10	1	0.28
上海	现金	1289.98	2.36	18	5.00
上海	其他	4209.11	7.69	70	19.44
上海	债务	54.82	0.10	1	0.28
江苏	现金	139.78	0.26	8	2.22
江苏	其他	335.87	0.61	12	3.33
江苏	股份	902.60	1.65	1	0.28
浙江	其他	6302.41	11.51	11	3.06
浙江	股份	620.60	1.13	3	0.83

续表

省份	交易支付方式	投资金额		项目数量	
		金额	占比	数量	占比
浙江	现金	958.90	1.75	14	3.89
安徽	现金	22.10	0.04	3	0.83
安徽	股份	1196.09	2.18	2	0.56
安徽	其他	264.04	0.48	1	0.28
福建	现金	113.28	0.21	2	0.56
福建	延期支付	236.26	0.43	1	0.28
福建	其他	398.47	0.73	3	0.83
江西	延期支付	87.50	0.16	1	0.28
山东	股份	916.80	1.67	1	0.28
山东	其他	326.90	0.60	3	0.83
山东	现金	1037.41	1.89	3	0.83
河南	现金	12.76	0.02	1	0.28
湖北	其他	4.00	0.01	1	0.28
湖北	现金	2.72	0.00	2	0.56
湖南	现金	22.47	0.04	1	0.28
广东	债务	809.89	1.48	1	0.28
广东	股份	4048.40	7.39	2	0.56
广东	其他	2614.99	4.78	19	5.28
广东	现金	516.40	0.94	8	2.22
广西	现金	871.75	1.59	1	0.28
重庆	现金	6.40	0.01	1	0.28
四川	现金	4066.00	7.43	1	0.28
陕西	现金	6.30	0.01	1	0.28
陕西	股份	2.61	0.00	1	0.28
青海	现金	5.00	0.01	1	0.28
新疆	其他	4.50	0.01	1	0.28
西藏	现金	197.84	0.36	1	0.28
其他	其他	12.25	0.02	1	0.28
其他	股份	3.55	0.01	2	0.56
其他	其他	5363.76	9.80	34	9.44
其他	延期支付	99.15	0.18	1	0.28
其他	现金	1332.10	2.43	18	5.00
其他	债务	12.02	0.02	2	0.56

附表 4.31　2019 年中国各省份企业对外并购投资支付方式　单位：百万美元，起，%

省份	交易支付方式	投资金额		项目数量	
		金额	占比	数量	占比
北京	债务	1.59	0.01	1	0.39
北京	股份	7003.53	23.82	1	0.39
北京	现金	318.20	1.08	15	5.79
北京	其他	6941.59	23.61	48	18.53
天津	其他	269.00	0.91	3	1.16
天津	现金	0.90	0.00	1	0.39
河北	股份	1089.62	3.71	1	0.39
河北	延期支付	134.42	0.46	1	0.39
山西	其他	1.53	0.01	1	0.39
辽宁	债务	45.13	0.15	1	0.39
辽宁	现金	1.00	0.00	1	0.39
上海	其他	1010.00	3.43	43	16.60
上海	现金	296.76	1.01	16	6.18
江苏	现金	261.34	0.89	10	3.86
江苏	其他	2610.12	8.88	10	3.86
浙江	其他	1138.28	3.87	15	5.79
浙江	现金	196.39	0.67	8	3.09
安徽	现金	29.79	0.10	1	0.39
江西	现金	200.00	0.68	1	0.39
山东	其他	507.65	1.73	2	0.77
山东	现金	1.00	0.00	1	0.39
山东	其他	6.00	0.02	1	0.39
湖北	债务	1410.00	4.80	1	0.39
湖北	其他	248.34	0.84	3	1.16
湖北	现金	19.00	0.06	2	0.77
湖南	现金	9.87	0.03	1	0.39
广东	其他	1296.58	4.41	15	5.79
广东	债务	107.18	0.36	1	0.39
广东	现金	950.19	3.23	9	3.47
广东	股份	2101.93	7.15	1	0.39
海南	现金	65.54	0.22	1	0.39
四川	其他	18.15	0.06	1	0.39
四川	现金	0.52	0.00	1	0.39
甘肃	债务	10.64	0.04	1	0.39

省份	交易支付方式	投资金额		项目数量	
		金额	占比	数量	占比
甘肃	现金	323.47	1.10	1	0.39
新疆	现金	83.08	0.28	1	0.39
新疆	其他	43.00	0.15	2	0.77
其他	其他	13.87	0.05	1	0.39
其他	其他	442.48	1.50	18	6.95
其他	现金	71.01	0.24	14	5.41
其他	债务	125.45	0.43	3	1.16

附表 4.32　2020 年中国各省份企业对外并购投资支付方式　单位：百万美元，起，%

省份	交易支付方式	投资金额		项目数量	
		金额	占比	数量	占比
北京	现金	2860.52	10.57	20	8.13
北京	其他	2183.11	8.07	32	13.01
天津	其他	68.26	0.25	6	2.44
河北	现金	205.08	0.76	2	0.81
河北	其他	0.57	0.00	1	0.41
辽宁	其他	182.36	0.67	3	1.22
吉林	现金	100.00	0.37	1	0.41
上海	股份	2394.01	8.85	2	0.81
上海	其他	4503.37	16.64	50	20.33
上海	现金	236.53	0.87	10	4.07
上海	延期支付	71.74	0.27	1	0.41
江苏	其他	216.40	0.80	9	3.66
江苏	股份	147.06	0.54	1	0.41
江苏	现金	16.35	0.06	4	1.63
浙江	现金	12.09	0.04	2	0.81
浙江	其他	888.99	3.28	7	2.85
福建	现金	1180.47	4.36	2	0.81
福建	其他	90.00	0.33	1	0.41
山东	现金	283.34	1.05	2	0.81
山东	股份	7502.77	27.72	1	0.41
河南	现金	2.18	0.01	1	0.41
河南	其他	550.00	2.03	1	0.41

续表

省份	交易支付方式	投资金额		项目数量	
		金额	占比	数量	占比
湖北	其他	3.00	0.01	1	0.41
湖北	现金	3.00	0.01	1	0.41
湖南	现金	70.87	0.26	1	0.41
广东	现金	791.68	2.93	7	2.85
广东	其他	558.80	2.06	21	8.54
广东	延期支付	17.00	0.06	1	0.41
广西	延期支付	1109.62	4.10	1	0.41
海南	现金	1.74	0.01	1	0.41
重庆	其他	0.00	0.00	1	0.41
重庆	现金	3.90	0.01	1	0.41
四川	现金	63.57	0.23	1	0.41
西藏	其他	17.11	0.06	2	0.81
其他	其他	1.73	0.01	1	0.41
其他	其他	559.21	2.07	25	10.16
其他	现金	169.13	0.62	22	8.94

附表 4.33　2018 年中国各省份企业对外并购融资渠道　单位：百万美元，起，%

省份	交易融资方式	投资金额		项目数量	
		金额	占比	数量	占比
北京	创业投资	544.22	0.99	31	8.61
北京	私募基金	156.25	0.29	5	1.39
北京	杠杆收购	738.31	1.35	1	0.28
北京	其他	12 844.77	23.46	54	15.00
天津	其他	67.53	0.12	2	0.56
河北	其他	104.93	0.19	1	0.28
河北	增资	64.97	0.12	1	0.28
河北	注资	372.15	0.68	1	0.28
山西	其他	96.91	0.18	2	0.56
内蒙古	其他	275.00	0.50	1	0.28
辽宁	其他	9.05	0.02	1	0.28
上海	配售	56.89	0.10	1	0.28
上海	增资	424.19	0.77	3	0.83
上海	杠杆收购	77.15	0.14	1	0.28

省份	交易融资方式	投资金额		项目数量	
		金额	占比	数量	占比
上海	创业投资	415.63	0.76	36	10.00
上海	私募基金	67.50	0.12	4	1.11
上海	其他	4569.44	8.34	45	12.50
江苏	其他	319.40	0.58	11	3.06
江苏	配售	902.60	1.65	1	0.28
江苏	私募基金	46.70	0.09	2	0.56
江苏	增资	11.80	0.02	1	0.28
江苏	创业投资	97.74	0.18	6	1.67
浙江	其他	6880.02	12.56	15	4.17
浙江	其他	68.83	0.13	1	0.28
浙江	私募基金	89.00	0.16	1	0.28
浙江	创业投资	2.60	0.00	2	0.56
浙江	增资	199.37	0.36	4	1.11
浙江	配售	620.60	1.13	3	0.83
浙江	注资	21.50	0.04	2	0.56
安徽	配售	1196.09	2.18	2	0.56
安徽	其他	286.14	0.52	4	1.11
福建	增资	0.32	0.00	1	0.28
福建	其他	747.69	1.37	5	1.39
江西	其他	87.50	0.16	1	0.28
山东	其他	444.03	0.81	5	1.39
山东	配售	1837.08	3.35	2	0.56
河南	注资	12.76	0.02	1	0.28
湖北	增资	2.27	0.00	1	0.28
湖北	其他	4.45	0.01	2	0.56
湖南	其他	22.47	0.04	1	0.28
广东	增资	5.48	0.01	1	0.28
广东	配售	4048.40	7.39	2	0.56
广东	注资	28.00	0.05	2	0.56
广东	创业投资	2079.82	3.80	9	2.50
广东	私募基金	578.50	1.06	3	0.83
广东	其他	1249.48	2.28	13	3.61
广西	其他	871.75	1.59	1	0.28
重庆	其他	6.40	0.01	1	0.28
四川	其他	4066.00	7.43	1	0.28
陕西	创业投资	6.30	0.01	1	0.28

省份	交易融资方式	投资金额		项目数量	
		金额	占比	数量	占比
陕西	配售	2.61	0.00	1	0.28
青海	注资	5.00	0.01	1	0.28
西藏	注资	197.84	0.36	1	0.28
新疆	其他	4.50	0.01	1	0.28
其他	创业投资	53.03	0.10	6	1.67
其他	私募基金	840.80	1.54	4	1.11
其他	增资	8.57	0.02	2	0.56
其他	其他	5886.07	10.75	44	12.22
其他	配售	1.64	0.00	1	0.28
其他	注资	32.74	0.06	1	0.28

附表 4.34　2019 年中国各省份企业对外并购融资渠道　单位：百万美元，起，%

省份	交易融资方式	投资金额		项目数量	
		金额	占比	数量	占比
北京	其他	11 178.95	38.02	34	13.13
北京	创业投资	493.65	1.68	24	9.27
北京	增资	3.59	0.01	2	0.77
北京	私募基金	2588.71	8.80	5	1.93
天津	创业投资	2.90	0.01	2	0.77
天津	其他	225.00	0.77	1	0.39
天津	其他	42.00	0.14	1	0.39
河北	增资	134.42	0.46	1	0.39
河北	配售	1089.62	3.71	1	0.39
山西	创业投资	1.53	0.01	1	0.39
辽宁	增资	46.13	0.16	2	0.77
上海	私募基金	208.47	0.71	6	2.32
上海	增资	28.99	0.10	1	0.39
上海	其他	85.00	0.29	1	0.39
上海	其他	447.46	1.52	26	10.04
上海	创业投资	511.15	1.74	24	9.27
上海	注资	25.69	0.09	1	0.39
江苏	其他	2621.38	8.92	9	3.47
江苏	增资	14.79	0.05	2	0.77

省份	交易融资方式	投资金额		项目数量	
		金额	占比	数量	占比
江苏	创业投资	214.88	0.73	7	2.70
江苏	私募基金	20.29	0.07	1	0.39
江苏	注资	0.11	0.00	1	0.39
浙江	创业投资	29.50	0.10	3	1.16
浙江	增资	45.85	0.16	2	0.77
浙江	其他	1259.32	4.28	18	6.95
安徽	注资	29.79	0.10	1	0.39
江西	增资	200.00	0.68	1	0.39
山东	增资	1.00	0.00	1	0.39
山东	其他	513.65	1.75	3	1.16
湖北	私募基金	100.00	0.34	1	0.39
湖北	杠杆收购	1410.00	4.80	1	0.39
湖北	创业投资	144.00	0.49	2	0.77
湖北	其他	23.34	0.08	2	0.77
湖南	其他	9.87	0.03	1	0.39
广东	私募基金	1.50	0.01	1	0.39
广东	其他	2075.08	7.06	13	5.02
广东	注资	43.50	0.15	1	0.39
广东	增资	21.90	0.07	2	0.77
广东	配售	2101.93	7.15	1	0.39
广东	创业投资	211.97	0.72	8	3.09
海南	其他	65.54	0.22	1	0.39
四川	其他	18.66	0.06	2	0.77
甘肃	其他	10.64	0.04	1	0.39
甘肃	配售	323.47	1.10	1	0.39
新疆	创业投资	126.08	0.43	3	1.16
其他	创业投资	220.53	0.75	7	2.70
其他	其他	392.82	1.34	23	8.88
其他	私募基金	12.97	0.04	3	1.16
其他	增资	11.44	0.04	2	0.77
其他	注资	15.05	0.05	1	0.39

附表 4.35　2020 年中国各省份企业对外并购融资渠道　单位：百万美元，起，%

省份	交易融资方式	投资金额		项目数量	
		金额	占比	数量	占比
北京	增资	343.70	1.27	3	1.22
北京	私募基金	40.00	0.15	1	0.41
北京	创业投资	770.94	2.85	17	6.91
北京	其他	3888.98	14.37	31	12.60
天津	创业投资	10.00	0.04	1	0.41
天津	其他	58.26	0.22	5	2.03
河北	其他	0.57	0.00	1	0.41
河北	注资	195.08	0.72	1	0.41
河北	增资	10.00	0.04	1	0.41
辽宁	其他	182.36	0.67	3	1.22
吉林	创业投资	100.00	0.37	1	0.41
上海	配售	2394.01	8.85	2	0.81
上海	其他	4353.35	16.08	40	16.26
上海	增资	7.25	0.03	1	0.41
上海	创业投资	262.51	0.97	15	6.10
上海	私募基金	138.53	0.51	4	1.63
上海	其他	50.00	0.18	1	0.41
江苏	增资	6.00	0.02	2	0.81
江苏	创业投资	5.80	0.02	2	0.81
江苏	配售	147.06	0.54	1	0.41
江苏	其他	205.90	0.76	7	2.85
江苏	注资	6.05	0.02	1	0.41
江苏	私募基金	9.00	0.03	1	0.41
浙江	其他	878.99	3.25	6	2.44
浙江	增资	2.92	0.01	1	0.41
浙江	创业投资	19.17	0.07	2	0.81
福建	其他	1161.77	4.29	2	0.81
福建	其他	108.70	0.40	1	0.41
山东	配售	7502.77	27.72	1	0.41
山东	其他	283.34	1.05	2	0.81
河南	其他	552.18	2.04	2	0.81
湖北	创业投资	6.00	0.02	2	0.81
湖南	增资	70.87	0.26	1	0.41
广东	私募基金	346.06	1.28	2	0.81

续表

省份	交易融资方式	投资金额		项目数量	
		金额	占比	数量	占比
广东	其他	707.15	2.61	15	6.10
广东	创业投资	140.28	0.52	10	4.07
广东	其他	144.00	0.53	1	0.41
广东	增资	30.00	0.11	1	0.41
广西	其他	1109.62	4.10	1	0.41
海南	其他	1.74	0.01	1	0.41
重庆	其他	0.00	0.00	1	0.41
重庆	注资	3.90	0.01	1	0.41
四川	增资	63.57	0.23	1	0.41
西藏	创业投资	17.11	0.06	2	0.81
其他	私募基金	6.70	0.02	2	0.81
其他	创业投资	160.31	0.59	6	2.44
其他	杠杆收购	195.76	0.72	1	0.41
其他	其他	362.31	1.34	36	14.63
其他	其他	2.82	0.01	1	0.41
其他	增资	2.17	0.01	2	0.81